事実認定体系

[新訂] 契約各論編 1

贈与　売買　交換
消費貸借　使用貸借

[編著]
村田　渉

第一法規

新訂版　はしがき

　この事実認定体系シリーズは、2015年5月に『事実認定体系〈契約各論編〉』（全2巻、以下「初版」という。）を刊行し、その後、2017年9月に『事実認定体系〈物権編〉』を、同年11月に『事実認定体系〈民法総則編〉』（全2巻）を刊行してきた。

　本書は、「事実認定体系〈契約各論編〉」の新訂版である。これまでの事実認定シリーズと基本的に同じ編集方針であるが、初版では民法第3編第2章が規定する契約類型（典型契約）の一部のみを対象としていたものを、同章のすべての契約類型を網羅し、より充実を図ることとしたため、巻割り・構成を一新し、全3巻としている。

　初版を刊行してから3年が経過したが、その間に、周知のとおり、民事法の分野では大きな動きがあり、「民法の一部を改正する法律」（平成29年法律第44号。以下「改正法」という。）及び「民法の一部を改正する法律の施行に伴う関連法律の整備等に関する法律（平成29年法律第45号）が2017年5月26日に成立し、先行して実施される附則の一部を除き、2020年4月1日に施行されることとなっている。

　改正法では、民法（債権関係）の多くの法文が改正されており、その解釈論や改正法によるこれまでの契約関係実務への影響等については、既に多くの入門書、概説書、教科書等が出版されているところである。これに対し、改正法の適用等に関する裁判例については、当然のことながら施行後の展開をまつほかない状況である。

　しかし、改正された条文には、①現行法のルールとは異なる方針や考え方により新設等されたものもあるが、②表現ぶり等は変わったものの、現行法の要件・効果に変更がないもの、③現行法のもとでも存在した民事法分野の原理原則や従来の通説を条文化・明確化したもの、④現行法のもとでの従前

(1)

の判例を条文化したものなども少なくない。

　そうすると、改正法を前提としても、上記②ないし④に分類される条文に関しては、従来の裁判例が改正法のもとでも意味を持つことになるから、従来の判例や裁判例について、その内容や考え方を確認することは、解釈論等を考えるために必要なことである、また、上記①に分類される条文についても、現行法のもとで積み重ねられてきた判例や裁判例が改正法のもとでどのように位置付けられるのか、現行法から改正法に変わったことにより、これまでの裁判例がどのような影響を受けるのかを検討することは、改正法の解釈論や裁判例の展開等を考える上で有益であろう。

　これに加え、現行法のもとでの裁判例により、実際の事例を題材にして、どのような点が問題とされ、どのように条文が適用されたか、事実認定のポイントや留意点はどこであったかなどを検討することは、改正法の適用範囲や適用のポイント等を考える上で必要かつ有益な作業であろうと思われる。

　このような考えから、本書は改正法を検討対象とするものであるが、現行法のもとで積み重ねられた判例や裁判例から改正法のもとにおいても意義を有するもの、改正法のもとでも検討分析しておくべきものを選んで解説している。

　また、「改正の趣旨」の項目では、改正法の解説とともに、〈条文・判例の位置付け〉として、インデックス情報を設けている。条文ごとに、①「要件・効果の変更なし」、②「要件・効果の変容」、③「要件・効果の消滅」、④「原理原則等（従来の通説を含む）の条文化・明確化」、⑤「従前の判例を条文化」に分類し、現行法や従前の判例・通説等との関係等を明確化し、当該条文の位置付け等を理解しやすいよう配意した。なお、ここでは、単に改正法と現行法の条数や文言のみを比較するのではなく、改正の経緯や改正の趣旨・内容等をも考慮して分類しているため、例えば、現行法の条項が改正法では他の条項に移動し、表現が改訂されるなどしている場合であっても、その趣旨・内容に変更がない場合には「要件・効果の変更なし」としていることに留意されたい。

さらに、民法の規定する契約（類型）には、関連する多くの特別法があり（例えば、①売買では消費者契約法、割賦販売法、特定商取引に関する法律、②消費貸借では利息制限法、③賃貸借では借地借家法、④雇用では労働契約法、労働基準法等がある。）、そこでは、一つの独立した法分野として、独自かつ重要な判例法理等が形成されていることも少なくなく、当該契約の事実認定を問題とする際には、これら特別法についても分析の対象とすることが必要あるいは有益であるが、本書では、時間や紙幅の都合等から、民法の規定を解説するのに必要な限度での言及に留めている。これらについては、今後の改訂等において取り上げることを検討したい。

　法改正の直後でもあることから、読者の便宜等を考慮して、次のとおり解説方法等を工夫していること、今後とも引き続き、法改正や裁判例の動向を踏まえるとともに、読者の意見等をも採り入れて工夫を重ねることによって、使い勝手のよいシリーズになればと思っていることは、これまでと同様である。
① 「条文」は、法改正後の条文と改正前の条文を併記すること
② 改正のある条文は、「改正の趣旨」等の見出しを付け、「改正箇所と改正の趣旨」の解説をすること
③ 改正法を前提とした「事実認定の対象等」（意義、法律要件及び法律効果、参考裁判例等）の解説をすること
④ 条文や判例との関連と位置付けを分類すること
⑤ 「参考裁判例」及び「事実認定における問題点」は、基本的に、改正後の条文の解釈適用に参考となるもののみを対象とすること

　本書の執筆者は、これまでと同様、いずれも司法研修所教官として民事事実認定教育に携わった経験を有し、民事裁判実務等の第一線で活躍している裁判官である。ご多忙にもかかわらず、本務の合間を縫ってご協力いただいたことに対し、編者として改めて感謝の意を表したい。
　また、本書刊行にあたっても、第一法規の企画マーケティング室、編集第一部各位、特に宮川裕香さん、田中信行さん、村木大介さんに大変お世話に

なった。これらの方々の熱意と支援、適切なアドバイスと激励に対し、改めて厚くお礼を申し上げる次第である。

2018年10月

村田　渉

初版　はしがき

　民事裁判の生命は、適正な事実認定と適切な法の解釈適用にある。事実認定が適正でなければ、どんなに法の解釈適用が適切であっても、その判断は前提を欠き、正義にかなうものとはいえない。また、民事裁判において事実認定の対象となる事実は、訴訟当事者にとっては、現に体験した事実が多いから、事実認定が正しいかどうかは容易に分かることである。民事裁判に対する国民の信頼を維持するためには、もとより裁判手続の適正や適切な法の解釈適用も大切ではあるが、適正な事実認定がとりわけ重要である。

　しかし、適正な事実認定を行うことは、必ずしも簡単なことではない。事実認定は、個別具体的な事件や争点ごとに多様であるため、法律実務家は、実際の事件を通じて、自己研さんにより、あるいは先輩法曹の力を借りながら、事実認定のスキルやマインドを修得するための努力を続けることになる。そこでは、裁判官は、どうすれば正しい事実認定ができるかについて考え、弁護士は、どうすれば主張事実を効果的に立証できるか、どうすれば裁判官による正しい事実認定が行われるかを考え、適正な事実認定のための技法や考え方を習得しようと努力を重ねている。

　これまで最高裁判例をはじめとする多くの裁判例があるが、それらは法律実務家が実際に事実認定に悩み、考えたことの結晶である。裁判例を読んで、そこに表れた各種の事実認定の手法等を学ぶことは、事実認定のスキルとマインドを磨くために、また事実認定の質を向上させるために、大変重要な作業である。ところが、近時、特に若手の法律実務家の中に、裁判例の読み込みや検討をやや疎かにしているのではないかと感じられることがあるのは残念なことである。

　本書は、このような問題意識から、民法の条文ごとに、事実認定の対象となる法律要件とともに、事実認定における問題点を概括した上で、個々の裁判例を検討してその内容と位置づけを明らかにし、裁判例の中から、当該条

文の法律要件に関する事実認定で何が重要であるか、何がメルクマールとなるか等を整理・分析し、そこに表れた各種の事実認定のルールや手法、事実認定のポイントと留意点を提示しようと試みるものである。これにより、読者は、民法の当該条文の意義・法律要件・法律効果（あるいは要件事実）とともに、その内容を、裁判例を通じてより具体的に知ることができ、当該条文について考える際の基本的な指針を得ることができるであろう。これらの情報は、弁護士にとって、日常的な法律相談や民事裁判における主張立証方針検討の際の参考となるであろうし、裁判官にとっても、当該条文の、裁判例からみた事実認定上の留意点等を知ることは、効果的・効率的な訴訟指揮や合理的な事実認定の助けとなるものと思う。

　本書では、民法の契約各論のうち、事実認定が問題となることが多い契約類型として、売買（555条～585条）、消費貸借（587条～592条）、使用貸借（593条～600条）、賃貸借（601条～621条）、請負（632条～642条）、委任（643条～656条）を取り上げて解説し、第1巻には売買、請負、委任を、第2巻には消費貸借、使用貸借、賃貸借を収めた。

　本書の特色を述べると、次のようになる。

　第1に、取り上げた契約類型について、民法の条文ごとに、事実認定の対象等として、意義・法律要件・法律効果等（更に要件事実について解説している条文もある。）を分析した上、当該条文に関する事実認定における問題点として法律要件を踏まえた項目立てを行い、問題点ごとに関連する裁判例の要旨とポイントについて説明をし、事実認定のルールや手法、事実認定のポイントや留意点、裁判例の位置付けについて解説を行った。

　第2に、分析・検討の対象とした裁判例は、原則として第一法規株式会社の「D1-Law.com判例体系」に収録された裁判例（最高裁、高裁、地裁、簡裁、大審院の各裁判例）であるが、このほかにも、「最高裁民事破棄判決の実情」（判例時報）や「民事訴訟における事実認定」（司法研修所編）、後藤勇著「民事裁判における経験則」、「続・民事裁判における経験則」（判例タイムズ社）に登載されたもの、下級審の裁判例は各種判例雑誌等に登載され

たものをも対象とした。

　第3に、裁判例の解説にあたっては、具体的な事実への法のあてはめという点を特に重視し、民法の条文ごとに、法律要件事実の認定について、どのような間接事実や証拠が考慮され、どのような経験則が適用されたかを具体的に説明しようと試みることにより、法律実務家が具体的な事実に法をあてはめる際、関係者等からヒアリングをする際、あるいは事実を主張立証する際などに必要・有益な情報が得られるようにした。ただし、紙幅等の都合もあり、裁判例の紹介と解説は簡潔で分かりやすい記載を心掛けたため、読者には、本書を手掛かりに引用裁判例本文を読み、自らの頭でもう一度その内容・位置付け等について考えることをお勧めしたい。

　第4に、裁判例の分析・検討にあたっては、法律要件や事実認定に関する重要な法解釈が示された最高裁判決等のリーディングケースだけでなく、下級審の裁判例であっても、事実認定のルールや手法、裁判例の考え方等を検討する上で有効・有益と思われるものであれば、それらも分析・検討の対象とし、裁判例の分類にあたっては、原則として時系列によることとした。これは、そのほうが裁判例の動きや傾向、大きな裁判例の流れといったものや現在の裁判例の状況が理解しやすいであろうと考えたことによる。

　なお、本書は、裁判例を素材として事実認定の手法等を学ぶことを目的とするものであり、条文の理解を深めることや、判例・学説上の解釈論を展開することを主たる目的とするものではないが、意義・法律要件・法律効果についての裁判例や学説であっても、当該条文の理解のために必要と思われるものは、参考裁判例等として紹介している。

　本書の読者として想定しているのは、法律実務家である裁判官、弁護士のほか、民法と事実認定に関心を持たれている研究者、司法修習生、法科大学院生、司法書士である。本書が多くの方々に受け入れられ、民事事実認定についての理解と議論が更に進むことがあれば幸いである。

　本書の執筆者は、いずれも司法研修所教官として民事事実認定教育に携わった経験を有し、民事裁判実務等の第一線で活躍している裁判官である。ご

多忙にもかかわらず、本務の合間を縫ってご協力いただいたことに対し、編者として感謝の意を表したい。

　最後になるが、本書刊行にあたっては、第一法規の企画マーケティング室、編集第一部各位、特に萩原有人部長、宮川裕香さん、村木大介さんに大変お世話になった。これらの方々の本書刊行に対する熱意と支援、時宜を得た督促と激励がなければ、本書が世に出ることはなかったであろう。厚くお礼を申し上げる次第である。

　2015年3月

村田　渉

編集・執筆者一覧

2024年3月現在

編集代表

村田　渉（むらた・わたる）　　中央大学大学院法務研究科教授・弁護士

執筆者

【第1巻　贈与、売買、交換、消費貸借、使用貸借】

吉岡　茂之（よしおか・しげゆき）　　広島地方裁判所判事（部総括）
549〜554条、560〜565条

村田　渉（むらた・わたる）　　中央大学大学院法務研究科教授・弁護士
555、586条

齋藤　聡（さいとう・あきら）　　京都地方裁判所判事（部総括）
556〜559条

桃崎　剛（ももさき・つよし）　　東京地方裁判所判事（部総括）
566〜572条

関根　澄子（せきね・すみこ）　　東京地方裁判所判事（部総括）
573〜578条

村主　隆行（すぐり・たかゆき）　　東京地方裁判所判事（部総括）
579〜585条

高島　義行（たかしま・よしゆき）　　広島高等裁判所事務局長
587〜592条

武部　知子（たけべ・ともこ）　　東京地方裁判所判事（部総括）
593〜600条

【第2巻　賃貸借】

上拂　大作（うえはらい・だいさく）　　福岡高等裁判所事務局長
　　　　　　　　　　　　　　　　　　　601〜608条

村田　　渉（むらた・わたる）　　　　　中央大学大学院法務研究科教授・
　　　　　　　　　　　　　　　　　　　弁護士
　　　　　　　　　　　　　　　　　　　609〜611条

森　　健二（もり・けんじ）　　　　　　東京地方裁判所判事（部総括）
　　　　　　　　　　　　　　　　　　　612〜616条

大野　祐輔（おおの・ゆうすけ）　　　　大阪高等裁判所判事
　　　　　　　　　　　　　　　　　　　617〜622条の2

【第3巻　雇用、請負、委任、寄託、組合、終身定期金、和解】

高島　義行（たかしま・よしゆき）　　　広島高等裁判所事務局長
　　　　　　　　　　　　　　　　　　　623〜625条

大野　祐輔（おおの・ゆうすけ）　　　　大阪高等裁判所判事
　　　　　　　　　　　　　　　　　　　626〜631条

竹内　　努（たけうち・つとむ）　　　　法務省民事局長
　　　　　　　　　　　　　　　　　　　632〜636、662〜666条

中俣　千珠（なかまた・ちず）　　　　　仙台地方裁判所判事（部総括）
　　　　　　　　　　　　　　　　　　　637〜642条

中園浩一郎（なかぞの・こういちろう）　東京高等裁判所判事
　　　　　　　　　　　　　　　　　　　643〜648、649、650条

島崎　邦彦（しまさき・くにひこ）　　　東京地方裁判所判事（部総括）
　　　　　　　　　　　　　　　　　　　643〜647条

岸　日出夫（きし・ひでお）　　　　　　元　千葉家庭裁判所長
　　　　　　　　　　　　　　　　　　　648〜650条

廣澤　　諭（ひろさわ・さとし）　　　　水戸地方裁判所判事（部総括）
　　　　　　　　　　　　　　　　　　　651〜656条

大浜　寿美（おおはま・かずみ）	広島地方裁判所判事（部総括）	657～661条
德増　誠一（とくます・せいいち）	大阪地方裁判所判事（部総括）	667、668、672～677条
村主　隆行（すぐり・たかゆき）	東京地方裁判所判事（部総括）	669～671、685～688条
鈴木　謙也（すずき・けんや）	東京地方裁判所判事（部総括）	677条の2～684条
一原　友彦（いちはら・ともひこ）	高松高等裁判所事務局長	689～694条
上拂　大作（うえはらい・だいさく）	福岡高等裁判所事務局長	695、696条

凡　　例

1．民法の内容現在について

　平成30年8月1日施行日現在の内容によった。民法の一部を改正する法律（平成29年法律第44号）によって改正される部分は新旧対照形式で表示した。解説文中は「平成29年改正」等とした。

2．裁判例の書誌事項の表示について

　裁判例には、原則として判例情報データベース「D1-Law.com 判例体系」（https://www.d1-law.com）の検索項目となる判例IDを［　　］で記載した。

　例：最判昭和55年9月11日民集34巻5号683頁［27000166］

判例出典略語

民録	大審院民事判決録
民集	大審院民事判例集、最高裁判所民事判例集
裁判集民	最高裁判所裁判集民事
高裁民集	高等裁判所民事判例集
下級民集	下級裁判所民事裁判例集
労働民例集	労働関係民事裁判例集
新聞	法律新聞
評論	法律学説判例評論全集
法学	法学
新報	法律新報
判例拾遺	大審院判例拾遺
裁判例	大審院裁判例
判決全集	大審院判決全集
家裁月報	家庭裁判月報

判タ	判例タイムズ
判時	判例時報
法曹新聞	法曹新聞
金融法務	金融法務事情
金融商事	金融・商事判例
労働判例	労働判例
労経速報	労働経済判例速報
東高民時報	東京高等裁判所判決時報（民事）
彙報	判例彙報

文献等略語

伊藤総括編集・講座(1)
　　伊藤滋夫総括編集　伊藤滋夫＝難波孝一編『民事要件事実講座　第1巻　総論Ⅰ　要件事実の基礎理論』青林書院（2005年）
大江・要件事実(5)-1
　　大江忠『〈第4版〉要件事実民法(5)-1契約Ⅰ』第一法規（2017年）
大江・要件事実(5)-2
　　大江忠『〈第4版〉要件事実民法(5)-2契約Ⅱ』第一法規（2017年）
司研・要件事実(1)
　　司法研修所編『増補　民事訴訟における要件事実　第1巻』法曹会（1986年）
司研・要件事実(2)
　　司法研修所編『民事訴訟における要件事実　第2巻』法曹会（1992年）
司研・事実認定
　　司法研修所編『民事訴訟における事実認定』法曹会（2007年）
司研・契約分野別
　　司法研修所編『民事訴訟における事実認定—契約分野別研究（製作及び開発に関する契約）—』法曹会（2014年）

司研・事例
　　司法研修所編『事例で考える民事事実認定』法曹会（2014年4月）
司研・新問題研究
　　司法研修所編『新問題研究要件事実』法曹会（2011年9月）
村田編著・事実認定体系契約各論1、2
　　村田渉編著『事実認定体系〈契約各論編〉1、2』第一法規（2015年）
村田編著・事実認定体系民法総則1、2
　　村田渉編著『事実認定体系〈民法総則編〉1、2』第一法規（2017年）
村田＝山野目・30講
　　村田渉＝山野目章夫編著『要件事実論30講〈第4版〉』弘文堂（2018年）

最判解説
　　「最高裁判所判例解説　民事篇」法曹会
谷口＝石田編・新版注釈民法(1)〈改訂版〉
　　谷口知平＝石田喜久夫編『新版注釈民法(1)〈改訂版〉』有斐閣（2002年）
谷口＝五十嵐編・新版注釈民法(13)〈補訂版〉
　　谷口知平＝五十嵐清編『新版注釈民法(13)債権(4)〈補訂版〉』有斐閣（2006年）
柚木＝高木編・新版注釈民法(14)
　　柚木馨＝高木多喜男編『新版注釈民法(14)債権(5)』有斐閣（1993年）
幾代＝広中編・新版注釈民法(15)
　　幾代通＝広中俊雄編『新版注釈民法(15)債権(6)〈増補版〉』有斐閣（1996年）
幾代＝広中編・新版注釈民法(16)
　　幾代通＝広中俊雄編『新版注釈民法(16)債権(7)』有斐閣（1989年）
鈴木編・新版注釈民法(17)
　　鈴木禄彌編『新版注釈民法(17)債権(8)』有斐閣（1993年）

石田・民法Ⅴ
　　石田穣『民法Ⅴ（契約法）』青林書院（1982年）
内田・民法Ⅱ
　　内田貴『民法Ⅱ債権各論〈第3版〉』東京大学出版会（2011年）
内田・民法Ⅲ
　　内田貴『民法Ⅲ債権総論・担保物権〈第3版〉』東京大学出版会（2005年）
川井・民法概論4
　　川井健『民法概論4　債権各論』有斐閣（2007年）
定塚・一試論
　　定塚孝司『主張立証責任の構造に関する一試論』判例タイムズ社（1992年）
潮見・契約各論Ⅰ
　　潮見佳男『契約各論Ⅰ』信山社（2002年）
末川・契約法下
　　末川博『契約法（下）』岩波書店（1975年）
中田・契約法
　　中田裕康『契約法』有斐閣（2017年）
平野・契約法〈第2版〉
　　平野裕之『契約法〈第2版〉』信山社出版（1999年）
広中・債権各論講義
　　広中俊雄『債権各論講義〈第6版〉』有斐閣（1994年）
山本・民法講義Ⅳ
　　山本敬三『民法講義Ⅳ-1　契約』有斐閣（2005年）
我妻・民法講義Ⅴ1
　　我妻榮『債権各論上巻（民法講義Ⅴ1）』岩波書店（1954年）
我妻・民法講義Ⅴ2
　　我妻榮『債権各論中巻1（民法講義Ⅴ2）』岩波書店（1957年）

大村＝道垣内編・債権法改正のポイント
　　大村敦志＝道垣内弘人編『解説　民法（債権法）改正のポイント』有斐閣（2017年）
潮見・改正法の概要
　　潮見佳男『民法（債権関係）改正法の概要』金融財政事情研究会（2017年）
筒井＝村松・一問一答
　　筒井健夫＝村松秀樹編著『一問一答・民法（債権関係）改正』商事法務（2018年）
部会資料
　　法制審議会民法（債権関係）部会資料

法令名略語

民訴法　民事訴訟法
労基法　労働基準法

目　次

はしがき
編集・執筆者一覧
凡　例

第3編　債　権
第2章　契　約
第2節　贈　与 ——————————————————————————— 1
　第549条（贈与） ………………………………………………… 1
　第550条（書面によらない贈与の解除） ……………………… 4
　　1　書面によらない贈与の認定　7
　　2　書面によらない贈与の履行が終わったとの認定　12
　第551条（贈与者の引渡義務等） ……………………………… 15
　第552条（定期贈与） …………………………………………… 20
　第553条（負担付贈与） ………………………………………… 22
　　　負担付贈与の認定　24
　第554条（死因贈与） …………………………………………… 27
　　1　遺贈としては無効である場合に、死因贈与が成立したと認められるか　30
　　2　書面による死因贈与の取消しが認められるのはどのような場合か　32

第3節　売　買
第1款　総　則 ——————————————————————————— 35
　第555条（売買） ………………………………………………… 35
　　1　売買の当事者　38
　　2　売買の目的物　44
　　3　売買代金　48

目　　次

　　4　契約書の作成等と契約の成否　53
　　5　売買と他の法律行為との関係　59
　　6　事実認定に関するその他の参考裁判例　65
第556条　（売買の一方の予約）……………………………………………67
　　1　本契約の対象（目的）の特定性　74
　　2　予約契約の成否　75
第557条　（手付）……………………………………………………………78
　　1　契約締結に際して交付された金員が手付に当たるか否か（手付と内金の区別等）　84
　　2　違約手付か解約手付か（手付の法的性質）　87
　　3　解約手付による解除の可否に関して履行の着手ありと認められるか否か　90
　　4　事実認定に関するその他の参考裁判例　96
第558条　（売買契約に関する費用）………………………………………97
第559条　（有償契約への準用）……………………………………………99

第2款　売買の効力　　100

　第560条　（権利移転の対抗要件に係る売主の義務）……………………100
　第561条　（他人の権利の売買における売主の義務）……………………103
　　　最判昭和49年9月4日の判示する特別の事情　106
　第562条　（買主の追完請求権）……………………………………………108
　　1　数量指示売買　115
　　2　「瑕疵」（平成29年改正前の570条）と認められるか　126
　第563条　（買主の代金減額請求権）………………………………………146
　第564条　（買主の損害賠償請求及び解除権の行使）……………………151
　第565条　（移転した権利が契約の内容に適合しない場合における売主の担保責任）……………………………………………………………………155
　第566条　（目的物の種類又は品質に関する担保責任の期間の制限）……158
　第567条　（目的物の滅失等についての危険の移転）……………………164

第568条　（競売における担保責任等）……………………………………… 169
第569条　（債権の売主の担保責任）……………………………………… 176
第570条　（抵当権等がある場合の買主による費用の償還請求）………… 178
第571条　削除…………………………………………………………………… 181
第572条　（担保責任を負わない旨の特約）……………………………… 182
第573条　（代金の支払期限）………………………………………………… 185
　　代金支払の履行期について特段の合意がされたか否か　187
第574条　（代金の支払場所）………………………………………………… 188
第575条　（果実の帰属及び代金の利息の支払）………………………… 190
　　果実が売主、買主のいずれに帰属するか　193
第576条　（権利を取得することができない等のおそれがある場合の買主による代金の支払の拒絶）……………………………………………… 195
　　「権利の全部又は一部を失うおそれがあるとき」に該当するか否か　199
第577条　（抵当権等の登記がある場合の買主による代金の支払の拒絶）
　　……………………………………………………………………………… 204
第578条　（売主による代金の供託の請求）……………………………… 208

第3款　買戻し──────────────────────210

第579条　（買戻しの特約）…………………………………………………… 210
　　買戻特約付売買契約と譲渡担保契約との関係　213
第580条　（買戻しの期間）…………………………………………………… 217
第581条　（買戻しの特約の対抗力）………………………………………… 219
第582条　（買戻権の代位行使）……………………………………………… 221
第583条　（買戻しの実行）…………………………………………………… 223
第584条　（共有持分の買戻特約付売買）………………………………… 225
第585条　………………………………………………………………………… 225

第4節　交　換──────────────────────227

第586条　………………………………………………………………………… 227

目　次

第5節　消費貸借 ———————————————————————— 230

第587条　（消費貸借）………………………………………………………… 230

 1　消費貸借の当事者　234

 2　金員交付の有無　239

 3　返還合意の有無　244

 4　消費貸借と他の法律関係　252

第587条の2　（書面でする消費貸借等）……………………………………… 254

第588条　（準消費貸借）………………………………………………………… 259

第589条　（利息）………………………………………………………………… 264

第590条　（貸主の引渡義務等）………………………………………………… 269

第591条　（返還の時期）………………………………………………………… 271

第592条　（価額の償還）………………………………………………………… 275

第6節　使用貸借 ———————————————————————— 277

第593条　（使用貸借）…………………………………………………………… 277

 1　無償性の要件を充足しているか　279

 2　親族間における無償使用関係をどのようにみるか　285

 3　事実認定に関するその他の参考裁判例　291

第593条の2　（借用物受取り前の貸主による使用貸借の解除）…………… 294

第594条　（借主による使用及び収益）………………………………………… 296

 用法遵守義務違反があったか　298

第595条　（借用物の費用の負担）……………………………………………… 301

第596条　（貸主の引渡義務等）………………………………………………… 303

第597条　（期間満了等による使用貸借の終了）……………………………… 304

 1　使用収益の目的が定められているか（平成29年改正前の597条2項、本条2項）　308

 2　目的に従った使用収益が終わったか（平成29年改正前の597条2項、本条2項）　309

3　借主の死亡によって使用貸借が終了するか（平成29年改正前の599条、
　　　　本条3項）　311
　第598条　（使用貸借の解除）……………………………………………… 314
　　　1　使用収益をするのに足りる期間が経過したか（平成29年改正前の597
　　　　条2項、本条1項）　317
　　　2　使用貸借が終了するような信頼関係破壊があったか（平成29年改正前
　　　　の597条2項ただし書類推適用、本条1項類推適用）　323
　　　3　事実認定に関するその他の参考裁判例　327
　第599条　（借主による収去等）…………………………………………… 330
　第600条　（損害賠償及び費用の償還の請求権についての期間の制限）‥ 333

事項索引……………………………………………………………………… 335
判例索引（年月日順・審級別）…………………………………………… 341

　【2巻に収録】
　　第7節　賃貸借
　　　　第1款　総則（第601条―第604条）
　　　　第2款　賃貸借の効力（第605条―第606条）
　　　　第3款　賃貸借の終了（第616条の2―第622条）
　　　　第4款　敷金（第622条の2）
　【3巻に収録】
　　第8節　雇用（第623条―第631条）
　　第9節　請負（第632条―第642条）
　　第10節　委任（第643条―第656条）
　　第11節　寄託（第657条―第666条）
　　第12節　組合（第667条―第688条）
　　第13節　終身定期金（第689条―第694条）
　　第14節　和解（第695条・第696条）

第3編 債　権
第2章 契　約
第2節 贈　与

（贈与）　　　　　　　　　　　　　　　　　　　　　　　【改正法】

第549条　贈与は、当事者の一方が<u>ある財産</u>を無償で相手方に与える意思を表示し、相手方が受諾をすることによって、その効力を生ずる。

（贈与）　　　　　　　　　　　　　　　　　　　　　　　【現行法】

第549条　贈与は、当事者の一方が<u>自己の財産</u>を無償で相手方に与える意思を表示し、相手方が受諾をすることによって、その効力を生ずる。

■■ 改正の趣旨

　本条は、贈与の対象につき、平成29年改正前の549条中「自己の財産」とあったのを「ある財産」に改めたほかは改正前の549条の定めが維持された。前記のとおり文言が改められたのは、いわゆる他人物贈与も有効であるとする判例（最判昭和44年1月31日裁判集民94号167頁［27403286］）の内容を条文に反映させたことによる（筒井＝村松・一問一答264頁）。
《条文・判例の位置付け》　従前の判例を条文化

事実認定の対象等

■■ 意義

　本条は、贈与契約が、当事者の一方がある財産を無償で相手方に与える意

思を表示し、相手方が受諾することによって成立することを定める。本条によって、贈与は無償、諾成、不要式の契約であることが導かれる。

法律要件及び法律効果等

1 法律要件

(1) 贈与が成立する法律要件は、
① 当事者の一方がある財産を無償で相手方に与える意思を表示すること
② 相手方が①の意思表示を受諾するとの意思を表示すること
である。

本条の法律要件に該当する具体的事実（要件事実）を摘示する際には、実務上、①及び②の2個の意思表示がそれぞれ到達したことを含意させて、「原告は、被告に対し、〇年〇月〇日、別紙物件目録記載の絵画を贈与した」などと記載されることが多い。この点は、同じ諾成契約である売買と軌を一にする（村田編著・事実認定体系契約各論1〔村田渉〕2頁参照。以下、前記①、②の法律要件をまとめて「当事者の一方がある財産を相手方に贈与したこと」と摘示することがある）。

(2) 「財産を無償で相手方に与える」とは、対価を伴わずに贈与者の財産の実態を減少させることによって受贈者に財産的利益を与える行為（財産的出捐）を意味する（柚木＝高木編・新版注釈民法(14)〔柚木馨＝松川正毅〕19頁、23頁）したがって、相手方の利益のために物権又は債権を放棄し、無利息で金銭を貸し付け、無償で自己の労力を他人に供することは贈与でないとされる（大江・要件事実(5)-1 218頁）。

2 法律効果

贈与者は、約束どおりその給付を履行する義務を負う。財産権を移転すべき場合には、対抗要件の具備に協力し、占有を伴う財産権にあってはその占有を移転し、他人の財産の贈与にあっては自らこれを取得して受贈者にこれを移転しなければならない（以上につき、柚木＝高木編・新版注釈民法(14)〔柚木馨＝松川正毅〕29頁）。

■■ 参考裁判例

　平成29年改正前の549条では、贈与の対象につき、「自己の財産」と規定されていたが、判例（前掲最判昭和44年1月31日）、通説は、必ずしも贈与者に帰属する財産に限られず、他人の財産権を目的とする贈与も有効であるとしていた。本条は、判例・通説の見解を取り入れ、「自己の財産」との文言を「ある財産」に改められたから、この点に関する解釈上の問題点は解消された。

事実認定についての裁判例と解説

　本条に関する事実認定が問題となった裁判例は見当たらない。

（吉岡茂之）

（書面によらない贈与の解除） 【改正法】

第550条　書面によらない贈与は、各当事者が解除をすることができる。ただし、履行の終わった部分については、この限りでない。

（書面によらない贈与の撤回） 【現行法】

第550条　書面によらない贈与は、各当事者が撤回することができる。ただし、履行の終わった部分については、この限りでない。

■■ 改正の趣旨

　平成29年改正前の550条が用いていた「撤回」の文言を「解除」に改めた。改正前の550条にいう「撤回」は契約の成立後にその効力を消滅させる行為を意味するものであったが、民法の他の条文では、このような行為を意味する用語としては、「解除」が用いられている。そこで、民法中における用語の統一を図るため、前記のとおり改められた（以上につき、筒井＝村松・一問一答264頁）。

《条文・判例の位置付け》　要件・効果の変更なし

事実認定の対象等

■■ 意義

　本条は、書面によらない贈与は、各当事者から解除することができること（本文）、ただし、履行が終わった部分についてはもはや解除ができなくなること（ただし書）を定める。本条の立法理由としては、①　贈与者が軽率に贈与することを防止すること、②　贈与者の意思を明確にすることを期し、かつ、紛争を防止すること、以上2点が指摘されている（塚原朋一・最判解説〈昭和60年度〉425頁）。

なお、改正前の550条にいう「撤回」を「解除」に改めたことに伴い、解除権に関する総則的な規定（540条、544条〜548条）が書面によらない贈与の解除について適用されるかが問題となる。これらの規定は、贈与の性質に反しない限り適用されるが、贈与の無償性に鑑み、547条（催告による解除権の消滅）は、書面によらない贈与者の解除には適用されないものと解される。また、既履行部分の原状回復等を定める545条及び546条、財産の給付を受けた者が解除権を有する場合の規定である548条は、書面によらない贈与の解除について適用される余地はないものと解される。結局、書面によらない贈与の解除について実際に適用されるのは、540条及び544条に限られるものと考えられる（以上につき、筒井＝村松・一問一答264頁）。

■■ 法律要件及び法律効果等

1 法律要件

(1) 本条本文に基づいて贈与契約の効力が消滅するための法律要件は、

① 当事者の一方がある財産を相手方に贈与したこと
② ①の贈与契約が書面によらなかったこと
③ 当事者の一方が相手方に対して前記①の贈与契約を解除するとの意思表示をしたこと

である。

前記②の法律要件（書面性の有無）に該当する具体的事実の主張立証責任の分配については見解が分かれる。本条の文理に忠実な立場によれば、本条本文に基づいて贈与契約の効力が消滅したことを争う者（すなわち、贈与契約が失効していないことを主張する者）において、「当該贈与契約が書面によってされたこと（書面性）」を主張立証すべきであると解することになろう（大江・要件事実(5)−1 223頁、山本・民法講義Ⅳ342頁）。

(2) 本条ただし書について前記(1)③の解除の意思表示の効力の発生を障害するための法律要件は、

贈与者が相手方に対し、前記(1)③の解除に先立ち、贈与の履行が終わったこと

である。本条ただし書にいう「履行の終わった」とは、贈与者の債務の主要な部分が実行されたことを意味するが（我妻・民法講義Ⅴ2　229頁）、そのような実行があったというためには、原則として、所有権の移転登記又は目的物の引渡し（判例は占有改定や簡易の引渡しについて「履行が終わった」ものとしているから、現実の引渡しがあった場合はもちろん、指図による引渡しについてもこれを肯定することができよう）を要し、またこれをもって足りるというべきであろう（柚木＝高木編・新版注釈民法⑭〔柚木馨＝松川正毅〕47頁以下）。

2　法律効果

　書面によらない贈与は、本条本文所定の解除によって効力を失う。もっとも、当該解除によっても、履行の終わった部分については、失効しないこととなる（本条ただし書）。

■■ 参考裁判例

　(1)　「書面によらない贈与」の要件につき、判例は、「書面には当事者間において贈与者が自己の財産を相手方に与える慎重な意思を文書を通じて確実に看取し得る程度の表現あるを以て足りるものと解するを相当とする」として、贈与に当たって売買契約書が作成された事案につき当該贈与を「書面によらない贈与」である旨認定した原審の判断を是認している（最判昭和25年11月16日民集4巻11号567頁［27003504］）。そして、判例は、大審院、最高裁を通じて、書面性を徐々に緩和する傾向にあると指摘されている（塚原・前掲426頁）。

　(2)　「履行の終わった」（本条ただし書）の要件につき、判例は、「不動産の贈与において、所有権の移転があつただけでは履行を終つたとすることはできず、占有の移転があつたときに履行を終つたものと解すべきである」とし（最判昭和31年1月27日民集10巻1号1頁［27002953］）、占有改定（前掲最判昭和31年1月27日）及び簡易の引渡し（最判昭和39年5月26日民集18巻4号667頁［27001914］）について、いずれも「履行の終わった」場合に当た

るとする。

　特に、書面によらない不動産の贈与につき、判例は、当該不動産の所有権移転登記がなされたときは、その引渡しの有無を問わず、履行が終わったものと解すべきであるとする（最判昭和40年3月26日民集19巻2号526頁［27001316］）。もっとも、農地である場合には、農地法3条1項による知事の許可を受けるまでは、たとえ農地の引渡しがあった後でも取り消すことができるとする（最判昭和41年10月7日民集20巻8号1597頁［27001159］）。農地の贈与契約における所有権の移転は、知事の許可が停止条件とされていることから、たとえ事前に引渡しがあったとしても、停止条件が成就しない限り、贈与契約に基づく所有権移転の効果が生じないと解されるからである。

事実認定における問題点

　本条が適用される前提として、当該贈与が「書面によらない」と認められるかどうかが問題となる場合がある（後記「1　書面によらない贈与の認定」）。

　また、本条ただし書により書面によらない贈与の解除（撤回）は許されないとの主張の前提として当該贈与について履行が終わったと認められるかどうかが問題となる場合がある（後記「2　書面によらない贈与の履行が終わったとの認定」）。

事実認定についての裁判例と解説

1　書面によらない贈与の認定

　裁判例

(1)　書面性を肯定したもの

❶　東京地判昭和31年10月2日判タ71号73頁［27400968］

　被告は原告に対し永年の勤労に酬いるため慰藉料として昭和29年9月以降毎月末限り金5000円を支給する意思ある旨の覚書草案を送ったが、この草案

には被告の下宿屋営業がその妻名義であったところから被告の妻の名義が書かれており、被告の名義そのものは表れていなかったものの、契約の双方当事者又は贈与者の署名捺印あるものに限らず、およそ贈与者の贈与の意思が受贈者に対する関係で表明されている書面であれば足りるし、草案となっているのは口頭で成立した契約を覚書の形で文書に表現しようとした過程において作成されたからであって、書面による贈与であるとの認定を左右するに足らないとしたもの

❷ 仙台高判昭和36年8月23日下級民集12巻8号1953頁［27401895］

県知事を名宛人とするものとはいえ、本件土地の贈与当日、贈与者と受贈者が連署して、贈与者が本件土地を受贈者に無償贈与する旨記載した農地転用のための所有権移転の許可申請書を作成し、贈与者において本件土地を受贈者に与える意思を文書に表示した以上、この贈与をもって書面によらないものということはできないとしたもの

❸ 東京高判昭和50年6月18日判夕330号271頁［27404373］

条件付所有権移転仮登記の登記申請書には贈与を証する原因証書は添付されていないけれども、同申請書に登記原因として「昭和43年12月3日停止条件付贈与契約（条件農地法3条の許可）」と記載されており、そこに添付されている司法書士に対する委任状には、登記権利者として受贈者の署名捺印、登記義務者として贈与者の署名捺印がなされている上、委任事項として「下記当事者において昭和43年12月3日停止条件付贈与契約をしたので所有権移転仮登記を水戸地方法務局土浦支局に申請する一切の件（条件農地法3条の許可）」と記載されている事実を認定して、前記委任状の添付された登記申請書が当該委任状と一体として改正前の550条所定の贈与書面と解されるものとした判断は是認できるとしたもの（上告審として判断したもの）

❹ 最判昭和37年4月26日民集16巻4号1002頁［27002156］

県知事に対する農地所有権移転許可申請書に、譲渡人、譲受人と表示され、各記名調印がなされ「権利を移転しようとする事由の詳細」の項に農地を贈与することにした旨、「権利を移転しようとする契約の内容」の項に無償贈与とする旨の各記載がある以上、前記申請書は改正前の550条の書面に当た

❺ 最判昭和53年11月30日民集32巻8号1601頁［27000221］

　被告の娘が被告を相手方として申し立てた別件財産処分禁止請求調停事件に原告が利害関係人として参加して成立した調停に係る調停調書に本件土地を原告所有部分として除外する旨の記載がされたのは、前記調停に際して、原告と被告との間で本件土地を贈与する旨の合意が成立したためであるときは、前記調停調書は、贈与の当事者である原告及び被告の関与の下に作成された書面において、本件土地の所有権が贈与により原告に移転し同人に帰属したことを端的に表示したものとして、改正前の550条にいう書面に当たると解するのが相当であるとしたもの

❻ 東京高判昭和58年8月31日判時1091号85頁［27406014］

　被告は、原告に対し本件各土地（農地4筆及び宅地1筆）を贈与したのであるが、そのうち農地については所有権の移転について農地法3条の規定に基づく県知事の許可が必要であることから、原告が先に譲受人として署名した申請書2通に譲渡人として署名し、かつ、実印をもって捺印したものであって、前記署名捺印当時、申請書には目的土地の表示について何の記載もなかったものではあるけれども、前記書面の趣旨に本件贈与に至る経緯を併せ考慮すると、被告は、農地4筆を原告に贈与する慎重かつ明確な意思に基づき、土地の表示その他の記載を原告に一任した上、署名捺印したものと認められるから、前記書面は、農地4筆の贈与につき、改正前の550条にいう書面に当たるものと解するのが相当であるとしたもの

❼ 東京高判昭和60年6月26日家裁月報38巻4号69頁［27407017］

　本件遺言公正証書は、Aの嘱託に基づいて公証人が作成したものであり、公正証書には死因贈与の意思表示自体は記載されておらず、また、これを死因贈与の当事者間において作成された文書ということもできないが、Aが本件土地を被告に死因贈与し、Aはその死因贈与の事実を明確にしておくため公正証書を作成することとし、被告の了解の下に本件遺言公正証書の作成を嘱託したことが認められ、このことと遺贈と死因贈与とはいずれも贈与者の死亡により受贈者に対する贈与の効力を生じさせることを目的とする意思表

示である点において実質的には変わりがないことに鑑みると、本件遺言公正証書は前記死因贈与について作成されたものであり、瑕疵の存在により公正証書としての効力は有しないものの、前記死因贈与について改正前の550条所定の書面としての効果を否定することはできないものというべきであるとしたもの

❽　最判昭和60年11月29日民集39巻7号1719頁［27100022］

　前主から不動産を取得した贈与者がこれを相手方に贈与した場合において、贈与者が司法書士に依頼して、登記簿上の所有名義人である前主に対し、当該不動産を相手方に譲渡したので前主から直接相手方に所有権移転登記をするよう求める旨の内容証明郵便を出したなどの事情があるときは、その内容証明郵便は、改正前の550条にいう書面に当たるとしたもの

(2)　**書面性を否定したもの**

❾　神戸地判昭和55年2月29日判タ424号157頁［27405233］

　書面による贈与といい得るためには、書面の素材は紙に限らず木や石等でもよいが、贈与者の贈与の意思表示が書面に記載されているだけでは足りず、その書面が贈与者の意思に基づいて作成されたものであることを要すると解するのが相当であるとして、受贈者である野森神社の世話人らにおいて本件贈与を記念して建立された寄進石（「寄進土地600余坪Ａ」と刻された石）は、これが建立されたことを贈与者であるＡにおいて知り異議を述べなかったにせよ、これをもって当該寄進石が贈与者であるＡの意思に基づいて建立されたものとはいえないから、本件贈与は書面による贈与とはいえないとしたもの

> 解説

(1)　本条にいう「書面」の要件に関する前掲最判（最判昭和25年11月16日民集4巻11号567頁［27003504］）によれば、「書面」には、まず贈与者が自己の財産を相手方に与える意思が記載されていることを要するものと考えられる。もっとも、前掲最判がいうように、その記載の程度は「文書を通じて確実に看取し得る程度の表現」で足りるものとされているから、文言上は「売買」と記載されていても（前掲最判）、贈与の意思を表明した覚書草案に記載された名義が営業上の名義人である妻の名義であったとしても（判決

❸ 最判昭和56年10月8日裁判集民134号29頁［27405618］

　書面によらないで土地を贈与した者が、この土地について占有及び登記名義を有しないためこれを受贈者に移転できない場合において、受贈者がその土地の登記名義人に対し所有権移転登記手続を求める訴訟を起こした後、その訴訟遂行を助けるため贈与者が受贈者に対しその土地の権利関係に関する証拠書類を交付したなどの事実関係があるときは、贈与者は贈与の履行を終ったものと解され、贈与者が改正前の550条の規定に基づいてした贈与の取消しは効力を生じないとしたもの

❹ 東京地判平成元年6月27日金融商事840号33頁［27808593］

　株式の発行されていない同族会社において、父親から息子へ株式を贈与する合意があれば、株式の交付がなくても意思表示のみによって株式移転の効力が生じ、遅くとも税法上の申告手続がなされた時点においてその履行が完了したと認めたもの

(2) 「履行が終わった」とは認められないとしたもの

❺ 東京地判昭和57年9月16日判タ486号95頁［27405816］

　贈与者が、その所有する土地（本件土地）の持分2分の1を受贈者に贈与した契約につき、その土地上に贈与者と受贈者共有名義の新居を建てて同居する旨受贈者に提案し、同人を本件土地に案内し、現地を示した後、前記新居を建てるため建築会社のモデルハウスを見学し、同社の担当者からモデルハウスやローンの支払方法の説明を受け、同担当者に指示して受贈者宛てにモデルハウスの設計図を送付させたが、結局、前記贈与に係る土地持分につき贈与を原因とする所有権移転登記手続をせずじまいであったという事案について、現実の引渡しがあったと認めるには十分でないし、占有改定とも解し難いから、履行が終わったとは認められないとしたもの

　解説

(1) 書面によらない不動産の贈与について、移転登記又は占有の移転があれば、「履行が終わった」ものと認められることは判例上確立されているものとみてよい。しかし、移転登記や占有移転があったとはいえない場合になお「履行が終わった」と認められるかどうかは別途問題になり得る。

判決❸の事例は、贈与の対象となった土地について、贈与者は占有も登記名義もなく、したがって、受贈者に対して、占有移転及び移転登記手続のいずれも履行のしようがない事案であったから、受贈者に関係書類を交付して同人がする交渉や訴訟に助力を与えることをもって贈与契約の主要な部分が履行されたとの評価は十分にあり得るところである。また、判決❶の事例は、贈与者の家督相続人が、当該贈与があったことを前提とした行為（受贈者との交換契約及びそれに関する実測図の作成と交付）を自ら積み重ねてきたという点に特徴がある。実測図が権利証に相当する書類に該当するかどうかについては疑問が呈されており（柚木＝高木編・新版注釈民法⒁〔柚木馨＝松川正毅〕50頁）、その点を強調すると、実測図の交付をもって「履行が終わった」といえるかどうかは微妙な事案であったという余地もある。しかし、前記のような贈与者（の家督相続人）による行為の積み重ねを一体として評価した場合、この期に及んで書面によらない贈与に藉口した解除（撤回）を認めることは、受贈者との間で衡平を欠くという価値判断が基礎にあったのではないかと考えられ、そうだとすれば、結論としてはなお了解可能であると考える。

　一方、判決❺の裁判例は、贈与者の贈与後の振る舞いの積み重ねが、受贈者をして、贈与に係る土地の登記名義を移転してもらえると期待させているという点では判決❶の事例に類似しているが、占有移転や移転登記手続のいずれにも至っていないことから「履行が終わった」とまで認定することはできないとしたものであり、確立された判例を正確に適用した結果であるといえよう。

　(2)　判決❷の事例は債権について、判決❹の事例は株式（特に、株券が発行されていない株式）について、書面によらない贈与があったときに、贈与者においてどの程度の行為がなされれば「履行が終わった」と認められるかについて判示されたものである。

（吉岡茂之）

(贈与者の引渡義務等) 【改正法】

第551条 贈与者は、贈与の目的である物又は権利を、贈与の目的として特定した時の状態で引き渡し、又は移転することを約したものと推定する。
2 負担付贈与については、贈与者は、その負担の限度において、売主と同じく担保の責任を負う。

(贈与者の担保責任) 【現行法】

第551条 贈与者は、贈与の目的である物又は権利の瑕疵又は不存在について、その責任を負わない。ただし、贈与者がその瑕疵又は不存在を知りながら受贈者に告げなかったときは、この限りでない。
2 (同上)

■■ 改正の趣旨

　本条は、平成29年改正前の551条1項が、贈与者の担保責任を定めていたものを全面的に改正し、贈与者は種類、品質及び数量に関して贈与契約の内容に適合した目的物を引き渡す債務を負うことを前提とした上で、贈与者の無償性に鑑みその責任を軽減する観点から、贈与契約においては、贈与の目的として特定した時の状態で贈与の目的物を引き渡すことを合意していたものと推定することとされた（筒井＝村松・一問一答266頁）。
　なお、本条2項は改正されていない。

《条文・判例の位置付け》　1項につき要件・効果の変容、2項につき要件・効果の変更なし

事実認定の対象等

■■ 意義

(1) 本条1項は、贈与者が負う引渡債務の内容につき、「贈与の目的である物又は権利を、贈与の目的として特定した時の状態で引き渡し、又は移転することを約したもの」と推定する規定（意思推定規定）である。贈与者は、贈与の対象となる物や権利が引渡債務の内容に適合しない場合には債務不履行責任を負うことになるが（契約責任説）、その前提として引渡債務の内容が確定されている必要がある。その際、贈与契約の無償性に鑑み、贈与者の責任を軽減する観点から、引渡債務の内容として前記のとおり推定することとした。この推定の法的性質は557条と同様に解釈規定であると解される（大江・要件事実(5)−1 228頁）。

なお、他人物贈与において、贈与者が具体的にいかなる内容の義務を負うことになるのかについては規定化が見送られた。したがって、贈与契約に適合した権利を供与すべき義務の具体的内容として、他人物を贈与した者がいかなる内容の義務を負うことになるのかについては、その点に関する明文の任意規定が存在しないことを前提とした契約内容の確定作業の帰結に委ねられることになる（大村＝道垣内編・債権法改正のポイント〔石川博康〕419頁）。

(2) 「負担付贈与」とは、受贈者に義務を負担させる贈与をいう（山本・民法講義Ⅳ352頁）。本条2項は、贈与の無償性に鑑み、負担付贈与において、受贈者に損害を与えることがないように、贈与者の出捐の価額が受贈者の負担の価額に満たない限度で贈与者に担保責任を認めたものである（柚木＝高木編・新版注釈民法(14)〔柚木馨＝松川正毅〕55頁）。

■■ 法律要件及び法律効果等

1 法律要件

(1) 本条1項所定の推定が生じるための法律要件は、
① 当事者の一方がある財産を相手方に贈与したこと

である。

　一方、本条1項の適用を排除する当事者の合意は妨げられない。したがって、贈与者の引渡義務の内容について本条1項による推定を排除しようとする当事者は、

② 　贈与者と受贈者は、①の贈与契約に際し、贈与の目的となる物又は権利をある状態で引き渡し又は移転するとの合意をしたこと

を主張立証することができる（すなわち、そのような主張立証がなされない限り、贈与者は目的物が「特定」した時の状態で目的物を引き渡せば足りることとなり、贈与者の担保責任を軽減しようとする趣旨が維持される。筒井＝村松・一問一答266頁）。

　(2)　本条2項に基づき、贈与者の担保責任が発生するための法律要件は、
① 　当事者の一方がある財産を相手方に贈与したこと
② 　贈与者と受贈者は、①に際し、受贈者に一定の給付をすべき債務を負担させる合意をしたこと
③ 　贈与者が受贈者に対して、①に基づき、贈与の目的である物を引き渡したこと
④ 　③の物が種類、品質又は数量に関して①の内容に適合しないものであったこと
⑤ 　④による損害の発生とその数額
⑥ 　⑤の損害額が、贈与の目的である物につき④の事実が存在しなかったときの価額から②の負担額を控除した残額を超えること

となる。

　また、贈与の目的が権利である場合は、③～⑥に代わり、
③′ 　贈与者が受贈者に対して、①に基づき、贈与の目的である権利を移転したこと
④′ 　③′の権利が種類、品質又は数量に関して①の内容に適合しないものであったこと
⑤′ 　④′による損害の発生とその数額
⑥′ 　⑤′の損害額が、贈与の目的である権利につき④′の事実が存在しなかっ

たときの価額から前記②の負担額を控除した残額を超えること
が法律要件となる。

　負担付贈与における受贈者の負担は、贈与者の給付との間で対価関係に立つわけではないから、受贈者の負担の定めは附款にすぎない。前記②はそのことに基づく法律要件である。

　また、受贈者の負担と贈与者の給付は対価関係に立たないのであるから、本条2項に基づく担保責任は、目的物の契約不適合による減価によって、負担付贈与における受贈者の利得がなくなり、かえって損失を被るときに発生するものと解すべきである（定塚・一試論121頁）。前記③～⑥は、そのことに基づく法律要件である。

2　法律効果

　(1)　本条1項によれば、贈与者は「贈与の目的である物又は権利を、贈与の目的として特定した時の状態で引き渡し、又は移転することを約したものと推定」される。したがって、(i) 贈与の目的物が特定物であるときは、贈与者はその目的物を贈与契約締結時の状態で引き渡すことを約したと推定され、(ii) 贈与の目的物が種類物であるときは、いわゆる種類債権の特定を生じた時（両当事者が合意した時又は401条2項所定の時）の状態で引き渡すことを約したと推定されることになる（もっとも、贈与の目的物が種類物であるときに、契約の内容に適合しないものでは特定を生じないとの立場を前提とすると、そもそも契約の内容に適合した目的物を調達し、引き渡す義務を負うことになる。筒井＝村松・一問一答266頁）。

　(2)　本条2項所定の場合には、贈与者は、その負担の限度において売主と同じく担保の責任を負う。もっとも、本条2項は平成29年改正前の民法と同一の文言を使っているが、改正後の売買の規定はいわゆる契約責任説を採用し、契約適合性という観点から売買を規律することとしており、「担保責任」というカテゴリーはもはや特別の意味を持たないこととなった（潮見・改正法の概要259頁）。結局、本条2項にいう「担保の責任」の具体的な内容は、契約不適合を理由とする売主の責任（562条～565条）と同様のものととらえ

るほかはないであろう。なお、受贈者の負担が金銭債務である場合における減額請求（563条参照）については、「負担の限度において」認められることに留意すべきである（例えば、50万円相当とされている骨董品を贈与し、受贈者が5万円だけ支払うという負担付贈与契約において、その骨董品が1万円の価値しかないことが判明したときは、負担を1000円にすることではなくて、1万円にすることを請求することができることになる（筒井＝村松・一問一答267頁））。

事実認定についての裁判例と解説

本条に関する事実認定が問題となった裁判例は見当たらない。

（吉岡茂之）

(定期贈与)

第552条 定期の給付を目的とする贈与は、贈与者又は受贈者の死亡によって、その効力を失う。

事実認定の対象等

■■ 意義

本条は、定期の給付（毎年又は毎月一定の金銭又は物を給付すること）を目的とする贈与契約（以下「定期贈与」という）は、贈与者又は受贈者のどちらかの死亡によって当然に失効することを定める。すなわち、定期贈与は、原則として終身定期金（689条）の性質を有するものとしている（我妻・民法講義Ⅴ2 236頁等）。この種の贈与は、通常、贈与者と受贈者との間の特別な一身上の関係（特に受贈者扶助の目的）に基づくものであって、当事者の意思はその契約の効力を各々の相続人にまで及ぼさしめないことにあるという点に着目した規定である（柚木＝高木編・新版注釈民法⑭〔柚木馨＝松川正毅〕56頁）。

■■ 法律要件及び法律効果等

本条の文言を素直に読めば、本条に基づいて、定期贈与が失効するための法律要件は、
① 当事者の一方が、相手方に対し、定期の給付を目的とする贈与をしたこと
② 贈与者又は受贈者が死亡したこと
ということになる。そのことからすると、一見すると、本条は、定期贈与の権利消滅規定として機能するかのようである。

しかし、受贈者の相続人が贈与者に対して、又は受贈者が贈与者の相続人に対して、定期贈与に基づく給付の履行を請求する場合、死者を訴訟当事者とすることはできないから、いずれの場合も請求原因事実中に受贈者又は贈

与者の死亡の事実を主張立証しなければならない道理である。したがって、(i) 履行を求める部分が贈与者又は受贈者のいずれか一方が死亡する前に履行期が到来した部分であるときは、本条は抗弁として機能しないことになるし、(ii) 履行を求める部分が前記死亡後に履行されるべき部分であるときは、主張自体失当になる（以上につき、定塚・一試論123頁、大江・要件事実(5) − 1 232頁）。

■■ 参考裁判例

判例は、定期贈与が終期の定めの有無（大判大正6年11月5日民録23輯1737頁［27522520］）や確定期限付きであると不確定期限付きであるとによって（大判昭和2年6月14日新聞2731号9頁［27550560］）、その適用を異にしないとしている。もっとも、判例は、当事者間の特約によって本条の適用を排除する余地を否定していないものと解される（前掲大判大正6年11月5日は、その判示において「反対の意思表示なき限り」との留保を付している）。

事実認定における問題点

本条に関する事実認定が問題となった裁判例は見当たらない。

（吉岡茂之）

(負担付贈与)

第553条　負担付贈与については、この節に定めるもののほか、その性質に反しない限り、双務契約に関する規定を準用する。

事実認定の対象等

■■ 意義、法律要件及び法律効果等

　本条は、負担付贈与（その定義については551条「意義」(2)参照）については、549条～554条（第2節）の定めのほか、「その性質に反しない限り」双務契約に関する規定を準用することを定める。

　負担付贈与も贈与であるため、受贈者の負担は贈与者の給付と対価関係に立たないことが前提である（山本・民法講義Ⅳ353頁。したがって、受贈者の負担の価値が贈与者の与える財産の価値に等しいか又はこれより大であるときは、それは負担付贈与ではなく、売買や交換等の双務契約であるということになる（柚木＝高木編・新版注釈民法(14)〔柚木馨＝松川正毅〕62頁））。もっとも、負担付贈与では、贈与者と受贈者の双方が債務を負うことには変わりはないから、その点に着目して、前記のとおり準用することとしたのである。

　問題は、双務契約に関する規定のうち、双方の債務が対価関係にあることを前提としたものについては、これを負担付贈与に準用することが「その性質に反しない」といえるかどうかにある。

(1)　**同時履行の抗弁権（533条）**

　負担付贈与に533条を準用することの可否をめぐっては、これを可とする見解（広中・債権各論講義37頁、星野英一『民法概論4（契約）合本新訂』良書普及会（1986年）107頁、石田・民法Ⅴ117頁、柚木＝高木編・新版注釈民法(14)〔柚木馨＝松川正毅〕66頁以下）と、原則として準用することは適切

とはいえないとする見解（我妻・民法講義Ⅴ2　235頁、潮見・契約各論Ⅰ55頁）との間で争いがある。

(2) **危険負担（536条）**

贈与者の債務が履行不能になった場合には、受贈者は、負担の履行を拒絶することができるものと考えられる（536条1項の準用）。

これに対し、受贈者の負担が履行不能になった場合については、536条1項の準用を可とする見解（広中・債権各論講義37頁、鈴木禄弥『債権法講義〈4訂版〉』創文社（2001年）337頁、石田・民法Ⅴ117頁、我妻・民法講義Ⅴ2　235頁等。ただし、これらの見解は、すべて平成29年改正前の536条を前提とし、贈与債務は消滅するとする）と、贈与者の債務は受贈者の負担とは対価関係にないことを理由に、536条1項は原則として準用されないものとする見解（潮見・契約各論Ⅰ55頁、柚木＝高木編・新版注釈民法(14)〔柚木馨＝松川正毅〕67頁）の間に争いがある。

(3) **解除（541条以下）**

負担が履行されない場合に、贈与者が負担付贈与を解除できることについては争いがない（最判昭和53年2月17日判タ360号143頁［27404842］は、受贈者が負担を履行しない場合に平成29年改正前の541条、542条を準用して贈与者は負担付贈与を解除できることを前提とした原審の判断を是認している。なお、この裁判例は、扶養に関する取決めを伴う贈与が負担付贈与と認められるとした原審の判断を是認した点についても意義がある。後記「事実認定についての裁判例と解説」参照）。

事実認定についての裁判例と解説

本条が適用される前提として、当該贈与が負担付贈与と認められるかどうかが問題となる場合がある。

事実認定についての裁判例と解説

負担付贈与の認定

[裁判例]

(1) 負担付贈与であることを認めたもの

❶ 東京地判昭和51年6月29日判時853号74頁［27404584］

　原告と被告との間で、① 原告は養子である次郎夫婦の長女である被告に本件建物を無償で譲渡すること、② 被告は、原告存命中、本件建物を原告が無償で使用することを認めること、③ 次郎夫婦は、原告及びその内妻の生活の世話をし、死亡後は墓守をなし法事等の供養をすることを内容とする贈与契約について、負担付贈与と認めたもの

❷ 東京高判昭和52年7月13日下級民集28巻5＝8号826頁［27404746］

　養親から被告への贈与は、養親の財産のほとんど全部を占め、かつ、養親の生活の場所及び経済的基盤をなすものの贈与であったから、その贈与は、両者の特別の情宜関係及び養親子の身分関係に基づき、養親の爾後の生活に困難を生じさせないことを条件とするものであって、被告もその趣旨を十分承知していたところであり、被告において老齢に達した養親を扶養し、円満な養親子関係を維持し、同人から受けた恩愛に背かないことを贈与に伴う被告の義務とする、いわゆる負担付贈与契約であると認めるのが相当であるとされたもの

❸ 最判昭和53年2月17日判夕360号143頁［27404842］

　（❷の上告審。❷の事実認定を支持した）

❹ 東京地判昭和59年8月31日判夕542号237頁［27490188］

　受贈者が従前居住していた住居を引き払って、肝臓に持病を持つ老齢の贈与者と同居し、その身の回りの世話をすることは、これをもって負担付贈与契約における負担とみることに何ら支障のないものというべきであるとしたもの

❺ 東京地判平成5年5月7日判時1490号97頁［27819884］

　原告・被告間において、被告が原告に対して昭和60年3月から原告の死亡

養母を扶養し、円満な養親子関係を維持し、養母の恩愛に背かないことを「負担」と認めた原審（判決❷）の認定判断を最高裁判所が是認するに至り（判決❸）、その後の下級審裁判例には、これを意識したものと考えらえるものが現れている（判決❹）。なお、判決❺は、「負担」が贈与契約書に明記されていない場合であっても、贈与契約書に記載されなかった経緯や、贈与後における「負担」とされた内容の履行状況等によれば負担付贈与であるとの認定は左右されない旨判断したところが注目される。

また、「負担」は、「贈与者が受贈者に課する拘束性のある債務」や「黙示にでも約束された債務」でなければならないものと解される（柚木＝高木編・新版注釈民法⑭〔柚木馨＝松川正毅〕58頁、59頁））。このような観点からすれば、判決❼は、その結論に違和感はないが、一見すると受贈者がある内容の負担を受忍しなければならないようにみえる場合であっても、当該負担の淵源を見極める必要があることを改めて認識させる例といってよいであろう。

（吉岡茂之）

に至るまで、毎月50万円ずつ支払うが、その方法については被告が原告に賃貸していた本件建物の賃料として月額20万円を前記50万円から控除し、その残額の30万円を毎月支払うこととする旨の約束で本件土地につき条件付贈与契約書を作成し、その後、前記負担の履行がされた事案について、これを負担付贈与と認め、前記契約書には負担の内容について記載されていなかったが、同契約書に負担の内容を記載しなかったのは原告に税負担をさせないためであり、また、前記負担が現実に履行されているとして、負担付贈与に当たらないとした原告の主張を排斥したもの

(2) **負担付贈与であることを認めなかったもの**

❻ 新潟地判昭和46年11月12日下級民集22巻11＝12号1121頁［27403762］

原告が被告に本件土地を贈与したのは原・被告が終生にわたって養親子関係を維持し、被告が養子として原告の老後の扶養をしてくれることを期待してのことであったと認められるけれども、そのような期待は養子縁組をする以上当然のことで、養親が前記期待の下に養子に物を贈与したからといって、その期待が贈与の負担となることはないとして、負担付贈与であると認めなかったもの

❼ 東京地判平成5年6月1日判時1503号87頁［27825696］

贈与がされた当時、本件土地について道路位置指定（建築基準法42条2項）がされていたため、本件土地の所有者は、公法上の規制により、本件土地を建物の敷地として利用できないなど所有権の行使について制限を受けることが明らかとなっている事案について、譲渡の目的物である本件土地に私道負担があるということは、契約の目的物の客観的性質であって、本件土地を一般公衆の通行の用に供するという債務を受贈者に負担させるものではないとして、本件土地の贈与が負担付であったとは認められないとしたもの

　解説

負担付贈与における「負担」については、受贈者が一定の給付をする債務を負う贈与であることが明白である場合（判決❺）は比較的わかりやすいが、扶養が問題になっているものについてはそれを「負担」と認めるかどうかをめぐる下級審の判断が分かれていた（判決❶、❻）。しかし、老齢に達した

■■ 参考裁判例

判例は、死因贈与には遺贈の方式に関する規定は準用されないとする（大判大正15年12月9日民集5巻829頁［27510824］、最判昭和32年5月21日民集11巻5号732頁［27002812］）。

一方、判例は、遺言の取消しに関する1022条については、その方式に関する部分を除いて、これを積極に解するけれども（最判昭和47年5月25日民集26巻4号805頁［27000564］）、①負担の履行期が贈与者の生前と定められた負担付死因贈与契約に基づいて受贈者が約旨に従い負担の全部又はそれに類する程度の履行をした場合には、贈与契約締結の動機、負担の価値と贈与財産の価値との相関関係、前記契約上の利害関係者間の身分関係その他の生活関係等に照らし負担の履行状況にもかかわらず負担付死因贈与契約の全部又は一部の取消しをすることがやむを得ないと認められる「特段の事情」がない限り、遺言の取消しに関する1022条、1023条の各規定を準用するのは相当でないとするものや（最判昭和57年4月30日民集36巻4号763頁［27000087］）、②贈与に至る経過、それが裁判上の和解でされたという特殊な態様及び当該和解条項の内容等を総合した上で、本件で問題になった死因贈与は贈与者において自由には取り消すことができないものと解するのが相当であるとした最高裁判所の判例（最判昭和58年1月24日民集37巻1号21頁［27000058］）がある。これらの裁判例によれば、具体的な事情により死因贈与の履行に対する受贈者の期待が保護に値すると認められる場合には、死因贈与の撤回は認められないというのが判例の理解であるといってよいであろう。

事実認定における問題点

適式な遺言ではなかったために遺贈としては無効である場合に、死因贈与が成立したと認められるかが問題となる（後記「1 遺贈としては無効である場合に、死因贈与が成立したと認められるか」）。

前記参考裁判例を踏まえ、書面による死因贈与について取消し（1022条の

準用）が認められるのはどのような場合かが問題となる（後記「2　書面による死因贈与の取消しが認められるのはどのような場合か」）。

事実認定についての裁判例と解説

1　遺贈としては無効である場合に、死因贈与が成立したと認められるか

裁判例

(1)　死因贈与契約の成立を認めたもの

❶　東京地判昭和56年8月3日家裁月報35巻4号104頁［27405575］

Aがそれまで身の回りの世話をしてくれたことに報いるために、自分の死後原告にその遺産の一部を贈与したいと考え、原告に便箋とボールペンを出してもらい、ベッドに寝たまま、1枚の便箋用紙に自分が死亡した場合には自分の財産の2分の1を原告に贈与する旨自書し、自ら署名押印した上、この書面を直ちに原告に手渡したという作成経緯等によれば、自筆証書遺言としてはその要式性を欠くものとして無効であるとしても、Aの原告に対する贈与意思を表示し、原告はこの申出を受け入れたものであると認めるのが相当であるとして、死因贈与の成立を認めたもの

❷　東京高判昭和60年6月26日家裁月報38巻4号69頁［27407017］（判決❸の控訴審判決）

本件遺言公正証書は、Aの嘱託に基づいて公証人が作成したものであり、公正証書には死因贈与の意思表示自体は記載されておらず、また、これを死因贈与の当事者間において作成された文書ということもできないが、Aが本件土地を被告に死因贈与し、Aはその死因贈与の事実を明確にしておくため公正証書を作成することとし、被告の了解の下に本件遺言公正証書の作成を嘱託したことが認められ、このことと遺贈と死因贈与とはいずれも贈与者の死亡により受贈者に対する贈与の効力を生じさせることを目的とする意思表示である点において実質的には変わりがないことに鑑みると、本件遺言公正証書は前記死因贈与について作成されたものであり、瑕疵の存在により公正証書としての効力は有しないものの、前記死因贈与について改正前の550条

所定の書面としての効果を否定することはできないとしたもの

(2) **死因贈与の成立を認めなかったもの**

❸ 千葉地佐倉支判昭和59年1月25日家裁月報38巻4号72頁［29011339］

　本件遺言（判決❷の公正証書と同じもの）は、公正証書による遺言の適正な方式に違背したことにより無効であり、加えて、Aは病気のため署名しなかったものであるから、この公正証書をもって、その直前になされたという死因贈与についての改正前の550条本文所定の書面とみることは便宜的に過ぎ、明らかに失当であるなどとして、死因贈与の成立は認められないとしたもの

❹ 仙台地判平成4年3月26日判時1445号165頁［27814491］

　Aの遺言を代筆したBは、その後Aの葬儀の日まで当該書面を保管した上、葬儀の日にC方に持参して、Cや原告に対しこれを呈示したことが認められ、したがって、原告は葬儀の日以前に当該書面を見る機会はなかったのであるから、当該書面は、遺言書以外のなにものでもなく、死因贈与の意思表示の趣旨を含むとは認められず、また、それに対する原告の承諾の事実も認められないとして死因贈与は認められないとしたもの

❺ 東京地判平成26年4月25日金融法務1999号194頁［28223299］

　Aの自書により作成されたものであると認めることはできない書面について、6000万円を超える預金債権や自宅の土地建物など少なからぬ資産を有していた者がその全財産を法定相続人ではない者に死因贈与する意思を表明するために作成した文書であるとみるには、あまりに不自然な体裁（ゴルフクラブの名称が入ったメモ用紙、「委任状」との表題、「遺産についても同様全て相続する」という程度の記載）であること、Aが遺言書にふさわしい文面や用紙を用意する余裕がないまでに急を要する容態であったとはうかがわれないこと、BがAにとって唯一の頼れる親族として入院中のAの世話に当たっていたとは認められないことといった事実関係に照らすと、AとBとの間に死因贈与が成立したとは認められないとしたもの

　解説

　死因贈与について遺贈の規定の準用を可とするのは、両者が死後における

財産の処分を目的とし、死亡が効力発生要件となっている点で本質的に共通することを基礎とする。しかし、死因贈与はあくまでも契約であるから、遺言としては無効である場合になお死因贈与を認めてよいかどうかを検討するに当たっては、贈与者と受贈者との間における意思の合致（死因贈与においては、大概は、贈与者の申込みと受贈者の承諾であることが多いであろう）を揺るがせにすることはできない筋合いである。

死因贈与の成立を認めた裁判例は、贈与者（遺言者）が、贈与者自らが受贈者に指示して用紙を準備させて書面を作成し、かつ、これを受贈者に交付したとか（判決❶）、受贈者の了解の下に遺言公正証書の作成を公証人に嘱託した（判決❷）など、書面の作成経過や作成後の書面の扱いにおいて受贈者が何らかの関与をしていた事情がうかがわれた事案に関するものである。このような事案では、前記の事情をもって死因贈与の申込み及びこれに対する承諾を推認し得るものと考えられる。

一方、書面の作成経過等において受贈者と主張される者の関与がうかがええないとか（判決❹）、当該書面の体裁、贈与者とされた者の容体及び当事者間の人間関係等から不自然さがみえる場合（判決❺）には、死因贈与の成立は認め難いということになろう。なお、判決❸の裁判例は、同じ事案について判決❷と結論を異にしているが、その違いはあくまでも方式違背の遺言書をもって死因贈与の書面とみることの可否をめぐる見解の相違（判決❸の裁判例では、方式違背の遺言書をもって死因贈与の書面とみることを「便宜的に過ぎ」ると説示している）に起因するものと考えられる。

2 書面による死因贈与の取消しが認められるのはどのような場合か

裁判例

(1) 取消しが認められないとしたもの

❶ 名古屋地判平成4年8月26日金融商事915号37頁［27826042］

原告において、原告は、父から本件物件につき書面により死因贈与（本件死因贈与）を受けたとして、父の法定相続人である被告（父の後妻）に対し、本件物件につき真正な登記名義回復を原因とする所有権移転登記手続を求め

た事案において、父の原告に対する本件死因贈与は、原告の祖父が原告に本件物件を遺贈したが、本件物件からの家賃収入を父に得させるため、原告をして遺贈を放棄させるとともに父に相続させることとし、かつ、父の一代限りのこととするため、父の死亡後は原告に取得させることを目的としてなされたものであり、他の相続人も本件死因贈与をさせるため遺留分を放棄している事情の下では、本件死因贈与は、贈与者において自由には取り消すことができないものというべきであるとされたもの

❷ 東京地判平成5年5月7日判時1490号97頁［27819884］

原告が被告に対し、書面による負担付死因贈与契約（被告が原告に対し、原告を被告所有の建物に住まわせ、昭和60年3月から原告の死亡に至るまで毎月30万円ずつ支払うこととし、被告がその負担を履行したときは、原告が被告に対し原告の死亡と同時に本件土地を贈与するという内容）を取り消したと主張した事案につき、① 本件負担付死因贈与がなされたのは、被告が原告のために建築する快適な住まいで老後を送りたいと願う原告の要望に基づくものであり、契約締結の動機においてその必要がなかったということはできないこと、② 負担の内容も原告が死亡するまで原告が建物に居住でき、しかも毎月30万円の現金が原告に支払われるというもので、原告にとって利益なものと認められること、③ 負担の価値と本件土地の評価額とを比較しても、本件土地の評価額が圧倒的に大きいとまではいえないこと、④ 本件負担付贈与契約締結の前後を通じ、被告夫婦が原告の日常生活等につき物心両面において世話をしてきたこと等の事情があると認定した上、このような事情の下においては、本件負担の履行状況にかかわらず、本件負担付死亡贈与契約を取り消すことがやむを得ないと認められる特段の事情がないとして原告の負担付死因贈与契約の取消しの主張を排斥したもの

(2) 取消しが認められるとしたもの

❸ 東京地判平成7年10月25日判時1576号58頁［28011333］

原告が、被告（原告の二男）において契約成立日から原告の生存中責任をもって原告を介護することを負担とする負担付死因贈与契約をしたが、その後取り消したと主張する事案において、原告が被告の妻の介護を受けていた

のは契約成立日から2年弱の間であって、それ以降は原告の長男夫婦が原告の世話をするようになり、今後もそのような状態が長期間にわたって続くものといえることから、被告夫婦が本件死因贈与契約の前から約5年間にわたって原告と同居して自分を犠牲にして原告を介護し、別居後も原告の世話をしていたことは評価すべきであるものの、被告夫婦による原告の介護をもって、負担の全部又はそれに類する程度の履行をしたとまではいうことはできないとして、本件死因贈与契約の取消しを認めたもの

解説

　判決❷と判決❸は、ともに負担付死因贈与における取消しの可否が争われた事案であり、互いに結論を異にするが、いずれも負担付死因贈与に1022条、1023条を準用してこれを取り消すことができるかどうかについて判示した前掲最判昭和57年4月30日の枠組みを具体的に当てはめたものということができよう。判決❷は前掲最判のいう「特段の事情」が認められるかどうかのレベルについてまで判断しているが、判決❸は、前掲最判のいう「受贈者が約旨に従い負担の全部又はそれに類する程度の履行をした場合」にそもそも該当しないとされ、「特段の事情」が認められるかどうかの判断にも至っていないという違いを指摘することができる。

　判決❶は負担付死因贈与に関するものではないが、死因贈与をした目的、死因贈与に至る経過等を総合して取消しを認めなかったものである。前掲最判昭和58年1月24日民集37巻1号21頁［27000058］の判断枠組みに沿ったものということができよう。

（吉岡茂之）

第3節　売　買
第1款　総　則

> **（売買）**
>
> 第555条　売買は、当事者の一方がある財産権を相手方に移転することを約し、相手方がこれに対してその代金を支払うことを約することによって、その効力を生ずる。

事実認定の対象等

■■ 意義

本条は、売買の成立要件を定める。売買は、双務・有償・諾成・不要式の契約である。

なお、民法第2章「契約」の第2節〜第14節（典型契約）の冒頭にある規定（冒頭規定）はいずれも各典型契約の成立要件を規定するものであり、この要件に該当する事実（要件事実）が当該典型契約に基づく請求権を発生させるものであるとする、いわゆる冒頭規定説の立場（我が国における裁判実務の立場であるとされている）からは、本条は、売買契約の成立要件とともに、売買契約に基づく請求権を発生させる要件を規定するものということになる（村田＝山野目・30講104頁、165頁、後藤巻則「要件事実論の民法学への示唆(2)契約法と要件事実論」大塚直＝後藤巻則＝山野目章夫編著『要件事実論と民法学との対話』商事法務（2005年）44頁、石川博康「典型契約冒頭規定と要件事実論」前掲122頁、大江忠「攻撃防御方法としての要件事実—契約の履行請求権を例として—」伊藤総括編集・講座(1)229頁、大村敦志『典型契約と性質決定』有斐閣（1997年）40頁参照）。

法律要件及び法律効果等

1 法律要件

売買が成立する法律要件は、

① 当事者の一方がある財産権を相手方に移転することを約すること

② 相手方がこれに対してその代金を支払うことを約すること

である。すなわち、売買の申込みと、それに対する承諾という2個の意思表示が合致することである。

本条の法律要件に該当する具体的な要件事実は、実務上、「原告は、被告に対し、○年○月○日、別紙物件目録記載の土地を代金3000万円で売った」などと記載することが多い。この表現は、2個の意思表示がそれぞれ相手方に到達していることを含むものとされている（97条1項）。

2 法律効果

売買成立の法律効果は、売主の買主に対する代金支払請求権と、買主の売主に対する財産権移転請求権の発生であり、義務の面からいえば、買主の売主に対する代金支払義務と、売主の買主に対する財産権移転義務の発生である。買主の財産権移転請求権には、売買の対象である財産権の種類に応じて、複数の具体的な請求権が含まれていることがある。例えば、それが不動産の所有権である場合には、財産権移転請求権の内容として、不動産の引渡請求権と所有権移転登記請求権とが含まれるものとされている（大判昭和3年12月5日評論18巻民法287頁［27551221］、大判大正9年11月22日民録26輯1856頁［27523161］、大判明治44年11月14日民録17輯708頁［27521525］）。

参考裁判例

(1) 「売買代金」は、売買当時、既に数字的に一定していることを要せず、一定し得べきものであれば足り（大判大正10年3月11日民録27輯514頁［27819050］）、後日協議の上定めると約した場合でも、当事者の意思が当時の相当代価をもって売買するということであるならば、売買は直ちに成立する（大判昭和10年7月13日法学5巻344頁［27543853］、大判大正12年5月7

日新聞2147号19頁［27539087］）。

(2) なお、「買主の受領義務」について、買主には目的物を受領すべき義務はなく（大判大正4年5月29日民録21輯858頁［27521953］）、債務者が債権者の受領遅滞を理由として契約を解除することは、特段の事由がない限り、許されないが（最判昭和40年12月3日民集19巻9号2090頁［27001247］）、鉱石の売買契約において、売主が買主に対し、同契約の存続期間を通じて採掘する鉱石の全量を売り渡す約定があったなどの事情がある場合には、信義則上、買主には売主が同期間内に採掘した鉱石を引き取るべき義務がある（最判昭和46年12月16日民集25巻9号1472頁［27000593］）とされた。

(3) また、「売買契約に付属する義務」として、売主は、賃借地上にある建物の売買契約では、賃借権譲渡につき賃貸人の承諾を得る義務を負い（最判昭和47年3月9日民集26巻2号213頁［27000580］）、伐採を目的とする山林立木の売買契約では、売主は立木の伐採等に必要な期間、買主に山林敷地を使用させる義務を負う（最判昭和47年5月30日民集26巻4号919頁［27000560］）。さらに、分譲住宅の譲渡契約の譲受人が同契約を締結するか否かの意思決定をするに当たり、価格の適否を検討する上で重要な事実につき譲渡人において説明をしなかった場合には、慰謝料請求権の発生を肯認し得る違法行為と評価されることがある（最判平成16年11月18日民集58巻8号2225頁［28092898］）。

(4) これらのほか、近時、裁判例の分析をもとに、契約の成立形態に着目して、契約の成否を検討する立場が有力になりつつあることにも留意する必要がある（学説の整理は、池田清治『契約交渉の破棄とその責任―現代における信頼保護の一態様』有斐閣（1997年）195頁以下、特に245頁以下、谷口＝五十嵐編・新版注釈民法(13)〈補訂版〉〔潮見佳男〕90頁以下参照）。その立場では、契約を大きく「申込み・承諾型」（申込みと承諾の一回的なやりとりで成立する契約の場合）と「練り上げ型」（不動産売買契約の場合に典型的にみられるように、当事者の最初の接触から始まって、事前の探り合い、商談の開始、駆け引き、基本的部分での大筋の合意、細部の詰め、契約すべき内容の確認（契約書案の検討）、契約（契約書の作成）といった流れがみ

られる契約の形態であり、どの時点で「終局的・確定的な意思の合致」があったといえるのかを、契約類型を考慮しつつ、個別具体的事案ごとに判断することが重要とされている）に分類し、その形態の相違に応じて分析されるべきであるとされている（河上正二「『契約の成立』をめぐって―現代契約論への一考察(1)(2)」判例タイムズ655号11頁・657号14頁（1988年）も参照）。

事実認定における問題点

これまでの裁判例には、本条に関する事実認定として、1 売買の当事者、2 売買の目的物、(1) 目的物の特定性、(2) 目的物の範囲又は同一性の認定、3 売買代金、4 契約書の作成等と契約の成否、5 売買と他の法律行為との関係が問題となったものがある。

事実認定についての裁判例と解説

1 売買の当事者

「売買の当事者」に関する裁判例には、(1) 契約当事者の法人格の否認が認められるか、(2) 契約の当事者は契約の名義人か、契約の締結行為等をした者か、(3) 契約の当事者は契約の締結行為等をした者か、代金を支出した者かが問題となったものがある。

〔裁判例〕

(1) **契約当事者の法人格の否認が認められるか**

❶ 東京高判平成14年1月30日判時1797号27頁［28072849］

内国法人の海外の子会社間における債券を買い戻す旨の債券現先取引に関し、同子会社の法人格は形骸にすぎず、違法な手段のためにペーパーカンパニーを設立したものであることを理由に法人格を否定したもの

(2) **契約の当事者は契約の名義人か、契約の締結行為等をした者か**

❷ 最判昭和44年9月11日裁判集民96号497頁［27411252］

参加人会社が、被告が参加人会社の代表者として同会社のためにAから本

件土地建物を買い受けたと主張したのに対し、被告は、本件土地建物は被告個人がAから買い受けたものであると主張した事案について、契約書その他の手続は被告名義でされているが、被告は参加人会社の代表取締役として同会社の経営の実権を握っていたこと、参加人会社の経理と被告個人の経理とは相当混淆されており、買受代金も参加人会社から支出した疑いが濃いこと、本件建物は参加人会社の従業員の修行道場として用いられていたこと、本件建物の動力棟の諸費用の維持費は参加人会社から支出されていたことなどからすると、たとえ払下げの手続がすべて被告個人の名義によって行われたとしても、被告が本件土地建物を買い受けたのは、被告個人のためのみであったとは断じ難く、売主であるA家の関係者においても、被告を単なる個人としてよりも参加人会社の経営する店の代表者として意識し、同会社に対してこれを払い下げる意思の下に本件売買契約を締結したものと推断するに難くないとしたもの

❸ 東京高判平成4年3月25日判夕805号203頁［27814419］

　土地売買契約において、姉名義で契約が締結されているが、弟が売買契約の締結、売買代金の支払、不動産取得税の支払等を行い、姉はこれに全く関与していないとして、売買契約の買主は弟であると認定したもの（同様に、不動産の売買契約につき、契約書に記載された者と異なる者が売主であると認定したものとして大阪地判平成11年3月12日判夕1028号202頁［28051494］がある）

(3) **契約の当事者は契約の締結行為等をした者か、代金を支出した者か**

❹ 最判昭和46年11月19日裁判集民104号401頁［28200775］

　原告がA所有の本件山林を被告に委託して被告名義で買い受けたと主張したのに対し、被告は、原告から本件山林の買受資金64万円を借り受け、自ら本件山林を買い受けたと主張した事案について、本件山林の売買代金は原告が被告に交付した64万円から支払われたこと、原告は、当初から本件山林の所有権を取得する意思を有しており、本件山林の売買の直後ころ、被告から原告への本件山林の所有権移転登記手続に必要な書類の作成を司法書士に依頼したこと、本件山林の売買代金の領収証には、売買代金が手付ともで63万

円とされているほか、仲介手数料として1万円と記載されていること、原告の先代は山林を所有し、20年来被告にその伐採を依頼してきた間柄であり、これに対し、被告は、農業兼伐採業を営み、山林を所有したことはなく、それまで山林を買ったことがなかったこと、本件売買後、本件山林の所有名義を移転するについて、原告から被告に5万円の礼金を出す話もあったことなどからすると、原告と被告との間には、本件売買前に、本件山林の所有名義を遅滞なく被告から原告に移転すべき旨の合意があり、64万円はこの合意を前提として交付されたものと推認するのが経験則に合致するとしたもの

❺　東京地判昭和50年2月18日判時796号67頁［27404313］

　妻が売主側と折衝し、売買契約書上も妻が買受人であり、妻名義で所有権移転登記を経由した場合に、代金を夫が支出したというだけでは実質上の買主が夫であると認めることはできないとしたもの

❻　東京高判平成17年4月21日平成16年㈱4920号公刊物未登載［28264364］
（司研・事実認定273頁）

　原告が本件不動産をAから買い受けたと主張したのに対し、被告は、Aから原告と被告が各持分2分の1の割合で買い受けたと主張した事案について、被告はAに対し額面1485万円の小切手を交付したほか、原告名義の預金口座に447万5000円を振り込み、この額は本件不動産の売買代金（3865万円）の半額に当たるとはいえ、売主をA、買主を原告とする売買契約書が作成され、Aからの売買代金の領収証も原告宛てに発行されていること、本件売買契約を仲介したBとの一般媒介契約を締結したのは原告であり、Bからの仲介手数料の領収証も原告宛てに発行されていること、Aは、所得税の確定申告書添付の譲渡資産等の内訳書においても、本件不動産を原告に売却した旨記載していることからすると、被告が売買代金の半額を負担したとしても、これは原告と被告との間の内部関係における金員の負担の問題にすぎず、Aに対し被告も本件不動産の買主であると認識させる事情ではないとしたもの

　解説

　「売買の当事者」、特に、売主と買主が誰であるかは、売買契約書、代金の領収証、登記申請書等の関係書類に誰が売主又は買主と記載されているか、

すなわち契約名義人が誰であるかが、何より重要である。ただし、法人格否認の法理（形骸事例について最判昭和44年2月27日民集23巻2号511頁［27000839］、濫用事例について最判昭和48年10月26日民集27巻9号1240頁［27000471］）が適用される場合には、名義人以外の者が実質的な契約当事者と認定されることになる。このほか、関係書類上に契約当事者として記載されていても、形式上、名義上のみ、契約当事者とされている場合があるので注意が必要である。この場合には、実際に誰が売買契約交渉等を行ったか、関係書類上、契約当事者となった理由は何か、売買の動機・目的は何か（買主の買受動機・目的、売主の売却動機・目的、契約前の事情）などに注目する必要がある。また、売買代金を支出したのが誰であるか、売買の相手方は誰を当事者と認識していたか（契約時の事情）、売買目的物を受領し、その後の管理占有をしている者は誰か、売買目的物が不動産であれば、固定資産税等の税金を現実に支出したのは誰か（契約後の事情）なども重要である。

なお、売主が誰であるかは、売買の目的物の所有者等のメルクマールで明らかなことが多く、実際に売主が誰であるかが争われた事例は多くないが、次の裁判例がある。

❼ 東京地判昭和54年7月3日下級民集30巻5＝8号333頁［27405101］

原告は、Aの代理人である被告との間で、A所有土地と同土地上に被告が建築する予定の建物を一括して買い受ける旨の売買契約を締結し、手付金及び中間金を支払ったが、同土地についてAからBに対し所有権移転登記がされ、前記契約が履行不能に帰したとして、被告に対し無権代理人の責任を追及したのに対し、被告は、自らが売主本人であり、かつ履行不能については自分の責に帰し得ない事由があったと主張した事案について、原告と被告との間で取り交わされた売買契約書末尾の売主欄には、「売主A代理被告」と記載されていたとはいえ、本件売買契約締結の際、被告は原告に対し、本件土地の登記簿上の所有名義人はAであるが、実際はAの手を離れて、被告の一存で処分できるものであると説明し、原告は、その説明を聞き、Aの所有地を買い受けるものであり、それが可能なものと認識して、本件売買契約を締結したこと、本件売買契約書冒頭の売主欄には被告の氏名が記載されてい

たこと、本件売買契約において、代金額は本件土地と本件建物を一括して定められていたことからすると、本件売買契約は、土地の取得のみを主眼としたものではなく、原告の工場兼住居の取得をも主要な目的としたものであり、そのための建物の建築は被告が行い、その完成建物と土地とを一括して原告に売り渡すというものであって、本件建物の建築販売主としてAを予定したものではないし、本件売買契約書の末尾の売主欄に被告がA代理人と肩書きしているのは、当時本件土地の所有名義人がAであり、A所有の土地を本件売買契約の目的物件としたことから、他人物の売買であるが、それが確実性のあることを表す便法として用いられたにすぎないとして、本件売買契約の売主は被告であるとしたもの

❽ 大阪地判平成11年3月12日判夕1028号202頁［28051494］

　原告が被告に対し、本件不動産を売却したとして売買代金の支払を求めたのに対し、被告は、本件不動産の売主はAであり、原告は仲介者にすぎないと主張した事案について、本件不動産の売買契約書に、売主として記載されているのはAであり、原告は仲介業者とされていること、被告が支払った手付金及び売買代金の内金の領収証はAによって作成されたこと、被告は原告に対し仲介手数料を支払ったこと、本件不動産の元所有者であるBが売主となっている売買契約書に、買主として記載されているのはAであり、原告は仲介業者とされていることは認められるが、Aは、Bからの本件不動産の買受けや被告への売渡しの交渉や決済等には何ら関与しておらず、これら一切の交渉は原告が行っていたこと、原告は、当初、原告名義でBから本件土地を買い受けて被告に売り渡す計画であり、そのため原告がBに対する手付金を用意して支払ったが、本件不動産のうち建物の入居者の立退交渉を依頼されていたCが、原告に苦情がくることを避けるためにAの名義を借りるよう助言した結果、原告は、A名義で売買することとし、Aに名義使用料を支払ったこと、Aは、原告に対し仲介手数料を支払っていないこと、被告の担当者も真の売主は原告であると認識していたこと、Aは、被告に対し、売買代金の支払を請求したことがないことからすれば、本件不動産の売買契約の売主はAではなく、原告であるとしたもの

判決❷からは、売買代金を支出した者をそれだけで買主であると断定することはできず、支出者と買主名義人との人的関係、支出者と買主名義人との金銭貸借の有無等に留意することが必要である。判決❸のように、契約名義人が契約の締結に全く関与しておらず、第三者が名義人に無断でその氏名を用いて契約手続等を行い、売買代金を支払ったなどの事情がある場合には、当該第三者が契約当事者と認定されるが、判決❺のように、売買代金を支払った者と、売買契約の締結交渉を行い、売買契約書上の買受名義人となった者が異なる場合には、代金を支出したとの事情のみを重視することはできない。判決❹では、仲介者と認定された者が農業兼伐採業を営み、山林を買ったことはなかったのに対し、買主と認定された者は、山林を所有し、仲介者とされた者に伐採を依頼していたことが間接事実として認定されている。また、判決❻のように、第三者が売買代金を支出した場合であっても、第三者と契約名義人（契約締結行為をした者）との間に資金提供関係（内部関係）が認められるようなときには、契約名義人が契約当事者であることを否定できないというべきであろう。

　ほかに、原告が、昭和33年7月25日に被告の代理人Aを通じ本件土地を代金120万円で買い受けたと主張したのに対し、被告は、昭和30年6月6日にAに対し本件土地を代金65万5800円で売り渡し、同日にAから手付金5万円を受け取り、続いて昭和31年12月20日に内金13万円を受け取ったが、その後残代金の支払を受けられなかったので、前記売買契約を解除したと主張した事案について、被告が作成した5万円の領収証は昭和30年6月6日付けで、本件「土地売買代金の内金」と付記されていること、20万円の領収証は昭和31年12月20日付けで、本件「土地売買代金の内入」と付記されていること、前記領収証の宛名はいずれもAとなっていることから、原審が、前記領収証を排斥することなく、これを証拠として挙示した上、昭和34年12月17、8日頃、被告の代理人Aと原告との間に本件土地の売買契約が成立したと認定したことは、書証の通常有する意味内容に反してこれを事実認定に供した違法があるとしたもの（最判昭和40年2月5日裁判集民77号305頁［28199594］）がある。

2 売買の目的物

(1) 目的物の特定性

[裁判例]

❶ 最判昭和57年6月17日裁判集民136号111頁［27405775］

契約書の記載にもかかわらずその後の協議等による確定が必要な場合について、1筆の土地の一部分の売買契約において、売買契約書上は約60坪と表示していても、分筆・移転登記の際の正確な測量に基づいて売り渡すべき土地の範囲を確定することにしたときは、売買の対象である土地部分が具体的に特定しているとはいえないとしたもの

[解説]

売買の目的物は特定していることが必要である。売買の目的物が特定しているかどうかは、契約解釈（当事者の意思解釈）の問題であるが、契約書の記載によって判断するのが通常である（契約書上は不特定であっても、他の資料等によって特定し得るものであれば足りる）。しかし、契約書上は目的物が特定されていても、実際の合意によれば、当事者間のさらなる協議等によってその内容を確定する必要がある（かつ、協議等が調わない）場合には、目的物の特定性を欠くことになり、そのような場合には、売買契約の成立が否定されることがある。

(2) 目的物の範囲又は同一性の認定

「目的物の範囲又は同一性の認定」に関する裁判例としては、不動産売買において契約書の記載等と現地の状況が符合しない場合に合意内容が問題となったものとして、次のものがある。

[裁判例]

❶ 最判昭和30年10月4日民集9巻11号1521頁［27002989］

1筆の土地並びにその地上の店舗及び工場を目的とする売買において、実際はその地番の土地上になお土蔵があるにかかわらず、これを目的から除外し、現場を検分した際にも格別その処置を問題とせず、また、登記簿上は上記土蔵は隣地に存在することになっており、当事者も土蔵敷地が売買の目的とされた地番の土地に属することを知らなかったときは、当事者間には土蔵

敷地を売買の目的から除外する暗黙の合意があったものと認められるとしたもの

❷ 最判昭和39年10月8日裁判集民75号589頁［28199345］

　当事者が1筆の山林を表示して売買契約を締結した場合には、特段の事情がない限り、その1筆の山林を構成する地盤の全部を売買する意思であったと解するのが契約解釈の通則であるが、売買契約書上1筆の山林を表示してはいるが、契約締結当時の諸事情に照らして観察すれば、売買は前記山林を構成する地盤の一部を指定し、これを譲渡するという趣旨の契約にほかならず、契約書上の表示は、単に前記山林部分の同一性を示すために、前記山林の地番を用いたというほどの意味しかなく、当事者は前記山林部分のみを譲渡する意思を有するにすぎないと解される場合は、前記特段の事情のある場合に当たり、所有権移転の効力は前記山林部分について生ずるにすぎず、買主は残地の所有権までも取得することはなく、この理は、前記山林部分が1筆の土地の一部であって、残地が存在する場合に、当事者が残地の存在を知らなかった場合においても、異なるところはないとしたもの

❸ 東京地判昭和52年4月4日判時872号96頁［28224955］

　工場敷地として賃借している土地3筆（甲、乙、丙の各土地）の売買か、そのうちの1筆（乙土地）の売買かについて、当事者間に争いのない売買代金は3筆の合計地積で計算すると坪当たりの金額が割り切れるのに対し、乙土地の地積で計算すると、坪当たりの金額が割り切れないこと、借地権がある場合の底地価格と対比しても、本件は借地権者が底地を買い受ける場合であり、売主から売買を申し入れたという事情があるから、前記売買代金は、底地価格より低額であっても、3筆の売買代金として不自然でないこと、3筆は工場敷地であり、3筆とも買い受けるのではなく、乙地のみを買い受ける特段の事情は認められないこと、3筆の土地の賃料が売買のなされた年以降支払われた形跡がないことから、売買の対象とされたのは3筆であったと認められるとしたもの

❹ 最判昭和61年2月27日裁判集民147号161頁［27800538］

　現地において塀等で明確に区分して賃貸されていた同一人に属する1筆の

土地がそれぞれの賃借人に譲渡された場合には、特段の事情のない限り、当該使用部分に限って売買されたものと解するのが相当であるとしたもの

このほか、関連裁判例として次のものがある。

❺　福岡高判昭和31年5月9日高裁民集9巻4号259頁［27400868］

当事者が売買の目的物を単に店舗とのみ示した場合でも、店舗とその敷地が共に売主の所有に属し、売買代金も建物のみの価額をはるかに超過しているときは、敷地付の店舗が売買の目的となったものと認められるとしたもの

❻　東京地判昭和61年12月23日判時1252号58頁［27800691］

温泉付住宅地として分譲された土地の買受人は、分譲宅地を買い受けることによって、温泉の供給を受けることのできる債権的な温泉引湯権を取得したものと認められるとしたもの

❼　最判平成4年7月16日判時1450号10頁［28213671］

原告は、1筆の土地とその土地上に東西2棟の建物を所有していたが、同土地を東西2筆に分筆し、国に対し、その1棟の建物と敷地を売り渡し、東側土地建物を引き渡し、東側の建物について国の保存登記が、西側の土地について国への所有権移転登記が行われたため、原告が売り渡した不動産は、西側土地建物か、東側土地建物かが争われた事案について、国は本件売買契約時に東側土地建物の引渡しを受け、その承継人である被告がこれを占有していること、原告は、国側に対し、東側土地建物の明渡しを求めたこともなければ、西側土地建物の明渡しを申し出たこともなかったこと、原告において西側土地建物を売却しようとし、被告の主張する東側土地と西側土地の境界は西側土地に入りすぎていると主張したほか、被告において東側土地建物を取り壊したことなどからすると、国が西側土地につき所有権移転登記を経由していたとはいえ、他に特段の事情の認められない限り、本件売買の対象が、東側土地建物ではなく、西側土地建物であったとする原審の認定は経験則に反するとしたもの

❽　大阪地判平成2年10月24日判タ743号176頁［27807645］

複数の目的物についての、複数の売主との売買契約においてその一部が成立しなかった場合の契約の成否について、土地を更地としてマンションを建

設する目的で土地と地上建物の売買契約書を作成し、土地所有者は署名押印し、金員が交付されたとしても、建物所有者が署名押印しなかった場合には、買主と土地所有者との間で、土地だけを対象とする売買契約が成立したとは認められず、せいぜい建物所有者が売買を承諾して契約書に署名した時点で、本件土地建物全部につき売買契約を成立させることを約したにすぎないと解されるとしたもの

❾ 福岡高判平成18年9月5日判タ1239号256頁［28131460］

土地の売買においては、当該目的を地番で特定するだけでなく、広大な山林の場合などは別として、現地でその売買目的土地の範囲を確認するという作業を伴うものであって、土地の売買契約においては、対象となる土地の特定方法は、地番の特定と現地の確認という2つが相まって行われるものであり、現地の確認で当事者が認識していない土地は、売買の目的物ではないと解すべきであるとしたもの

❿ 松山地判平成27年12月7日判時2298号76頁［28243063］

土地の売買契約において、同土地の農地転用手続をするために作成した丈量図が買主の主張する範囲の土地を前提に作成され、また、測量及び地積更正の手続に際しては、売主も現地で立ち会い、隣地所有者として境界線を証明する趣旨の書面を作成して関わっていたなどの事情が存在する場合には、売買契約の対象は、売買契約書に記載された地番ではなく、当事者の現地での指示等に基づいて特定されたものと認められるとしたもの

〔解説〕

「目的物の範囲又は同一性の認定」は、通常、契約書等の目的物の記載は何を意味するかという契約解釈の問題である。その認定に当たっては、単に契約書の記載内容を検討するだけでなく、事案に即して、① 売買の当事者（特に買主）における売買の動機・目的が何であるか（契約前の事情）、② 不動産の売買の場合（1筆の土地の一部を売買の対象とすることができることにつき、大判大正13年10月7日民集3巻476頁［27510982］参照）には、その現況を把握した上で契約が締結されるのが通常であり、現況がどのような状態であるか、売買の価額と実際に目的物の時価あるいは目的物の利

用価値等を踏まえた公正な価格との乖離はないか（契約時の事情）、③ 売買後の当事者の言動、買主の目的物についての異議があったか、買主の使用占有状況等とこれに対する売主の異議があったか（契約後の事情）などの事情が考慮されるべきである。

判決❶、❷及び判決❺はいずれも、建物や山林とその敷地は一括して売買の対象とされるのが通常であり、特段の事情のない限り、当事者の意思もそのように解されるというべきであるところ、契約書の記載よりも現地確認の状況等を重視して契約内容を解釈したものであり、判決❿も同様に、売買契約書に記載された地番よりも、当事者の現地での指示説明等により売買契約の対象を特定すべきであるとしたものである。判決❸は、売買の価額と実際に目的物の時価あるいは目的物の利用価値等を踏まえた価格との比較によって売買目的物を特定したものである。判決❹は、買受動機・目的等を踏まえて売買目的物を確定したものであり、判決❻についても、売買契約の動機・目的を踏まえて契約の解釈が行われたものといえよう。判決❼は、売買後の買主の土地占有状況、土地の境界についての主張内容、買主による地上建物の取壊し等を売買の対象特定のための重要な間接事実としたものである。また、判決❽は、当事者の売買の目的・動機、売買後の利用計画等を踏まえて、契約内容を解釈したものである。判決❾は、山林の場合には、地番の特定と現地の確認が重要であり、売買の対象は、現地の確認で当事者が認識しているのが通常であるとしたものである。

3　売買代金

「売買代金」に関する裁判例には、(1) 代金が確定していたか、代金額についての意思の合致があるか、(2) 代金額はいくらかが問題となったものがある。

裁判例

(1) 代金が確定していたか、代金額についての意思の合致があるか

代金額が明示的に合意されていない場合には後掲判決❷のように特別の習慣・慣習が認められるなど特段の事情がない限り、代金が確定しているもの

とは認められず、売買契約が成立したものとはいえないとした裁判例が多い。

❶　最判昭和32年2月28日裁判集民25号671頁［27401052］

売買代金は売主が正式に払下げを受ける当時の木炭の時価による購入価格を標準として売主買主間で協議して決定することとして、売買契約を締結した場合に、代金につき結局協議が調わなかったときは、代金の定めがなかったと同様の結果になり、売買契約としての効力は生じないとしたもの

❷　東京高判昭和34年12月22日東高民時報10巻12号310頁［27401601］

原料そばの取引において、当事者間に、まず売主が目的物を買主方に搬入し、その後具体的に時価に従って代金額を決定する習慣がある場合には、売主の電話による申込みを買主が承諾した以上、たとえ代金の具体的な額の協定が後日に持ち越されたとしても、売買契約は成立するとしたもの

❸　東京高判昭和58年6月30日判時1083号88頁［27405986］

売買契約における代金額については、いまだ確定的な金額の合意となっていなかったが、当事者は、本件売買契約当時、更新期を控えた借地関係を清算する場合において社会通念上相当とされる価格、すなわち借地権付建物の時価によるとの意思であったものと推認するのが相当であり、その時価の決定方法についての合意のあったことを認めるに足りる証拠はないが、その具体的金額について当事者間で意思の合致をみるに至らなかった場合でも、最終的には裁判において、契約時点における客観的な時価を認定しそれを前提として権利関係の決着をつけることができるのであるから、そこまでの合意がないからといって、時価によるとの合意を否定することはできないとしたもの

❹　東京地判平成17年2月23日判時1946号82頁［28112526］

情報処理システムの開発業務を受託していた会社の代表取締役が、委託会社の取締役でもあり、委託会社において受託会社の開発したシステムを言い値で買い取る旨の記載がある確約書に署名したとしても、その確約書は、些細な値引交渉を控える旨の個人的意思を表明した書面であり、売買代金額がいまだ確定していないから、売買契約が成立したとは認められないとしたもの

❺ 大阪高判平成17年4月22日平成16年㈹2088号公刊物未登載［28264365］
（司研・事実認定259頁）

原告が、被告との間で、担保権が設定された本件土地について売買の一方の予約をし、予約完結権を行使して、代金額を予約完結権行使時の時価とする売買契約（本件売買契約）を成立させたと主張したのに対し、売買交渉の過程で作成された第1次案には、「売買代金は売却時における時価を基準として決定する」と記載されており、「時価とする」とされているわけではなく、また売買予約契約書にも、売買金額は売却時における時価を基準として双方協議の上決定すること、売買金額が双方協議しても定まらなかった場合は、裁判所に民事調停を申し立て、調停委員会の調停に代わる決定に異議なく従うものとすることが記載されていること、一般に、調停に代わる決定も、時価をもって直ちに売買代金額とするものではなく、時価を参考にしながら買主売主双方の事情を斟酌して売買代金額を決めるものであること、本件売買契約では、本件土地に設定されている担保権を抹消した上で所有権を移転することが被告に義務付けられているが、時価が担保権を抹消するために要する費用に満たないときまで、時価で売買することを被告が了承していたとは考えられないところ、担保権を抹消するためには約19億円の費用を要し、原告が時価として主張する6億5820万円を大きく上回っていることなどから、売買契約が成立したとは認められないとしたもの

⑵ **代金額はいくらか**

❻ 東京高判昭和28年10月6日東高民時報4巻5号147頁［27400444］

賃借権の譲渡人がその譲渡代金が16万円であると主張しても、現実に授受された金額が6万円で、その受領証にも単に6万円を譲渡代金としてあり、内金である等の記載なく、また、譲渡人は譲受人所有の家屋を賃借していたが、その賃料を支払ってきたなどの事実があるときは、譲渡代金は6万円と協定されたものと認定するのが相当であるとしたもの

❼ 最判昭和36年8月8日民集15巻7号2005頁［27002263］

原告が、本件家屋は原告の所有であるのに、被告が売買を原因とする所有権移転登記を有しているとして、被告に対し本件家屋の所有権確認と抹消登

記手続を求めたところ、被告が本件家屋は原告から代金10万円で買い受けたものであると主張して争った事案について、本件家屋の売買のあったとされる当時の滞納税額は13万2000円余であったところ、当時の本件家屋とその敷地の借地権の地価の合算額が165万1700円であるとすれば、同合算額から前記滞納税額を差し引くとしても、時価151万9000円余りのものがわずか10万円で売買されたことになるが、151万9000円のものをわずか10万円で売却するというのは、一般取引上首肯できる特段の事情がない限り、経験則上是認できないとして、原判決が本件売買代金が低廉にすぎる仮装のものであるとの原告の主張を排斥したのは審理不尽、理由不備の違法があるとしたもの

> 解説

　代金額は、具体的な金額で合意されるのが通常であるが、確定した金額で合意されるまでの必要はなく、具体的に算定する方法が合意されていれば足りる。「時価」と定めることも、これを確定することは可能であるから有効である（大判大正10年3月11日民録27輯514頁［27819050］、大判大正12年5月7日新聞2147号19頁［27539087］参照）。要するに、さらなる協議や合意を要することなく、代金額を確定する旨の合意が成立したかどうかであり、代金額が定まっているというためには、さらなる協議や合意の余地があってはならないということである。

　(1)の「代金額が確定していたか、代金額についての意思の合致があるか」、すなわち、売買契約が成立したといえるかについて、判決❷は、時価に従って代金額を決定する習慣・慣習があることから、たとえ代金の具体的な額の協定が後日に持ち越されたとしても、代金額は時価によるものとして売買契約が成立すると認められたものである。これに対し、判決❶は、時価による購入価格を標準として売主買主間で協議して決定することとされたものの、代金額の確定には協議を要することを理由として、判決❹は、受託会社の開発したシステムを言い値で買い取る旨の確約書があっても、それは些細な値引交渉を控える旨の個人的意思を表明した書面であり、売買代金額がいまだ確定していないことを理由として、判決❺では、売買予約契約書等に、売買金額は売却時における時価を基準として双方協議の上決定すること、売買金

額が双方協議しても定まらなかった場合は、裁判所に民事調停を申し立て、調停委員会の調停に代わる決定に異議なく従うものとすることが記載されていることを考慮しても、担保抹消費用が時価を大きく超過していることなどからすると、当事者の合理的な意思解釈として、いずれも売買契約が成立したとは認められないとしたものである。なお、判決❸は、代金額について確定的な金額の合意となっていなくとも、当事者はいずれも、借地権付建物の時価によるとの意思であったものと推認するのが相当であり、時価によるとの合意を否定できないとして、代金額を時価とする売買契約の成立を認めたものである。

(2)の「代金額はいくらか」、売買代金額の認定について、売買代金額は、目的物の時価あるいは目的物の利用価値等を踏まえた公正な価格とほぼ合致するのが通常である（著しく乖離する場合には暴利行為や詐欺・錯誤が問題となろう）。代金額の認定に当たっては、目的物の現状のほか、売買の動機・目的等、増額あるいは減額が相当と考えられるような特段の事情の有無・内容について検討が必要となる。

判決❻は、賃借権の譲渡代金額について、受領証の記載のほか、譲渡人は譲受人所有の家屋を賃借し、その賃料を支払ってきたなどの事実を、代金減額の特段の事情と認めたものであろう。判決❼は、時価と代金額が著しく乖離している売買は、一般取引通念上首肯できる特段の事情のない限り、経験則に照らして是認できないとしたものである。

なお、不動産売買契約において売主と買主の間で代金額についての確定的な合意がなくとも、契約を確定的に締結する意思があればその成立が認められるとした裁判例（東京地判平成5年12月24日判夕855号217頁［27825682］）もあるが、これは、売買代金額に関する売主と買主の意見の相違は後日調整することとし、それを前提に売買契約を締結し、手付金を授受したことが認められる場合に関するものであり、これを一般化することはできないというべきであろう。

4　契約書の作成等と契約の成否

「契約書の作成等と契約の成否」に関する裁判例のうち、契約書が作成されていない場合には売買契約は成立していないとした裁判例として、次のものがある。

[裁判例]

(1)　売買契約の成立を否定したもの

❶　東京高判昭和50年6月30日判夕330号282頁［27404384］

　高額の土地の売買にあっては、懈怠約款を定めた売買契約書を作成し、手付金若しくは内金を授受するのが相当定着した慣行であることは顕著な事実であって、この慣行は重視されてしかるべきであり、慣行を重視する立場に立てば、土地の売買の場合、契約当事者が慣行に従うものと認められる限り、売買契約書を作成し、内金を授受することは、売買の成立要件をなすと考えるのが相当であるとして、売買契約書が作成されず、内金が授受されていない場合には売買契約は成立していないとしたもの

❷　東京高判昭和54年11月7日下級民集30巻9＝12号621頁［27423378］

　原告と被告とは、交渉の結果、原告が被告から本件土地を1億8000万円で買い受けること、代金のうち2000万円は手付として契約書作成時に支払い、残余は後日支払うことなどを内容とする売買契約を、公証役場において公正証書による契約書にして締結する旨合意したが、被告は予定日に公証役場に現れず、契約書は作成されるに至らなかったとして、売買契約が成立したとはいえないとしたもの

❸　東京地判昭和57年2月17日判夕477号115頁［27405699］

　売買契約は、当事者双方が売買を成立させようとする最終的かつ確定的な意思表示をし、これが合致することによって成立するものであり、代金額がいかに高額なものであったとしても、前記意思表示について方式等の制限は何ら存しない反面、交渉の過程において、双方がそれまでに合致した事項を書面に記載して調印したとしても、さらに交渉の継続が予定され、最終的な意思表示が留保されている場合には、いまだ売買契約は成立していないとしたもの

❹　東京地判昭和59年12月12日判タ548号159頁［27490204］

　不動産の売買契約の交渉段階において、売主側が買主側に対して「売渡承諾書」を交付した場合であっても、売買契約が成立したとは認められないとしたもの

❺　東京地判昭和63年2月29日判タ675号174頁［27802448］

　不動産売買の交渉過程において、基本条件の概略について合意に達した段階で当事者双方が買付証明書及び売渡承諾書を取り交わしたとしても、なお未調整の条件についての交渉を継続し、その後に正式な売買契約書を作成することが予定されている限り、当事者双方の確定的な意思表示は留保されており、売買契約は成立するに至っていないと解すべきであるとしたもの

❻　東京地判平成元年12月25日判時1362号63頁［27807451］

　売買契約書の存在は認められるが、契約書に定められた契約締結の日付、代金の支払方法、登記手続の方法等その内容がことごとく現実に合致していない場合には、売買契約は成立していないとしたもの

❼　東京地判平成2年12月26日金融商事888号22頁［27814332］

　土地建物の売買契約において、買付証明書及び売却証明書の作成・交付があった場合においても売買契約が成立したとは認められないとしたもの

❽　東京地判平成3年5月30日金融商事889号42頁［27818631］

　取引当事者間において、土地建物につき売買代金及び手付金の額、最終取引日などを記載した売渡証明書と買付証明書が交付されていても、買主が不動産業者であり、目的土地につき国土利用計画法所定の手続完了後に売買契約書を取り交わすことが約され、明渡時期、残金支払の時期及び方法、登記手続などについて確定的合意に至っていない場合には、いまだ売買契約の成立を認めることはできないとしたもの

❾　名古屋地判平成4年10月28日金融商事918号35頁［27828195］

　不動産の売買については、売買の条件について合意ができたからといって、契約が成立しその履行が強制できるとするような考えで行われてはおらず、特別に契約締結の日を定めて、売買条件を明記した契約書が作成され、かつ、手付金が授受されてはじめて契約が成立し、それ以後、当事者はこれに拘束

されるものとするとの慣行があることは公知の事実であるとして、売買契約の成立は認められないとしたもの

❿ 東京地判平成18年9月29日判タ1248号218頁［28132093］

テレビ番組放送枠の売買契約に関し、売主側が売買契約書案と請求書とを同封して買主側に送付し、売買代金の支払を求めたとしても、両当事者が売買契約書に調印することによって契約を成立させる意思であった場合には、その契約書案に調印がなされない限り、売買契約の成立は認められないとしたもの

⓫ 最判平成24年9月6日判時2188号12頁［28224954］

A社の代表取締役で、被告会社及びB社の実質的経営者でもあるCは、本件各土地及び別件土地を含む一帯の土地開発事業を構想し、その所有者と交渉を進め、平成17年11月29日、被告、A及びBは、原告との間で、原告が資金を提供する旨の合意をした。さらに、同年12月21日、被告、A及びBと原告は、本件各土地及び別件土地を含む土地を対象とする開発事業について、対象地の取得方法等についての協定（本件協定）を締結したが、本件協定に係る協定書（本件協定書）には、原告らは、被告らが本件各土地を取得した後に本件各土地を買い受ける旨記載されていた。Aは、同月22日、本件各土地をその所有者から買い受けた上、被告にこれを売却したが、被告、A又はBと原告との間では本件各土地の売買契約書は結局作成されなかった。そこで、原告が被告との間で本件各土地の売買契約が成立したと主張して、被告に対し、平成17年11月29日売買を原因とする所有権移転登記手続を求めたとの事案について、本件協定書の記載に照らせば、本件協定を締結した時点においては本件各土地の売買契約が成立していなかったと解するのが自然であること、本件各土地と同様に土地開発事業の対象となっていた別件土地については、本件協定書の記載に沿って売買契約書が作成され、代金が支払われていること、これに対し、本件各土地については売買契約書が作成されていないことなどの事情に照らすと、平成17年11月29日に本件各土地の売買契約が成立したとする原審の認定は、経験則又は採証法則に反するとしたものがある。

これに対し、売買契約の成立を認めた裁判例として、次のものがある。

(2) **売買契約の成立を認めたもの**

❶❷ 京都地判昭和44年3月27日判タ236号151頁［27403316］

仮契約書による合意であっても、それが、いまだ合意のない附属的事項について協議合意の上、新しい合意事項をも包括した契約書を作成する趣旨である場合には、売主の財産権移転と買主の代金支払とに関する合意があれば、売買契約は成立し、その他の点に関する合意は、当事者が特にこれを売買の成立要件としない限り、これを欠いても売買契約の成立に影響がないとしたもの

❶❸ 仙台高判昭和62年11月16日判タ662号165頁［27801591］

農地である本件土地が旧地主から旧小作人に対し売買されたかどうかについて、売買契約書は作成されておらず、所有権移転登記手続も行われていないものの、本件土地を譲渡する旨の記載のある協約書があること、これに沿った合筆・分筆の手続が行われたことのほか、その後の本件土地の占有状況、旧地主側が売買を認める旨の言動をしていたことなどから、売買契約が成立したと認めたもの

❶❹ 東京高判平成6年2月23日判時1492号92頁［27819992］

不動産取引に関して当事者が、国土利用計画法23条1項の届出をすること及び後日売買契約書を作成することを予定していたとしても、売買の対象と代金以外の事項については後日さらに協議・合意することが予定されているが、これらの事項をも売買の要素とする意思でなかった場合には、売買の対象と代金が合意された覚書を取り交わせば、これによって売買契約が成立したということができるとしたもの

❶❺ 最判平成10年12月8日判時1680号9頁［28213684］

被告の本件建物の占有が使用貸借契約に基づくものか、本件建物及びその敷地の売買契約に基づくものかが争われ、売買契約書は作成されておらず、本件建物及びその敷地の登記簿上の所有者は原告であるが、被告に本件建物及びその敷地の買受希望があり、売買代金の一部の支払を認める旨の原告の押印のある文書があること、被告は原告に対し、本件建物及びその敷地につ

いて所有権移転登記手続を行うよう求めたことがあること、原告は本件建物の敷地について合筆・分筆登記手続をしたこと、原告と被告との間では本件建物の居住期間についての話合いは行われておらず、本件建物及びその敷地について長期間にわたり紛争が生じたことはなかったことなどから、被告が本件建物を一時的な居住を目的とする使用貸借契約に基づいて占有していたにすぎないとみるには疑問があり、被告は原告から本件土地及び建物を買い受けたと認める余地があるとしたもの

❶❻ 神戸地姫路支判平成25年5月29日判タ1396号102頁［28220815］

自動車事故に係る保険金請求について、保険契約当時の原告が当該車両の所有者であるかが争われた事案において、当該車両の売主が義理の父のAであり、原告がAに支払った売買代金も、元は同人から贈与を受けていた金員であったこと、本件売買契約の締結についても、原告の希望よりも、むしろAの主導により行われたものであり、当該車両の売買代金が現実にAに支払われたことが認められる以上、当該車両の移転登録の手続がされていなかった事実をもって、本件売買契約が存在しないとはいえないとしたもの

「解説」

売買契約は、財産権の移転と代金の支払とが合意されていれば、契約書の作成や手付金の授受がなくとも、契約の成立が認められるのが原則である。契約書ができてはじめて売買が成立したものとみなければならないという経験則は存在しない（最判昭和23年2月10日裁判集民1号73頁［27400001］）。ただし、不動産等、高価品の売買契約の場合には、契約書が作成されないのはまれである。しかし、不動産等の売買契約において、契約書が作成されていないからといって、そのことのみで契約が締結されていないとはいえない（判決❶❷〜❶❻参照）。不動産等の売買契約においては、通常、当事者双方による準備・交渉が行われるのが通常であり、その経過等に照らして、売買契約が成立したか、どの時点で成立したかが問題となることもある。

売買契約書等が作成されていない場合には、間接事実から売買契約の成否を推認することになるが、その際には、① 契約当事者（売主及び買主）における売買契約の必要性・動機・目的、② 交渉の経過、③ 契約後の言動

（不動産の場合には、引渡し・占有状況、登記手続、固定資産税の支払等が特に重要である）を考慮することになる。

　一般的にいえば、売買契約書が作成されていなくとも、売買条件（目的物、代金額とその支払時期、引渡時期、登記移転時期等）が確定的に合意された場合には、売買契約の成立が認められるとされているが、不動産の売買契約の場合には、相当額の手付金の授受がないにもかかわらず、契約の成立を認めることは慎重であるべきであろう。

　判決❶～❸、❺及び判決❾はいずれも、基本条件の概略について合意に達した段階で当事者双方が買付証明書及び売渡承諾書等の関係書類を取り交わしたとしても、なお未調整の条件についての交渉を継続し、その後に正式な売買契約書を作成することが予定されている以上、売買契約が成立したとはいえないとしたものである。

　判決❹、❼及び判決❽はいずれも、売渡承諾書や買付証明書・売渡証明書等の作成・交付があってもそれだけで直ちに売買契約が成立しているとはいえないとしたものであり、判決❻は、売買契約書の存在は認められても、その記載内容が現実に合致していない場合には、売買契約は成立していないとしたものである。

　特に、判決❾は、不動産の売買については、契約締結日を定め、契約書が作成され、手付金が授受されてはじめて契約が成立するという取引慣行があることは公知の事実であるとしていること、判決❿は、両当事者の契約締結手続に関する認識を重視し、両当事者が売買契約書に調印することによって契約を成立させる意思であった場合には、その調印がなされない限り、売買契約の成立は認められないとしたこと、判決⓫も同様に、土地の売買に関する協定書において、売主が売買対象たる土地を取得した後にこれを買い受ける旨の記載があり、その後に改めて売買契約を締結することが予定されていたと認められる場合には、売買契約書が作成されない限り、土地の売買契約が成立したとは認められないとしたことに特色がある。

　これに対し、判決⓬～⓯は、不動産取引について正式な契約書の作成がない場合であっても、売買の成立要件について協議の余地を残さない程度に確

定していると認めるべき事情がある場合には、売買契約の成立が認められるとしたものであり、売買の成立要件（代金額と売買の目的物）についてさらなる協議・合意の余地を残しているといえるかどうか、合意が成立したといえる事情があるかどうかを売買の成否の判断基準としたものである。

また、判例❶は、自動車の売買契約について、売買契約書は作成されていないものの、売主と買主が親族関係にあること、売買代金が現実に支払われた事実が認められたことが重視されたものであろう。

5　売買と他の法律行為との関係

裁判例

(1) 売買と請負（632条）との区別

❶　東京地判昭和33年8月14日新聞113号13頁［27401344］

当事者の一方が相手方の申込みに応じて専ら又は主として自己の所有に属する材料を用いて製作した物品を供給すべきことをなし、相手方がこれに対し金員を支払うべきことを約するいわゆる製作物供給契約は、製作に関する面では請負人の性質を有するとともに製作物供給の面においては売買の性質を有するから、請負と売買との混合契約とみるべきであるとしたもの

❷　東京地判昭和56年10月27日下級民集32巻9＝12号1013頁［27405633］

製作物供給契約においては製作物が代替物のときは売買の規定を適用し、不代替物のときは請負の規定を適用するのが相当である（その上で、本件製品は大量に同種のものが生産されることを期待された商品であり、一定の規格に適合してさえすればよいのであるから、不代替物というに妨げはないから、本件試験販売契約には売買に関する規定を適用するのが相当である）としたもの

❸　東京高決平成21年3月30日判タ1307号304頁［28153738］

相手方が提供した原稿に基づいて、自らが書籍の用紙の手配、版下製作、製版、印刷、製本の作業を行って、書籍を製作し、さらに製作した書籍を梱包し、これを相手方が指定する納入先に発送する等の業務を行い、その対価として相手方が委託料金を支払うものとする契約が締結されたときは、当該

契約は請負契約の性質を有し、売買契約であるとは認められないとしたもの

(2) **売買と賃貸借との区別**

❹ 最判昭和54年9月6日裁判集民127号395頁［27650862］

　原告が代理人Aを介して被告から本件土地（約13坪）を1坪当たり5000円で買い受け、そのころ10坪分に相当する5万円を支払い、残額は登記と引換えに支払う約定であったと主張したのに対し、被告は、売買契約の締結を否認し、前記5万円はAに対し賃貸した本件土地のうち8坪の敷金及び賃料として受領したものであると主張した事案において、原告の土地領収書と記載のある封筒には、被告からAに宛てた1万円の預り証と4万円の預り証が納められていたこと、原告は、それまで所有していた土地を売却して地上建物を本件土地上に移築したこと、被告は原告に対し、1回も賃料の支払を請求したことがなく、また本件土地の明渡しも請求したことがないことが認められるところ、前記土地領収書の記載文言は、どちらかといえば土地売買代金領収書の意味を表したものと理解するのが素直であること、原告は所有していた土地を売却して地上建物を本件土地上に移築したというのであり、そうであるとすれば、本件土地を買い受けるためでなく、単に賃借するために自己の所有地を売却するということは、特段の事情がない限り、考えられないこと、賃料額及び賃貸期間につき具合的な取決めをすることなく、Aが持参した最初の4万円を敷金と思い、次の1万円は賃料の前払と思って受け取ったとの被告の供述はその内容自体、通常の不動産賃貸借において賃貸人のとる措置、態度としては極めて異常であって、その信憑性には多分に疑問の余地があるとして、売買契約の成立は認められないとした原判決には経験則ないし採証法則の適用の誤り、審理不尽の違法があるとしたもの

❺ 浦和地判平成11年9月24日判時1724号91頁［28052513］

　原告が亡祖父A、亡父Bから本件建物を相続したとして、その所有権に基づいて明渡しを求めたのに対し、被告は、かねてから本件建物を賃借していたが、Aとの間で本件建物とその敷地の売買契約を締結して本件建物の所有権を取得したと主張した事案において、被告がAに売買契約書の作成を強く求めた形跡がないのは不自然であること、被告は、売買代金600万円は月5

万円を10年間の分割支払との約定であったとの主張には利息の約定がなく不自然であり、一部の分割支払の証拠がないこと、一部分割支払の名目は賃料であったこと、1か月5万円という金額は賃料として不相当ではないこと、被告は原告に対し、本件建物の所有権移転登記手続を求めていないことなどから、被告主張の売買契約が成立したとは認められないとしたもの

(3) 売買契約（あるいは売買の予約）と金銭消費貸借及び担保権設定契約との区別

❻ 最判昭和45年11月26日裁判集民101号565頁 [28170176]

本件土地の売買契約公正証書の契約条項中には、原告は被告らに対し本件土地を代金21万6300円で売り渡し、被告らはこれを買い受ける旨、及び前記売買不動産は現在農地につき直ちに名義変更ができない状態にあるので登記可能状態になり次第買主に対し所有権移転登記をしなければならない旨記載され、本件領収書にも、本件土地代金21万6300円全額を受領した旨記載されており、これらの書証の記載及び体裁からすれば、別異に解すべき特段の事情が認められない限り、原告と被告ら間に本件土地につき売買契約ないしは売買の予約が成立したものと認めるのが自然であるとした上、原告が30万円くらいの借用申込みをしたのに対し、金融業者である、被告らの父Aが21万6300円といういわば端数のついた金員を貸与するには何らかの特殊事情がなければ容易に理解し難く、むしろ本件土地の売買代金であるがためではないかと推測されること、金融業者であるAが本件土地を担保として前記金員を貸与したにすぎないとすれば、何故にAの未成年の子である被告らを買主として前記公正証書を作成し、被告らを抵当権者とする抵当権設定登記を受けるという複雑な方法を選んだのか疑問であり、むしろ、被告らを買主とせんがためではないかと推測されること、金融業者であるAが前記金員を貸与したのであれば、その貸付けに当たり特段の事情がない限り利息及び弁済期の定めがあったはずであるが、原審はこの点を明確に判断していないこと（ちなみに、原告は、自ら利息及び弁済期の定めのない消費貸借であると主張している）、抵当権設定契約についても、むしろ、本件土地について所有権移転登記ができない場合における前記代金の取戻しを担保するため抵当権設定

登記をする趣旨であったとみるのが自然であることなどから、金銭消費貸借契約とその貸金債務を担保するための抵当権設定契約があったにすぎないと認定した原判決にはたやすく首肯し得ないものがあり、経験則に反する違法があるとしたもの

(4) **売買と委任（委託又は委託販売、643条、656条）との区別**

❼ 大阪地判昭和56年4月13日判タ454号130頁 ［27405517］

原告が、被告に対し、被告がイタリアから輸入する靴の売買契約の債務不履行に基づく損害賠償等を求めた事案において、① 靴は、通産大臣の輸入割当を受けた者しか輸入できないところ、輸入割当を有していない輸入業者が靴の輸入を希望する場合には、枠を有する輸入業者に輸入手続の代行を依頼するのがその通例であること、② 原告は、靴の輸入割当の枠を有していなかったので、被告の従業員との話合いにより、被告を通じて靴をイタリアから輸入しようと考えたこと、③ 原告は、イタリアのＡ社に赴いて、本件各靴を購入しようと決意し、その値段や飛行機による船積の時期もすべて原告がＡ社と交渉して決めたのであって、被告は、その交渉には全く関与しておらず、本件各靴の船積の時期も、原告とＡ社との話合いにより定められたこと、④ 原告が被告に対し、正式に本件各靴の輸入手続の代行を依頼した結果、原告と被告との間において、被告が本件各靴の輸入手続をすることとし、これに対し、原告は被告に対し、靴価格、輸入割当枠貸付手数料、航空運賃及び輸入関税等諸費用を支払うほか、輸入代行手数料との名目で、靴価格の10％の金員を支払う旨の輸入代行契約が締結されたこと、⑤ 当時被告自身も外国から靴を輸入したことはなく、かつ、本件各靴の輸入割当の枠を有していなかったので、被告はＢ社から輸入割当の枠を借用し、Ｂ社発行依頼の信用状の発付を受け、また、本件各靴の注文書等必要書類を作成するなどして、原告に代わり、原告のために本件各靴の輸入手続を代行したこと、⑥ 必要書類を作成するに当たっては、その書面上の本件各靴の買主は、形式的にはＢ社とされたけれども、本件各靴の品名、数量、代金、飛行機による船積の時期等は、すべて先に原告がＡ社と取り決めた内容をそのまま記載するなどして作成されたこと、⑦ 被告は、これまでに靴を輸入して売却す

るなどの商取引をしたことはなく、B社も、その計算において本件各靴をA社から買い受けてこれを被告ないし原告に売却する意思はなかったこと等の事実に照らすと、原告は、被告との間で、売買契約を締結したことはなく、かえって、原告がA社と事実上取り決めた本件各靴の購入条件に従い、被告が原告に代わって本件各靴をイタリアから輸入する手続を行ういわゆる輸入代行契約を締結したものと認めるのが相当としたもの

❽　大阪高判昭和63年11月30日判タ696号145頁［27804364］

輸入販売業者が外国の商品を選定して商社がこれを買付輸入し商社が輸入手数料を得る継続的取引契約（Aが選定し発注した商品をBが韓国の製造業者から買付け、輸入して引渡し、これに対して対価を取得する取引）は、商社と輸入販売業者間の売買契約ではなく、委任的側面を含む特殊な契約であるとしたもの

❾　大阪高判平成元年2月22日判タ701号187頁［27806448］

商人間における毛皮類の商品供給契約について、AからBに対し毛皮・皮コート類が継続的に供給され、それをBの名をもって他に販売する場合において、Bがなす販売がAB間において、Aの計算においてなすものであれば、AB間の商品供給契約は委託販売契約であり、Bの計算においてなすものであれば売買契約であるとした上で、同商品供給契約は、売買契約ではなく、委託販売契約であるとしたもの

> 解説

⑴の「売買と請負との区別」について、請負は、仕事の完成と、これに対する報酬の支払が契約の要素である。したがって、請負人における仕事の完成が主たる契約内容となっているかどうかが、売買との区別のメルクマールとなる。製造物供給契約（製作物供給契約）は、供給者において製造物を作成するという仕事の完成をした上で、同製造物を注文者に引き渡すことを内容とし、請負と売買との要素を併せ持つことから、その区別が問題となる契約類型である。判決❶は、製造物供給契約（製作物供給契約）は請負と売買との混合契約と判断したもの、判決❷は、製造物供給契約について、請負と売買との区別は製造物が代替物であるか、不代替物であるかを基準とすべき

としたもの、判決❸は、注文者が発注した作業等の内容から、当該契約は仕事の完成を要素とするものであり、請負契約の性質を有するとしたものである。請負と売買の区別について判断するには、請負と売買との法律効果及び関連規定（瑕疵担保等）の違いなどにも併せて留意しておく必要がある。

(2)の「売買と賃貸借との区別」については、契約書・覚書や領収書等の記載のほか、当事者間で授受された金額が不動産等の売買目的物の時価相当額かどうかが重要であり、それが目的物の時価相当額に近い金額であれば売買契約の成立を認める重要な事情となり、時価相当額に比してかなり低い金額であれば売買でなく、売買契約の成立を否定する重要な事情となる。このほか、売買契約後の事情として、買主とされる者が売主とされる者に対し所有権移転登記を求めたか、賃借人とされる者が賃貸人とされる者に対し、敷金相当額を支払ったか、定期的に賃料相当額を支払ったか、賃貸人とされる者が明渡しを求めたかなども問題となる。判決❹は、賃貸人から賃借人に対する賃料支払請求も、本件土地の明渡請求もないこと、原告は所有していた土地を売却して地上建物を本件土地上に移築したというのであり、そうであるとすれば、本件土地を買い受けるためでなく、単に賃借するために自己の所有地を売却するということは、特段の事情がない限り、考えられないことなどから、売買契約の成立を否定した原判決には審理不尽の違法があるとしたもの、判決❺は、売買契約書の作成を求めた形跡がないこと、10年間の分割払であるのに、利息の約定がないこと、分割支払の名目が賃料であり、金額も賃料として不相当ではないこと、所有権移転登記手続を求めていないことなどから、売買契約の成立を否定したものである。

(3)の「売買契約（あるいは売買の予約）と金銭消費貸借及び担保権設定契約との区別」については、契約書・覚書や領収証の記載のほか、貸主とされる者の職業、利息及び弁済期の定めの有無、所有権移転登記の理由等の事情が間接事実として考慮されることになろう。判決❻は、売買契約公正証書の契約条項の内容、領収証の記載からすれば、特段の事情が認められない限り、売買契約（ないしは売買の予約）が成立したものと認めるのが自然であるとしたものである。

(4)の「売買契約と委任（準委任）との区別」について、委任（準委任）は、委任者が受任者に対し、法律行為（委任）又は法律行為以外の事務処理（準委任）の委託をし、受任者がこれを承諾することで成立する。法律行為又は法律行為以外の事務処理の委託が契約の要素である。無償が原則とされているが、有償の特約をすることも可能であり、実務上は有償の場合がほとんどである。契約当事者間において、受任者による法律行為又は法律行為以外の事務処理が主たる契約内容となっているか、商品等の所有権移転が主たる目的・動機となっているかが、売買との区別のメルクマールとなる。判決❼〜❾はいずれも、このような観点から、契約内容の主たる部分が事務処理の委託の性質を有するとして、委任（委託）的な契約であると判断したものである。

6　事実認定に関するその他の参考裁判例

売買契約の申込みといえるか等が問題となった裁判例として、土地区画整理事業の換地処分で都の所有となった土地につき、都が従前地の占有関係者により結成された団体に対して行った正当な価格での払下げを考慮する旨の告知は、目的物とその価格及び当事者も確定していない未確定な意思表示であるから、売買契約の申込みと認めることはできないとしたもの（東京地判平成5年11月25日判例地方自治124号65頁［28019333］）、宗教法人の執行長が土地の売買の覚書を交わすに当たってした「宗議会の承認が得られた場合に正式に約定書を締結する」旨の合意は、宗議会の承認を停止条件として売買契約を締結する債務を負う予約であるとしたもの（京都地判平成6年6月29日判時1531号103頁［27827459］）がある。

また、時間の経過等によって証拠が散逸等した場合には、前記のとおり、間接事実から売買契約の成否を判断することになるところ、いわゆる旧軍未登記財産（土地）に関する裁判例にはそのような観点から判断したものが少なくない。例えば、いわゆる旧軍未登記財産（土地）に関する訴訟において、国が本件土地等について所有者との間に売買交渉をしていた事実が認定できること、本件土地のほとんどは旧土地台帳上昭和18年6月16日付けで「航空

機乗員養成所用地成」と記載されていること、同日以降国は、本件土地について固定資産税等の徴収を止めていること、その頃より所有者は本件土地を利用していないことなどの間接事実から売買契約の成立が認定できるとしたもの（東京地判昭和52年2月24日訟務月報23巻3号443頁［27404665］）、売買代金支払の事実は判然としないものの、国（旧軍）と被買収者との間に買収交渉がなされ、被買収者は売渡しを承諾していたこと、その頃係争地を含む買収対象地の範囲は国の占有状況から現地において明確になったが、被買収者はそれを知った後も何ら異議を述べなかったこと等の事実から、買収の事実が認められるとしたもの（横浜地判昭和53年10月25日訟務月報24巻12号2568頁［27404956］）などがある（なお、東京高判平成4年4月27日判タ793号183頁［27812032］、福岡高那覇支判平成3年5月30日判時1396号63頁［27809583］等も参照）。

（村田　渉）

(売買の一方の予約)

第556条　売買の一方の予約は、相手方が売買を完結する意思を表示した時から、売買の効力を生ずる。

2　前項の意思表示について期間を定めなかったときは、予約者は、相手方に対し、相当の期間を定めて、その期間内に売買を完結するかどうかを確答すべき旨の催告をすることができる。この場合において、相手方がその期間内に確答をしないときは、売買の一方の予約は、その効力を失う。

事実認定の対象等

意義

「予約」とは、本契約を締結する義務を生じさせる契約である。予約権利者は、予約義務者に対し、本契約締結の承諾を求めることができ、義務者が応じないときは、承諾の意思表示に代わる裁判を求めることができる。

これに対し、本条1項は、当事者の一方が将来売買をすることを約束し、相手方が売買を完結する意思を表示したときは、予約者の承諾の意思表示を要することなく、売買の効力が生じるものと定めた。これを「売買の一方の予約」という。売買の一方の予約は、売主又は買主の一方だけが、その一方的な意思表示により、本契約としての売買を成立させる権利（予約完結権）を有する旨の予約をいう。予約完結権の法的性質は、形成権である。

予約の成立を主張する者は、成立した合意の内容に従い、その予約が本来の予約であるか、一方の予約であるかを明確に区別して主張することが必要である。

本条2項は、予約完結権を行使すべき期間が合意されていない場合について、予約上の義務者に相当の期間を定めての催告権を与えるとともに、催告期間の経過により予約完結権が消滅することを定める。

売買の予約は、金銭債権担保のためにも広く行われてきた。貸金債権の担保を目的として、借主所有の不動産につき、貸主・借主間で売買の予約をするとともに、所有権移転請求権保全仮登記をするものである。債権担保のための売買予約は仮登記担保契約として、仮登記担保法が適用される。

　「再売買の予約」とは、不動産の売買契約を締結した売主が、買主との間で、将来一定の値段又は時価で買い戻すことができるといった約束をすることである。債権担保のために利用される。再売買の予約は、買戻しとの異同が問題とされる。

■■ 法律要件及び法律効果等
1　法律要件
　(1)　予約上の権利者が予約完結権の行使による売買契約の成立を理由として予約上の義務者に契約の履行を請求する場合には、権利者は、
① 　権利者・義務者間に各自を当事者とする特定の内容の売買契約を成立させるについて、権利者に予約完結権を授与する合意が成立したこと
② 　権利者が義務者に対し完結の意思表示をしたこと
を主張立証することを要する。

　予約完結権の行使期間に関する合意は、予約の要素ではないから、契約の履行を請求する者として主張立証する必要はなく、履行の請求を受ける者が、予約完結権消滅の抗弁として主張立証することとなる。すなわち、当事者間において予約完結権を行使すべき期間が合意されていた場合には、義務者は、
① 　権利者・義務者間で予約完結権の存続期間を合意したこと
② 　その期間が経過したこと
を主張立証することができる。

　この抗弁に対し、権利者は、再抗弁として前記完結の意思表示が予約完結権の存続期間経過前であることを主張立証することができる。予約完結権の行使期間が合意されていなかった場合には、義務者は、
① 　義務者が権利者に対して予約完結権を行使するかどうかを確答するよう催告したこと

② 催告後相当な期間が経過したこと

を主張立証することができ、この抗弁に対し、権利者は、再抗弁として前記完結の意思表示が前記相当な期間経過前であることを主張立証することができる。

また、前記の抗弁において、予約完結権の行使期間に係る合意の不存在は要件とされていないから、この抗弁に対して、権利者は、再抗弁として、完結権行使時以後に終期が到来する予約完結権行使期間の合意の成立を主張することもできる。

予約完結権の行使方法について制限が付されている場合、例えば、予約完結権は代金の提供とともにしなければならないといった特約が存する場合には、義務者は、抗弁として、前記特約に係る合意の成立を主張立証することができる。この抗弁に対し、権利者は、再抗弁として、この要件を満たしたこと（例えば、予約完結権行使を代金の提供とともにしたこと）を主張立証することができる（司研・要件事実(1)144頁）。

(2) 前記のとおり、本来の予約（双方の予約）は、本契約を締結する義務を生じさせる契約であり、予約権利者は、予約義務者に対し、本契約締結の承諾を求めることができ、義務者が応じないときは、承諾の意思表示に代わる裁判を求めることができる。この請求をする予約上の権利者は、「① 権利者・義務者間で、特定の内容の売買契約について、権利者が申込みをしたら義務者はこれを承諾する義務を負うことを合意したこと」、「② この予約に基づいて、権利者が義務者に対し本契約の申込みの意思表示をしたこと」を主張立証しなければならない。

双方の予約を前提としつつ、成立した本契約に基づいて履行請求をする場合には、「① 一方当事者が本契約の申込みの意思表示をしたこと」、「② 他方当事者がこの申込みに対して承諾の意思表示をしたこと」、又は、「前記承諾の意思表示に代わる裁判についての確定の勝訴判決の存在」を主張立証すればよく、これに加えて、予約の成立を主張立証する必要はない（司研・要件事実(1)146頁）。

(3) なお、予約完結権は譲渡することができる。予約完結権は、予約義務

者に対する完結の意思表示によってする。予約完結権の時効期間は10年である。

2 法律効果

予約完結の意思表示がされると、売買が成立し、売主には目的物の引渡債務が、買主には代金の支払債務がそれぞれ生じ、目的物の所有権が移転する（本条1項）。

予約完結権を行使すべき期間が合意されていなかった場合に関し、予約上の義務者は相当の期間を定めて催告することができ、この催告期間の徒過により予約完結権消滅の効果が生じる（本条2項）。

なお、売買の一方の予約では、予約締結から完結権行使まで長期間を経過することがあり、その間に生じた事情変更のために予約の効力が左右されるかが問題とされる例がある。

■■ 参考裁判例

1 売買の一方の予約

売買の一方の予約は、相手方（予約権利者）の意思表示を停止条件とする売買契約であるとする学説（我妻・民法講義Ⅴ2 257頁）もあるが、判例は、停止条件付売買契約ではなく予約であるとし、本契約は相手方の予約完結の意思表示によってはじめて成立する（大判大正8年6月10日民録25輯1007頁［27522862］、大判大正12年4月9日民集2巻221頁［27511022］）。予約完結権の法的性質は、形成権である（大判大正4年7月13日民録21輯1384頁［27521998］、大判大正6年2月9日新聞1251号25頁［27536524］、大判大正10年3月5日民録27輯493頁［27523221］）。

売買の一方の予約においては、本契約によって移転される財産権及び支払うべき代金額が確定され又は確定し得るものであることを要する（大判大正12年7月27日民集2巻572頁［27511061］）。将来成立すべき売買の内容の主要な部分を決定すれば、細目を決定しなくても、予約は有効に成立する。代金額もこれを決定すべき標準が定まっていればよく、時価で買うという予約

も有効である（大判大正10年３月11日民録27輯514頁［27819050］）。

　第三者の所有物を目的とする売買につき一方の予約をすることもできる（大判大正11年２月27日民集１巻73頁［27511083］）。

２　再売買の予約

　売買の一方の予約は、不動産の売買契約を締結した売主が、買主との間で、将来一定の値段又は時価で売主が買い戻すことができるといった約束をする場合にも利用される。これを「再売買の予約」といい、主に債権担保を目的とする。再売買の予約は、買戻しとの異同が問題とされる。再売買の予約は有効であり（大判明治33年２月21日民録６輯２巻70頁［27520082］）、買戻しの特約に関する規定を当然に再売買の予約に適用することはできない（大判大正９年９月24日民録26輯1343頁［27523120］）。買戻しの特約は契約と同時にされなければならないが（前掲大判明治33年２月21日）、売買契約成立後に、一定の金銭を提供するときはその目的たる不動産を売り戻すべきことを契約したときは、その契約は有効であり（大判昭和９年３月９日新聞3675号13頁［27542833］）、売買の後に売戻しの特約をしたときは、買戻しの特約ではなく再売買の予約である（大判明治37年４月８日民録10輯453頁［27520611］）。再売買の予約における売買完結権の行使には、買戻しの場合のような期間の制限はなく、かつ、その行使に始期を付することも自由である（大判大正９年９月24日民録26輯1343頁［27523120］）。売主と買戻権者とが異なり、売買代金と買戻代金との額が異なる場合には、たとい当事者が買戻契約と称していても、買戻しの特約ではなく、再売買の予約である（大判明治38年４月24日新聞284号12頁［27532031］）。

　他方、売買代金のほかその利息を併せて返還する旨を約しても、直ちに再売買の予約であって買戻しではないとすることはできない（大判大正２年10月３日民録19輯741頁［27521718］）。期間の定めのない買戻しの特約について、後日その期間を定め又は代金支払期限を定めても、直ちに再売買とみなすべきではない（大判明治31年11月30日民録４輯10巻55頁［27818986］）。

3　予約完結権

予約完結権保全のために、仮登記をすることができる（大判大正4年4月5日民録21輯426頁［27521908］、大判大正11年6月23日新聞2030号18頁［27538845］、大判昭和12年6月22日法学6巻1325頁［27545237］）。しかし、不動産売買の予約に基づいてその売買が完結された後には、予約による権利移転の請求権を保全するための仮登記をすることはできない（大判大正9年3月12日民録26輯308頁［27523015］）。予約権利者は、仮登記を本登記にすれば、売買の目的不動産の所有権取得を第三者に対抗することができる（前掲大判大正11年6月23日、前掲大判昭和12年6月22日、大判昭和13年4月22日民集17巻770頁［27500384］）。

予約完結権は譲渡することができる。予約完結権譲渡には予約義務者の承諾を要しない（大判大正13年2月29日民集3巻80頁［27510931］）。予約完結権譲渡の対抗要件としては債権譲渡の規定によるべきであるが、予約完結権が仮登記によって保全されている場合には、仮登記に権利移転の付記登記をすれば足り、債権譲渡の対抗要件を具備する必要はない（最判昭和35年11月24日民集14巻13号2853頁［27002377］）。

予約完結権の行使は、予約義務者に対する完結の意思表示によってする。目的物が譲渡された場合であっても、予約完結の意思表示は予約の相手方に対してする（前掲大判昭和13年4月22日）。予約義務者の承諾の意思表示を要しない（大判大正7年2月6日民録24輯341頁［27522593］、大判大正9年8月21日民録26輯1217頁［27523107］）。また、予約完結の意思表示は、訴えによることを要しない（前掲大判明治37年4月8日、大判明治38年2月15日民録11輯124頁［27520749］）。

予約完結権が複数人に準共有されている場合には、予約完結の意思表示は共同してされることを要する（前掲大判大正12年7月27日）。

予約完結権の行使に当たり、代金を提供することは要しない（大判大正7年9月16日民録24輯1699頁［27522710］、前掲大判昭和13年4月22日、最判昭和46年5月25日裁判集民103号55頁［27403667］）。この点で、買戻しと異なる。もっとも、代金提供を完結権行使の要件とする約定は有効である（大

判大正 7 年11月27日民録24輯2265頁［27522759］、大判昭和10年 7 月27日新聞3876号16頁［27543869］）。

予約完結権の時効期間は10年である（前掲大判大正 4 年 7 月13日、前掲大判大正 6 年 2 月 9 日、前掲大判大正10年 3 月 5 日、最判昭和33年11月 6 日民集12巻15号3284頁［27002608］）。

特約により予約完結の意思表示をすべき期限を定めることもでき、この期限の終期が消滅時効期間より後となっても、時効に関する強行法規に反しない（前掲大判昭和13年 4 月22日）。訴えにより予約完結権を行使する場合は、特約による期限内に訴状が送達されることを要する（大判明治38年 6 月 9 日民録11輯913頁［27520824］）。

予約義務者から所有権を取得してその旨の所有権移転登記を経由した者は、時効援用することができる（最判平成 4 年 3 月19日民集46巻 3 号222頁［27811121］）。

4 　予約完結権行使前後の法律関係

予約完結権が行使されて本契約が成立するまでの間は、目的物の所有関係は変動しない（大判大正 7 年 9 月11日民録24輯1675頁［27522708］）。

売買の一方の予約において、売買完結の意思表示がなされた後に目的物の権利の移転が不能となったときは、それは売買契約の履行不能であって、予約の履行不能ではないとする判例（大判大正14年 9 月11日新聞2477号10頁［27539876］）と、予約完結の意思表示の前に売買目的物が滅失した場合、予約完結権が消滅し、予約権利者が予約完結の意思表示をしても売買を成立させることはできず、予約義務者に帰責事由があるときは、予約権利者に対する損害賠償債務が問題となるとする判例（大判大正14年 7 月 4 日民集 4 巻403頁［27510882］）とがある。

予約完結の意思表示がされると、売買契約が成立し、目的物の所有権が移転する（大判大正 7 年 2 月28日民録24輯307頁［27522589］、前掲大判大正 7 年 9 月16日、大判昭和 8 年12月 9 日新聞3666号 9 頁［27542654］）。

売主が現に売買の目的物を所有しないときは、これを取得して買主に移転

すべき債務を負う（大判大正11年2月27日民集1巻73頁［27511083］）。

売買の一方の予約では、予約締結から完結権行使まで長期間を経過することがあり、その間に生じた事情変更のために予約の効力が左右されるかが争われた事案も多い（大判昭和17年10月22日新聞4808号8頁［27547708］、最判昭和56年6月16日裁判集民133号75頁［27405549］、東京高判昭和30年8月26日下級民集6巻8号1698頁［27400755］、仙台高判昭和33年4月14日下級民集9巻4号666頁［27401279］、仙台高秋田支判平成7年7月11日訟務月報43巻1号83頁［27827909］、東京地判昭和56年8月25日判時1030号48頁［27405578］、東京地判平成元年12月12日判タ731号196頁［27806890］、長崎地判昭和27年6月9日下級民集3巻6号791頁［27400289］、東京高判昭和58年8月31日判タ594号75頁［27800517］等）。

事実認定における問題点

これまでの裁判例では、本条に関する事実認定として、1　本契約の対象（目的）の特定性、2　予約契約の成否が問題となったものがある。

事実認定についての裁判例と解説

1　本契約の対象（目的）の特定性

裁判例

❶　最判平成12年4月21日民集54巻4号1562頁［28050782］

債権譲渡の予約にあっては、予約完結時において譲渡の目的となるべき債権を譲渡人が有する他の債権から識別することができる程度に特定されていれば足り、この理は、将来発生すべき債権が譲渡予約の目的とされている場合でも変わるものではなく、本件予約において譲渡の目的となるべき債権は、債権者及び債務者が特定され、発生原因が特定の商品についての売買取引とされていることによって、他の債権から識別ができる程度に特定されているということができるとしたもの

解説

　譲渡の目的となる債権が将来債権を含む流動的な債権である場合、譲渡債権の特定性に欠けると無効とされるところ、集合債権譲渡について本判決は前記のとおり判断基準を示した。具体的には、債権関係の当事者（債権者及び債務者）並びに発生原因（特定の商品についての売買取引とされていること）により識別できる程度に特定されているとしたものである。

2　予約契約の成否

裁判例

❶　最判昭和33年5月1日訟務月報4巻5号703頁［27401289］（原審・東京高判昭和32年9月17日訟務月報3巻10号69頁［27401175］（上告））

　財務局長が随意契約で土地を申請者に売り渡すべく、まず申請者と価格の交渉中、申請者に対し売払予定価格を内示したにもかかわらず、申請者がさらにその減額を求めたため土地払下げに一頓挫を来した場合に、その手続を促進するために「先に内示した売払予定価格について買受の回答がないが、来る12月10日までに回答して下さい」という文書を発した行為は、本契約締結に至る準備交渉の一環とみるのが最も事実に即したものであるとして、売主による契約申込の事実を認めず、売主が控訴審において予備的に追加した売買の予約成立の主張についても、これをもって売買の予約が成立したものとはいえないとした原審の判断を是認したもの

❷　仙台高判昭和34年3月24日下級民集10巻3号553頁［27401444］

　立木の買主が、前訴において売買契約の締結を主張して立木の引渡しを求めたところ、契約締結に向けた折衝はあったが契約成立には至らなかったという理由で請求を棄却されたため、改めて売買予約契約の締結と予約完結権行使を主張して再度提訴したという事案につき、認定される交渉過程の事実関係をもってしては予約締結の事実は認定できない（なお、当該事案においては、当事者間に手付金、内金の授受、書面の作成はされておらず、予約期間・木材搬出方法・代金支払期及び場所などについての取決めもされていなかった）と判断したもの

❸　東京地判昭和56年10月28日判タ466号129頁［27405638］

　日本住宅公団が市街地住宅を建設するに当たり土地を提供した者が、公団との間で10年後に施設の譲渡を受ける旨の合意（売買予約）を締結していたと主張した事案につき、同公団は、将来賃貸住宅を処分することになった場合には当該施設の譲受人に優先的に譲渡することができるという、いわゆる将来譲渡の方針を採っていたにすぎないとして、売買予約の成立を否定したもの

❹　横浜地判昭和62年3月30日判タ651号132頁［27800793］

　市営住宅の入居者が、同住宅の売買予約契約の予約完結権を行使したとして、市に対し、当該住宅に係る土地建物の所有権移転登記手続を求めた事案につき、市長が売買予約の締結を内部的に決定したとの事実が認められず、仮に、入居者ら主張のとおり市職員が本件居住者らの入居に際し本件居住者らに払下げについての説明をしたとしても、この説明は、払下げの時期あるいは代金等についての確定的又は具体的な条件を示した上でされたものでなく、単に、市営住宅の運用に関する一般的な将来の指針を述べたにすぎないから、原告ら主張の事実によっても売買の一方の予約が成立したと認めることはできないとしたもの

❺　熊本地判平成7年5月31日判例地方自治141号81頁［28011594］

　市営住宅に入居する際に市との間で将来一方の意思表示により売買が成立する旨の売買予約契約が成立していたとして、賃借人が当該住宅に係る土地建物の所有権移転登記手続を求めた事案につき、賃貸借契約の締結時に市の担当職員から将来の払下げを予告する説明がされたとしても、譲渡処分に関する建設大臣の承認を得ることなしにこの予約契約を締結する意図まではなかったとして予約契約の締結を認めなかったもの

❻　浦和地判平成8年9月6日判タ946号190頁［28021631］

　市の職員が土地所有者に土地買取希望申出書用紙を交付したとしても、それによって市がその記載代金で土地を買い受ける意思を確定的に表明したものと評価することはできず、売買の一方の予約が成立するためには、市長と同土地所有者とが記名押印した契約書を作成しなければならないとしたもの

❼　東京地判平成23年12月1日判時2146号69頁［28181268］

　旅行業者がウェブサイト上で募集した海外旅行ツアーに顧客が申し込んだところ、代金に旅行業者の誤表示があったとして顧客を旅行に参加させなかった事案において、約款の解釈により、募集型企画旅行について、電話・郵送・ファクシミリその他の通信手段による予約の申込みを受け付ける場合には、顧客の申込みに対して旅行業者が予約の承諾の通知をした時点で予約契約（559条、556条）が成立し、クレジットカード情報等の申出により、顧客が予約完結権を行使した場合には、旅行会社は原則として契約締結を承諾しなければならないとしたもの

[解説]

　売買の一方の予約は、契約締結に当たり様式性を問われないから契約書等の書面作成は不可欠の要件ではないが、予約権利者の完結権行使により義務者の承諾を要することなく本契約が成立するため、これを可能にする程度に本契約の内容が確定している必要がある。この内容確定性の一要素として、書面作成の有無が考慮要素となろう。また、予約の成立に当たっては、将来成立すべき売買の内容の主要な部分さえ決定していれば、細目まで決定しなくてもよいことは前記のとおりであるが、予約完結の意思表示さえあれば売買契約の締結がされたと評価できる程度にまで契約交渉が進捗している必要があり、その意味で、当事者間における売買ないしその予約に関する交渉の経緯や、売買契約の内容がどの程度具体的に定まっていたのかといった点や、一方当事者が団体である場合には売買契約に関する意思形成の内容及び状況についての認定が結論を導くに当たり重要な役割を果たす。契約書面が作成されていない場合には、口頭合意の成否が問題となり、当事者ないし担当者の発言の趣旨が問題となる場面も多いが、これについても、表面的な文言だけに着目するのではなく、交渉過程と関連付けて理解することが必要となろう。

（齋藤　聡）

| （手付） 【改正法】

第557条　買主が売主に手付を交付したときは、買主はその手付を放棄し、売主はその倍額を現実に提供して、契約の解除をすることができる。ただし、その相手方が契約の履行に着手した後は、この限りでない。
2　第545条第4項の規定は、前項の場合には、適用しない。

| （手付） 【現行法】

第557条　買主が売主に手付を交付したときは、当事者の一方が契約の履行に着手するまでは、買主はその手付を放棄し、売主はその倍額を償還して、契約の解除をすることができる。
2　第545条第3項の規定は、前項の場合には、適用しない。

■■ 改正の趣旨

　手付解除の要件につき、平成29年改正前の本条1項は「当事者の一方が契約の履行に着手するまでは」と定めていたため、文言上は、契約当事者のいずれか一方が履行に着手すると、もはや手付解除ができなくなると解する余地もあったが、判例（最大判昭和40年11月24日民集19巻8号2019頁［27001251］）は、同項の趣旨を、履行に着手した解除の相手方を保護するものととらえて、相手方が履行に着手するまでは、履行に着手した当事者による手付解除が可能としてきた。また、履行の着手の事実に係る主張立証責任については、改正前の解釈としても、手付解除を争う側が負うものと考えられてきた。そこで、前記の判例法理を条文上も明らかにするよう、表現を改めるとともに、主張立証責任の所在を明示するため、ただし書の形式で規定したものである。

　売主からの手付解除の要件として、改正前の本条1項は、「倍額を償還」と定めていたため、文言上は現実の払渡しが必要であり、買主が受領を拒む

と供託しなければならないと解する余地もあったが、判例（最判平成6年3月22日民集48巻3号859頁［27818381］）によれば、売主が買主に倍額の提供をすることにより手付解除をすることができるが、その提供は、現実の提供を要すると解されてきた。そこで、この判例法理を条文上明らかにするため、本条1項本文の表現を改めたものである（以上につき、部会資料75A・6頁以下参照）。

《条文・判例の位置付け》 1項につき従前の判例を条文化。2項につき要件・効果の変更なし

事実認定の対象等

■■ 意義

「手付」とは、売買・賃貸借・請負その他の契約の締結に際し又はその後代金等の弁済期までに当事者の一方より相手方に対して交付される金銭その他の有価物をいう（柚木＝高木編・新版注釈民法(14)〔柚木馨＝高木多喜男〕171頁）。このような目的で手付を授受する契約を手付契約という（司研・要件事実(1)148頁）。手付契約は、手付として有価物の交付によって締結されるものであるから要物契約である。

これに対し、「内金」が交付されることもある。これは、売買代金債務等の一部弁済として給付されるものであり、手付とは本来その性質を異にするものであるが、「内金」という名称で授受されてもそれが「内金」であるとは限らず、交付された金員等が内金であるか、手付であるかの区別は、後記のとおり、契約の全趣旨や、取引の性質・内容その他の事情を斟酌して決定される。

手付は、証約手付、違約手付、解約手付に分類される。「証約手付」とは、契約締結の証拠として授受される手付である。「違約手付」とは、手付を交付した者に債務不履行があったときには手付を受領した者に手付を没収され、これとは逆に手付を受領した者に債務不履行があったときには手付を交付した者に手付を没収されるものとする趣旨で授受される手付である。債務不履

行をした当事者が、違約手付の没収又は倍額償還のほかに損害賠償の責めを負うか否かについては、手付契約の趣旨によるところ、ほかに損害賠償請求ができる場合には（制裁的）違約罰と同一の性質を有することとなり、損害賠償請求が許されない場合には損害賠償額の予定（420条1項、2項）と同様の性質を有することとなる。「解約手付」とは、解除権留保の対価として授受される手付である。この場合には、手付を交付した者は手付を放棄し、手付を受領した者はその倍額を償還して、それぞれ契約を解除することができる。

　本条は、前記3種類の手付のうち、「解約手付」について規定したものである。本条1項は、手付を解約手付と推定した規定であるといわれることがあるが、いわゆる法律上の事実推定を定めた規定ではなく、「買主が売主に手付を交付した」という法律要件（事実）に解除権留保という法律効果を付与したもの（解釈規定）であると解される。したがって、解除権留保という法律効果を主張する場合には、買主が売主に手付を交付したとの事実のみを主張立証することになる。

■■ 法律要件及び法律効果等
1　法律要件

　解約手付が授受されたときは、手付交付者は手付を放棄することにより、手付受領者は手付の倍額を現実に提供することにより、それぞれ契約の解除をすることができる。手付交付者が解約手付により売買契約を解除するには、手付の放棄と契約解除の意思表示をすることが要件となる。ここで、「手付の放棄」とは、手付返還請求権を放棄する意思表示である。手付受領者が解除するには、手付の倍額を現実に提供して売買契約解除の意思表示をすることが要件となる。この点は、本条の改正前においても、同様に解されていた（前記「改正の趣旨」参照）。

　手付解除をしようとする者の相手方が履行に着手したときは、解除することができない。「履行に着手」するとは、債務の内容たる給付の実行に着手すること、すなわち、客観的に外部から認識し得るような形で履行行為の一

部をなし又は履行の提供をするために欠くことのできない前提行為をした場合をいう。解除権を行使する当事者が自ら履行に着手していた場合であっても、その相手方がいまだ履行に着手していないときは、解除することができることは、本条の改正前においても、同様に解されていた（前記「改正の趣旨」参照）。

　以上につき要件事実の観点から整理すると、売買契約に基づき、買主の売主に対する履行請求に対し、売主が解約手付による留保解除権の行使を理由とする契約解除の抗弁を主張する場合、
① 売買契約に付随して買主が売主に手付を交付したこと
② 売主が買主に対し、契約解除のためにすることを示して手付の倍額を現実に提供したこと
③ 売主が買主に対し、売買契約解除の意思表示をしたこと
を主張立証することとなる。

　これとは反対に、売主の買主に対する履行請求に対し、買主が解約手付による留保解除権の行使を理由とする契約解除の抗弁を主張する場合、前記①に加え、
②′ 買主が売主に対し、契約解除のためにすることを示して手付返還請求権放棄の意思表示をしたこと
③′ 買主が売主に対し、売買契約解除の意思表示をしたこと
を主張立証することとなる（②′の要件は、③′の解除の意思表示が、解約手付による留保解除権行使によるものであることを明らかにするものであるが、③′の主張があれば黙示的には②′の主張もされているとみられる場合が多いと考えられる。なお、この点に関しては、「参考裁判例」(8)を参照のこと）。これらの抗弁に対しては、「手付の授受に際し解除権の留保はしない旨の特約の存在」が再抗弁となる。また、履行の着手は留保解除権の消滅事由となることから、前記の契約解除の抗弁に対する再抗弁として、「解除の相手方は、自ら履行に着手したこと」を主張立証することができる（司研・要件事実(1)148頁以下。この履行の着手をした時期と解除の意思表示の到達時期との先後関係が不明の場合に、その不利益をいずれに負担させるべきかに

ついては議論が分かれるが、相手方にこの不利益を負担させるのが公平と考え、履行の着手が解除の意思表示の到達より前であることをも主張立証する必要があるとする見解が有力である。司研・要件事実⑴151頁以下、村田＝山野目・30講539頁）。

2　法律効果

　手付により留保された解除権の行使（契約解除）により、売買契約の効力は消滅し、契約により生じた債権債務も消滅する。本条 2 項により545条 4 項の適用が排除されており、当事者は、手付の放棄、倍返しのほかに、損害賠償の責任を負うことはない。

■■ 参考裁判例

⑴　手付は、必ずしも売買契約と同時に交付されなくてもよい（大判大正11年 9 月 4 日新聞2043号10頁［27538888］、大判昭和 9 年11月 2 日法学 4 巻488頁［27819105］）。目的物の交付に代えて、相殺の方法によることもできる（大判明治38年 4 月22日民録11輯554頁［27520786］）。

⑵　違約手付につき、売主の債務不履行があったことにより買主が手付金の倍額の償還を求める場合には、契約を解除することを要せず（最判昭和38年 9 月 5 日民集17巻 8 号932頁［27002009］）、買主の債務不履行があったことにより売主が手付金流し（手付の没収）をするには、その旨告知すれば足り、契約解除の意思表示を要しない（最判昭和54年 9 月 6 日裁判集民127号375頁［27405127］）。違約手付の性質を有する契約保証金には、改正前の557条 1 項は適用されない（大判昭和15年 7 月23日新聞4613号 9 頁［27546763］）。

⑶　手付は、特別の意思表示のない限り、解約手付と認められ、解約手付とは異なる効力を有する手付であることを主張しようとする者は、前記の特別の意思表示の存することを主張立証すべき責任がある（大判昭和 7 年 7 月19日民集11巻1552頁［27510343］、前掲大判昭和15年 7 月23日、最判昭和24年10月 4 日民集 3 巻10号437頁［27003553］、最判昭和29年 1 月21日民集 8 巻 1 号64頁［27003230］、最判昭和30年12月 1 日裁判集民20号653頁

［27400796］）。

解約手付としての性格を有する手付が、同時に違約手付としての性格を有することもある（前掲最判昭和24年10月4日）。

(4) 買主の交付した手付は、契約が解除されることなく履行されるときには、代金中に算入される（代金の一部として精算されることになる）（大判大正10年2月19日民録27輯340頁［27523208］、前掲大判昭和7年7月19日）。

(5) 売主が手付の倍額を償還して売買契約を解除するためには、買主に対して同額を現実に提供することを要し、手付交付者がこれを受領しない場合に供託までしなくても契約を解除することができるが、口頭の提供では足りない（大判大正3年12月8日民録20輯1058頁［27521838］、大判昭和15年7月29日評論30巻民法3頁［27819153］、大判昭和15年11月27日新聞4650号9頁［27546953］、前掲最判平成6年3月22日民集48巻3号859頁）。

(6) 「履行に着手」するとは、債務の内容たる給付の実行に着手すること、すなわち、客観的に外部から認識し得るような形で履行行為の一部をなし又は履行の提供をするために欠くことのできない前提行為をした場合をいう。解除権を行使する当事者が自ら履行に着手していた場合であっても、その相手方がいまだ履行に着手していないときは、解除することができる（最大判昭和40年11月24日民集19巻8号2019頁［27001251］）。これは任意規定であってこれと異なる特約も有効である。例えば、手付を授受して解除権を留保した場合に、履行の終わるまではいつでも契約を解除し得る旨の特約の存在を主張する者は、この点につき挙証責任を負うが、このような特約も有効であるとされている（大判昭和14年5月26日評論28巻民法734頁［27546255］）。履行期の約定がある場合であっても、当事者が債務の履行期前には履行に着手しない旨合意しているなど格別の事情のない限り、その履行期前に履行に着手できないものではない（最判昭和41年1月21日民集20巻1号65頁［27001233］、最判昭和50年6月27日裁判集民115号177頁［27441691］）。

(7) 改正前の557条1項による契約解除の場合には、相手方が損害を被っても、手付金又はその2倍の金額より以上の損害を賠償することを要しないところ、解約手付の交付がある場合でも、債務不履行を理由とする法定解除

権の行使は妨げられない。債務不履行により契約を解除したときは改正前の557条2項の適用はなく、解除権者は改正前の545条3項の規定により不履行により生じた一切の損害の賠償を請求することができる（大判大正7年8月9日民録24輯1576頁［27522702］）。

(8) 売買契約の効力が存続する以上、手付取戻しの請求権は発生しないが（大判明治34年11月28日民録7輯10巻118頁［27520276］）、手付の授受により解除権を留保している場合でも、この解除権の行使に基づくことなく合意で契約を解除したときは、特段の事由のない限り、手付は返還すべきである（大判昭和8年4月24日法学2巻1475頁［27542217］、大判昭和11年8月10日民集15巻1673頁［27500647］。マンションの売買契約において、買主が銀行融資を受けられなかった場合には売買契約を解除することができるとする、いわゆるローン特約条項により解除権が留保されており、買主が同条項に基づいて売買契約を解除したときは、売主に対して交付済みの手付の返還を求めることができる（東京地判平成28年11月22日金融法務2062号74頁［28250990］）。

事実認定における問題点

これまでの裁判例では、平成29年改正前の557条に関する事実認定として、1　契約締結に際して交付された金員が手付に当たるか否か（手付と内金の区別等）、2　違約手付か解約手付か（手付の法的性質）、3　解約手付による解除の可否に関して履行の着手ありと認められるか否かが問題となったものなどがある。

事実認定についての裁判例と解説

1　契約締結に際して交付された金員が手付に当たるか否か（手付と内金の区別等）

契約締結に際して交付された金員が手付に当たるか否か（手付と内金の区

別）に関する裁判例には、(1) 手付、内金等の名称や約定の内容との関係、(2) 金額の多寡、(3) 金員交付の目的と契約の成否が問題となったものがある。

> 裁判例

(1) 手付、内金等の名称や約定の内容との関係

❶ 大判昭和10年11月4日法学5巻634頁［27544023］

売買契約の契約書の記載上、単に「内金」としか記載されていない場合であっても、これを手付と認定することを妨げないとしたもの

❷ 大判昭和7年7月19日民集11巻1552頁［27510343］

契約成立の際に代金3000円のうち500円を授受し、残金を目的物と引換えに支払うことを約したという事案において、授受された金員を売買代金の内金であって手付ではないと認定することはできないと判断したもの

❸ 東京地判平成27年1月28日判時2253号50頁［28231959］

コンビニエンスストアのフランチャイザーが、コンビニエンスストアを開業予定の建物の所有者との間で、建物賃貸借契約を締結するより前に手付金支払に係る合意（本件手付契約）をしていたところ、フランチャイザーが手付金を放棄して本件手付契約の解除をし、建物賃貸借契約の締結にも応じなかったという事案に関し、本件手付契約が締結されるに至ったのは、建物建築確認手続その他所要の調整事項が存在したこと、建物賃貸借契約はいまだ締結されておらず、手付解約権の行使時期を限定する約定もなかったこと、予定された建物賃貸借契約の内容も、3か月前の予告による中途解約を可能とするなど拘束力の弱い契約であったこと等を指摘し、本件手付契約は、履行の着手が想定される本契約（建物賃貸借契約）に付随した従たる契約ではないと判断したもの

(2) 金額の多寡

❹ 大判大正10年6月21日民録27輯1173頁［27819053］

売買契約に際して交付された金員が、売買代金900円に対して6円にすぎなくても、手付と認めることを妨げるものではないとするもの

(3) 金員交付の目的と契約の成否

❺ 東京高判昭和40年1月18日判タ173号200頁［27402610］

土地の売買契約の成否に関し、買主から売主に870万円が交付され、その領収書には「土地代金手付として」という記載があり、かつこれが高額であるという事実は、売買契約締結を推測させる有力な資料であるが、売買交渉中に売主が目的物件を他の買手に売却して買主の買受けが不能となる事態の生ずることをおそれ、これを防ぐ目的等があり、売買契約成立の暁には、それをもって手付金とすべき金、すなわちいわば保証金とする趣旨において授受したものであることが認められるときは、その金員授受の事実も売買契約不成立との認定を左右しないとしたもの

❻　名古屋高金沢支判昭和63年12月5日判時1319号110頁［27804773］

　ホテルの営業譲渡に関して代金4億6000万円とする売買予約がされ、その際に買主から売主に交付された額面1000万円の小切手が違約手付か否かが争われた事案につき、売主から買付証明書の提出を要求された買主が、買付証明書を書く代わりに本件小切手を預け、ホテルの売上げが一定額以上であることが確認できれば、代金4億6000万円で売買契約を締結する旨申し出、その契約締結日に、小切手と引換えに手付金として買主振出しの5000万円の小切手を交付すると約束し、売主も取立てに回さないことを約束してこの手形を預かった等の事実関係の下では、その小切手が現金1000万円と同一の経済的価値があるものとして授受されたわけではないとして、手付ではないと認定したもの

　解説

　手付と内金とは、いずれも契約締結に際して授受される金員であり、契約成立時においては代金に充当されるべき性質においても共通しているから、代金支払に準ずる程度の確実さをもって金銭的価値を取得させる必要があるといえるが、そのようにして交付された有価物が手付としての性質を有するかどうかについては、金額の多寡はそれのみをもって手付としての性質を決定付けるものではない。名目ないし名称にとらわれることなく、解約手付又は違約手付としての実質を有するか否か、すなわち、交付された有価物が解除権留保の対価となっているか、あるいは損害賠償の予定ないし違約罰を定めたものかという観点から、契約書の記載、金額、契約交渉の経緯と有価物

の交付の時期等の事情を総合的に考慮する必要がある。また、手付金名目で金員等が交付されているとしても、金員交付の趣旨・目的等によっては、(売買)契約が締結されたものとみるべきでない場合があり、そのような場合には、金員交付に至る経緯等に留意し、その趣旨・目的等を確定する必要がある。

2　違約手付か解約手付か(手付の法的性質)

　違約手付か解約手付か(手付の法的性質)に関する裁判例には、(1)手付は特別の意思表示がない限り解約手付と認めるべきか、(2)違約手付の性質を有する手付が解約手付の性質も有するか、を検討したものがある。

[裁判例]

(1)　手付は特別の意思表示がない限り解約手付と認めるべきか

❶　大判昭和7年7月19日民集11巻1552頁［27510343］

　手付は、特別の意思表示がない限り、解除権を留保する性質を有するものと認めるべきであるとしたもの

❷　大判昭和15年7月23日新聞4613号9頁［27546763］

　売買契約締結に当たって交付された手付は、特別の意思表示がない限り、解約手付と認められるとしたもの

❸　最判昭和29年1月21日民集8巻1号64頁［27003230］

　売買当事者間に授受された手付は、特別の意思表示のない限り、解約手付と認められ、これと異なる効力を有することを主張しようとする者は、特別の意思表示の存することを主張立証すべきであるとしたもの

❹　最判昭和30年12月1日裁判集民20号653頁［27400796］

　手付は、特約のない限り、解約手付と認めるべきであるとしたもの

(2)　違約手付の性質を有する手付が解約手付の性質も有するか

　解約手付の性質を有するものと認めた裁判例としては、次のものがある。

❺　最判昭和24年10月4日民集3巻10号437頁［27003553］

　契約書に違約の場合には手付の没収又は倍返しをするという条項があった事案において、違約の場合手付の没収又は倍返しをするという約束は民法の

規定による解除の留保を少しも妨げるものではない、解除権留保と併せて違約の場合の損害賠償額の予定をし、その額を手付の額によるものと定めることは少しも差し支えなく、十分考え得べきところである。それゆえ違約の場合には手付の没収又は倍返しをするといった契約条項があるだけでは、特に手付がその約旨のためだけに授受されたものであることが表れない限り、民法の規定に対する反対の意思表示とはならないと判断したもの

❻　東京高判昭和49年12月18日判時771号43頁［27404290］

　本件手付は、いわゆる証約手付及び内入金の性格を有するほか、双方当事者に各債務不履行のあった際の損害賠償額の予定等の基準となるいわゆる違約手付の性格をも有することが認められるが、同時に本件当事者間において民法所定の解約手付性（解除権の留保）を排除しようとする特別の合意等の存在は全く認められないから、本件においては、違約手付条項の存在にもかかわらず、解約手付の性格をも肯認するのが相当であり、したがって控訴人は本件売買契約を解除し得るとしたもの

　他方、解約手付の性質を否定した裁判例としては、次のものがある。

❼　大判大正6年3月7日民録23輯421頁［27522382］

　買主が売主に手付を交付した場合は、手付が売主買主双方のため解約の方法であるのが通常であるが、手付を買主の債務履行を確保する目的にすぎないものとし、買主が契約に違反したときはこれを放棄し売主の所得とすることを特約することは差し支えない。このような特約の下では、売主はその倍額を償還して契約を解除することができないと判断したもの

❽　大判昭和16年8月6日評論30巻民法690頁［27547236］

　販売契約において、当事者間に授受された金員が手付金であるか内金であるかは必ずしもその名称に拘泥すべきものではないと指摘する一方で、当事者間において、「契約不履行の場合は内金を放棄又は倍額を弁償するものとする」と特約した場合、倍額弁償という条項のみに着眼してこれを強調し、常にこれを手付契約であると断定することができないとも指摘し、前記の特約が契約の履行を確保しようとするための損害賠償並びにその額を予定した

ものであるとの認定は必ずしも社会通念に反する不当なものであるとされることはないとの判断を示したもの

❾　最判昭和26年12月21日裁判集民5号1099頁［27400244］

「違約の場合は手附の放棄または倍額償還とする。この場合には契約は当然に解除されたものとする」との文言を、違約罰を定めた趣旨であって、違約者の好むところに従いいつでも契約を解除し得る趣旨ではないと認定しても、経験則に違反しないと判断したもの

❿　東京高判昭和29年5月29日下級民集5巻5号762頁［27400538］

売買代金2250万円の不動産売買に関し手付300万円が授受された事案において、売買契約書には「甲（売主）ニ於テ明渡シ遅延其ノ他契約事項ニ付テ不履行ノ場合ハ手附金ヲ倍額ニシ内金受領金ト共ニ即時返済スルモノトス其ノ際ハ乙（買主）ニ於テ予約仮登記ヲ解除シ並ニ乙又ハ乙ノ指図人ガ占有シアル場所ハ即時明渡シ現状ニ復スモノトス乙ニ於テ右記載ノ契約不履行ノ場合ハ手附金ヲ無条件ニテ放棄シ内金ハ乙ハ甲ヨリ即時返還受領スルコト」という特約が記載されている場合、契約当時において買主の側に売主の義務履行を強く要望すべき事情があり他面売主の側に義務履行に支障を来すおそれがあってその場合の損害賠償を一定額以内に制限することを希望する事情を認定して、解除権留保の伴わない違約手付と認めたもの

⓫　名古屋高金沢支判昭和40年1月20日下級民集16巻1号31頁［27402611］

農地75坪を目的とする売買契約（代金額42万5000円）につき、「期日ニ至リ若シ売渡人ガ契約ヲ履行セザル場合ハ損害賠償トシテ第1項ニ於テ受取リタル手附金ノ倍額ヲ買受人ニ支払へ又買受人ガ不履行ノ場合ハ第1項ニ於テ支払ヘタル手附金ハ損害賠償トシテ売渡人ノ所得ニ帰スルモノトス但此ノ場合相手方ハ何等ノ通知ヲ発セズシテ本契約ハ自然消滅スベキモノトス」との約定の下、手付23万円が授受された事案において、本件売買契約締結後早急に売主がその履行に着手し、買主が手付放棄による契約解除権を行使する余地のなくなることが予期されていたのであるから、買主が手付によって解除権を留保するということはほとんど無意義なことであったということができること等からすると、前記条項の本文は、その文言自体は前記の手付が解約

手付たることを明示的には否定していないが、前記の手付が解約手付ではなく、当事者の一方が債務不履行の責を負う場合に、手付金の額をもって塡補賠償としての損害賠償額の予定とする違約手付であることを定めた趣旨と解するのが相当であり、前記条項のただし書の部分は、当事者の一方が債務不履行の責任を負う場合、他方の当事者は契約解除の意思表示をしなくても、手付金を没収し、あるいはその倍額の支払を請求することによって、本件売買契約を終了させ、かつその金員の没収、支払によって契約関係を清算させることができるということを定めたと解するのが相当であると判断したもの

❶❷ 東京高判昭和58年8月31日判タ594号75頁［27800517］

港湾施設の賃貸借の予約契約の段階で差し入れられた手付に関し、特定の契約者との間で賃貸借契約が成立することを前提として、当該契約者の希望によりその使用に適するように設計を変更して施設等が構築され、仮にその契約者がこの施設を賃借しないときは他に賃貸するためさらに施設の構造を変更するため多額の費用を要するような場合、その費用に見合うような高額の手付金が交付された場合であればともかく、少なくとも手付金の額が前認定のような程度にとどまるものである限り、当該手付金をもって解約権を留保する趣旨で交付されたものと解するのは相当でないと判断したもの

　解説

前記のとおり、手付は、特別の意思表示がない限り、解約手付であると認められるが、違約手付の性質を併有することもあり得るとされている。手付に係る契約文言のほか、契約当時の両当事者の立場、交渉経緯等の事実により、当事者が手付放棄又は倍返しにより、売買契約の解除権を留保する意思であったかどうかを検討することとなる。

3　解約手付による解除の可否に関して履行の着手ありと認められるか否か

解約手付による解除の可否に関して履行の着手ありと認められるか否かに関する裁判例は、(1) 履行の着手を認めたもの、(2) 本来の履行期より前において履行の着手を認めたもの、(3) 履行の着手を認めなかったもの、(4) 本来

の履行期より前において履行の着手を認めなかったもの、(5) 履行の着手後においても解約できる旨の特約を認めたものに分類することができる。

［裁判例］

(1) **履行の着手を認めたもの**

❶　東京高判昭和26年9月3日高裁民集4巻11号354頁［27400221］
　買主が代金残額支払のために現金を用意した上で、売主に対し移転登記手続のため登記所へ同道すべきことを促したときは、契約の履行に着手したものと認められるとしたもの

❷　最判昭和26年11月15日民集5巻12号735頁［27003446］
　家屋の買主が、いつでも残代金の支払をなし得べき状態の下で、売主に対してしばしば明渡しを求めた事実があるときは、契約の履行に着手したものと認められるとしたもの

❸　最判昭和30年12月26日民集9巻14号2140頁［27002954］
　賃借人の居住する家屋の売買で、売主が賃借人に明渡しをさせた上で買主に引き渡す約定のある場合に、買主がしばしば売主にその約定の履行を督促し、その間いつでも支払をなし得るよう常に残代金を用意し、他方、売主が買主とともに賃借人方に赴いて明渡しを求めた事実があるときは、売主買主両者ともに契約の履行に着手したものと認められるとしたもの

❹　最判昭和33年6月5日民集12巻9号1359頁［27002666］
　土地の買主が約定の履行期後、売主に対ししばしばその履行を求め、売主が当該土地の所有権移転登記手続をすればいつでも支払えるよう残代金の準備をしていたときは、契約の履行に着手したものと認められるとしたもの

❺　仙台高判昭和37年6月11日下級民集13巻6号1179頁［27402061］
　売主が買主の代理人に依頼して各種の登記申請書類の用意あるいは宅地の地積訂正等をしたときは契約の履行に着手したものというべきであるとしたもの

❻　最大判昭和40年11月24日民集19巻8号2019頁［27001251］
　解約手付の授受された第三者所有の不動産の売買契約において、売主が当該不動産を買主に譲渡する前提として当該不動産につき所有権を取得し、か

つ自己名義の所有権移転登記を得た場合には、契約の履行に着手したときに当たるとしたもの

❼ 最判昭和43年6月21日民集22巻6号1311頁［27000946］

転用を目的とする農地の売買契約で解約手付が授受された場合において、売主及び買主が連署の上、許可申請書を知事宛てに提出したときは、特約その他特別の事情のない限り、売主及び買主は契約の履行に着手したものと解すべきであるとしたもの

❽ 東京地判昭和47年6月29日判時687号69頁［27403898］

売主が契約履行の意思を放棄し、履行の催告に応じないことが明白であるような場合には、買主が自己の履行の準備を整えた上、売主に対する履行催告を発信し、催告意思が客観的に表明された以上、たとい催告が売主に由来する事情に基づき売主に到達しなかったとしても、買主に履行の着手があったと認めるのが相当であるとしたもの

❾ 奈良地葛城支判昭和48年4月16日判タ300号284頁［27404048］

土地の売買契約において、買主が残代金支払の用意をし、売主に対し再三にわたり宅地造成を行って所有権移転登記手続をするよう督促したときは、買主は契約の履行に着手したものと解すべきであるとしたもの

❿ 最判昭和51年12月20日裁判集民119号355頁［27404651］

売主が借家人を立ち退かせた上で引き渡す約束の土地・建物の売買契約において、買主が、しばしば契約の仲介人を通じて借家人を立ち退かせて土地・建物を明け渡すよう催告したが、らちが明かないので、訴えを提起するとともに、売買残代金を携えて売主方に赴き代金を受け取るよう求めたときは、買主に売買契約履行の着手があったものと解すべきであるとしたもの

⓫ 最判昭和57年6月17日裁判集民136号99頁［27490406］

農地の買主が約定の履行期後売主に対してしばしば履行を催告し、その間農地法3条所定の許可がされて所有権移転登記手続をする運びになればいつでも残代金の支払をすることができる状態にあったときは、現実に残代金を提供していなくとも、契約の履行に着手したものと認めるのが相当であるとしたもの

⓬　横浜地判昭和63年4月14日判時1299号110頁［27803188］

　借地権付き建物の売買において、買主がいつでも残代金の支払ができるようすべての手配を了していた等の事情がある場合に、売主側に地主との交渉が予想外に手間取ったという事情があったとしても、買主による契約の履行の着手があったと認めたもの

⓭　神戸地判平成4年2月28日判タ799号194頁［27814117］

　山林の売買において、買主と売主が共同で国土利用計画法23条1項の届出をし、買主が当該山林の実測を実施し、中間金を支払ったときは、買主は、契約の履行に着手したものと解するのが相当であるとしたもの

⓮　さいたま地判平成20年3月19日判例地方自治321号85頁［28153396］

　不動産の売主が買主に対して売買の目的物である建物の鍵を交付した場合には、本件不動産について、正式な引渡しに向けての一部の履行がなされたものと評価することができ、売主による履行の着手が認められ、買主は売主に対して手付解除をすることはできないとしたもの

⓯　東京地判平成21年10月16日判タ1350号199頁［28173895］

　不動産の売買契約における当事者間の合意に基づき、売主が、目的物件に対する抵当権等の担保権及び賃借権等の用益権その他買主の完全な所有権の行使を阻害する一切の負担を消除する義務を負担していた場合には、売主による契約の履行とは、目的物の引渡しや登記の移転という点に限られず、契約によって負担した債務の履行をいうと解すべきであり、賃貸借契約を解除して目的物件に関する賃借権を消滅させることも売主による売買契約の履行に当たるとしたもの

(2)　**本来の履行期より前において履行の着手を認めたもの**

⓰　東京高判昭和49年12月18日判時771号43頁［27404290］

　土地の買主が履行期の10日前に残代金支払の用意をした上これを売主に告げて期日におけるその受領方を催告したことは、履行の着手に当たるとしたもの

⓱　最判昭和50年6月27日裁判集民115号177頁［27441691］

　土地の買主が履行期前であっても本件売買契約の履行に着手したのである

から、売主である上告人は、手付倍返しによる解除はできないとした原審の判断は正当として是認することができるとしたもの

(3) 履行の着手を認めなかったもの

⓳ 大判昭和8年7月5日裁判例7巻民166頁［27542406］

まず売主が木材を伐採して貨車積場に搬出し、買主が同所で貨車積込ごとに代金を支払う契約において、買主が代金を携帯しその地に赴き、人夫を雇い入れ貨車の配給方を依頼し、その旨売主に通知したとしても、その事実は履行の準備たるにとどまり、履行の着手とは認められないとしたもの

⓳ 福岡高判昭和50年7月9日判タ332号234頁［27404391］

転売代金をもって代金の支払に充てる予定の土地の買主が、転売契約締結の上、転売地の分筆登記のために地上の竹等を切り払い、測量図面を作成した事実があったとしても、転売契約が手付の放棄、倍戻しにより容易に解除され得る状態にあった場合には、履行の着手とは認められないとしたもの

⓴ 東京高判平成3年7月15日判時1402号49頁［27810341］

買主が転売先を確保する準備を先行させ、土地の整備にとりかかっていたのは買主側の都合に属することであり、それが売買契約の前提となっているとは認められず、買主がこのような行為に着手したことをもって履行の着手と認めることはできないとしたもの

(4) 本来の履行期より前において履行の着手を認めなかったもの

㉑ 最判平成5年3月16日民集47巻4号3005頁［27814782］

解約手付が交付された場合において、債務者が履行期前に債務の履行のためにした行為が、履行の着手に当たるか否かについては、当該行為の態様、債務の内容、履行期が定められた趣旨・目的等諸般の事情を総合勘案して決すべきであるとし、債務に履行期の約定がある場合であっても、直ちに履行期前に履行の着手は生じ得ないと解すべきものではないが、履行の着手の有無を判定する際には、履行期が定められた趣旨・目的及びこれとの関連で債務者が履行期前に行った行為の時期等もまた、前記事情の重要な要素として考慮されるべきであるとした上で、契約締結から約1年9か月後に最終履行期を定める約定が、移転先を物色中の売主にとっては死活的重要性を持つこ

とが明らかであり、契約締結直後に買主が土地測量をしたことは、その時期及び性質上、本件売買契約上、買主の確定した債務の履行に当たらないことが明らかであり、また、契約締結の約8か月後にした口頭の提供も、買主としての残代金支払債務の履行の着手に当たらないとして、履行の着手を認めなかったもの

(5) 履行の着手後においても解約できる旨の特約を認めたもの

㉒ 大判昭和8年1月14日裁判例7巻民4頁［27542020］

　Aは、昭和4年2月26日、被上告人（控訴人・被告）との間で本訴不動産を代金4000円で買い受け、即日内金150円を支払い、残代金は同年3月5日に1000円、同年4月20日に残余の2850円を所有権移転登記手続と同時に支払うことを契約し、その後同年6月14日までの間、Aは最初に支払った150円に加えて数回にわたり1937円40銭の支払をしたという事案において、契約の成立と同時に授受されたのではなく、かつ、手付であることを示さずに交付された1000円をもって手付金であると解するのは極めて異例であるとし、契約書における「本契約甲（売主）ニ於テ不履行ノ場合ハ金一千圓ノ倍額ヲ乙（買主）ニ提供スルコト乙ニ於テ不履行ノ場合ハ金一千圓ヲ仕拂ハサルモ乙ニ於テ何等異存無之キ事」という記載に照らせば、本件不動産の買主であるAが1000円を売主である被上告人に取得させることは、契約の履行に着手した後においても、Aは、その履行を終わるまではいつでも売買契約を解除することができる旨を被上告人との間に契約（合意）したものと解することが実験則上当然の事理であるとして、当事者間に授受された金員のうち1000円が本条の手付金であるとはいえないと判断したもの

解説

　「履行に着手する」とは、債務の内容たる給付の実行に着手すること、すなわち、客観的に外部から認識し得るような形で履行行為の一部をなし又は履行の提供をするために欠くことのできない前提行為をした場合をいう（判決❻）が、買主としては残代金支払の用意をした上で引渡し等の履行の催告をしていたかどうかという点が、売主としては売買の目的不動産につき登記手続の準備をし、又はその不動産の引渡しに向けた具体的な準備をしたかど

うかという点がポイントである。また、債務の内容たる給付の実行である必要があるから、転売するため整地を先行したといった事情は履行の着手と評価できない。履行期との関係では、本来の履行期前においても、履行の着手が認められることがある一方で、その場合には、その時期に債務の履行にとりかからなければならない必要性が強く問われることとなる。

4　事実認定に関するその他の参考裁判例

このほか、その他の裁判例として、違約手付が交付された場合において、その手付契約が、手付の没収又は倍返しのほかに損害賠償をすることを許す趣旨か否かに関し、兵庫県宅地建物取引業協会制定の不動産売買契約書の定型書式を使用して締結された不動産売買契約において、買主の義務不履行の場合の手付金不返還又は売主の義務不履行の場合の手付金倍額支払の定めとともに、「前記以外に特別の損害を被った当事者の一方は、相手方に違約金又は損害賠償の支払を求めることができる」旨の約定があった場合に、これらの各条項の趣旨は、相手方の債務不履行の場合に、特段の事情のない限り、債権者は現実に生じた損害の証明を要せずに手付額又はその倍額の損害賠償を請求し得るとするとともに、現実に生じた損害を証明して、通常生ずべき損害であると特別の事情によって生じた損害であるとを問わず、手付額を超える損害全額の賠償を請求できる旨を定めるものと解するのが相当であるとしたもの（最判平成9年2月25日裁判集民181号351頁［28020459］）がある。

（齋藤　聡）

（売買契約に関する費用）

第558条 売買契約に関する費用は、当事者双方が等しい割合で負担する。

事実認定の対象等

■■ 意義

本条は、売買契約の締結に必要な費用の負担の原則を定めた規定である。具体的には、契約書作成費用、目的物の評価、測量に要する費用などがこれに当たる。不動産売買における登記費用がこれに当たるかどうかについては、当たるとする大審院判決（大判大正7年11月1日民録24輯2103頁［27522739］）がある。学説にはこれに賛成するもの（三宅正男『契約法（各論）上巻』青林書院（1983年）187頁）と反対するものがあり、反対するものも買主負担とする説（宗宮信次『債権各論〈新版〉』有斐閣（1971年）115頁）と売主負担とする説（我妻・民法講義Ｖ2 266頁、柚木＝高木編・新版注釈民法(14)〔柚木馨＝高木多喜男〕186頁）に分かれる。

なお、本条は任意規定であり、当事者間でこれと異なる内容の特約を結ぶことは可能である（大判昭和10年2月15日裁判例9巻民22頁［27543503］）。

■■ 法律要件及び法律効果等

1 法律要件

本条により、相手方に対し売買契約費用の半額負担を請求するには、
① 売主と買主とが売買契約を締結したこと
② この売買契約の締結について必要な費用を自らが支出したこと及びその額を主張立証すること
を要する。

これに対し、相手方は、抗弁として、「自己の側でもこの売買契約の締結について必要な費用を支出したこととその額とを主張立証すること」を要す

る（これに加えて相殺の意思表示をした事実も主張立証する必要があるか否かについては争いがあり、この点については「2 法律効果」を参照のこと。司研・要件事実(1)156頁）。

2　法律効果

　本条により、売買契約に関する費用は当事者双方が2分の1ずつ負担することとされるが、その適用に当たっては2通りの考え方があるとされ、その一つは、売買契約の各当事者は、それぞれ自己が支出した個々の費用の半額を相手方に請求する権利を有するとみる考え方である。もう一つの考え方は、本条を売買契約の各当事者にそれぞれが支出した費用の各項目についてその半額の請求権を認めたものとはみないで、当該売買契約の締結に必要な費用として当事者双方が支出したものを合算してこれを一団のものとし、その合計額の半額と、より多く費用を支出した側の当事者の支出額との差額の請求権を、その当事者にのみ認めたものとみる考え方である。この考え方の違いは、「1 法律要件」に示した抗弁に関して相殺の意思表示の要否を左右することとなり、前者の考え方からは相殺の意思表示が必要とされ、後者の考え方からは不要とされる（司研・要件事実(1)156頁）。

事実認定についての裁判例と解説

　本条に関する事実認定が問題となった裁判例は見当たらない。

（齋藤　聡）

(有償契約への準用)

第559条 この節の規定は、売買以外の有償契約について準用する。ただし、その有償契約の性質がこれを許さないときは、この限りでない。

事実認定の対象等

有償契約とは、契約当事者双方が対価的意義を有する出捐をする契約であり、売買・交換・賃貸借・雇用・請負・利息付き消費貸借・有償寄託・有償委任などがその例とされている。

有償契約であるか否かについては、当該契約が元来有償契約である場合には、契約締結の主張自体から明らかになるが、例えば委任や寄託のような無償契約については、報酬支払の特約の事実が主張することにより、有償契約であることを明らかにする必要がある。ただし、契約の性質が売買の節の規定の準用を許すかどうかは法律判断と解されているから、準用されるかどうかについて争いがあってもそれが有償契約であると認められる限り、特に主張立証すべき事実はないことになる。

事実認定における問題点

本条に関する事実認定が問題となった裁判例は見当たらない。

(齋藤　聡)

第2款　売買の効力

| (権利移転の対抗要件に係る売主の義務) 【改正法】 |

第560条　売主は、買主に対し、登記、登録その他の売買の目的である権利の移転についての対抗要件を備えさせる義務を負う。

| (他人の権利の売買における売主の義務) 【現行法】 |

第560条　他人の権利を売買の目的としたときは、売主は、その権利を取得して買主に移転する義務を負う。

■ 改正の趣旨

　平成29年改正前の民法においては、売主の買主に対する対抗要件（動産における「引渡し」（178条）、不動産における「登記」（177条）、債権における譲渡の「通知」（467条））を具備するのに必要な行為をすべき義務について、明文の規定を欠いていた。しかし、当該義務が売主の買主に対する財産権移転義務（555条）の一内容であるとするのが判例（後記「参考裁判例」のとおり）であり、その点では学説上も異論がなかった（潮見・改正法の概要256頁）。そこで、本条において対抗要件に係る売主の義務が明記された。

　これに伴い、改正前の560条（他人の権利の売買における売主の義務）の規定は、561条に移された。

《条文・判例の位置付け》　従前の判例を条文化

事実認定の対象等

意義

本条は、売買の効力として、売主が買主に対して対抗要件を具備するのに必要な行為をすべき義務があることを明らかにした規定である。

法律要件及び法律効果等

1 法律要件

本条所定の義務は、売買の効力として当然に発生する。

したがって、本条所定の義務が発生するための法律要件は、売買が成立したこと、すなわち、

① 当事者の一方がある財産権を相手方に移転することを約すること
② 相手方がこれに対してその代金を支払うことを約すること

である。

2 法律効果

売主は、買主に対し、登記、登録その他の売買の目的である権利の移転についての対抗要件を具備させる義務を負う。

参考裁判例

判例は、売主が負う財産権移転義務の一内容として、買主に対して目的不動産の所有権移転登記義務を負うものと解してきた（大判昭和3年12月5日評論18巻民法287頁［27551221］、大判大正9年11月22日民録26輯1856頁［27523161］、大判明治44年11月14日民録17輯708頁［27521525］）。また、判例は、賃借権の譲渡人は特別の事情のない限り譲受人に対し当該譲渡につき遅滞なく賃貸人の承諾を得る義務を負うものと解すべきであるとし、譲渡目的物が賃借権である場合についても譲渡人に対抗要件を得させる義務を肯定している（最判昭和34年9月17日民集13巻11号1412頁［27002527］）。本条が、これらの判例に加え、学説も異論なく認めてきた解釈を明文化したものであ

ることは、既に述べた。

事実認定についての裁判例と解説

本条に関する事実認定が問題となった裁判例は見当たらない。

（吉岡茂之）

(他人の権利の売買における売主の義務)　　　　　【改正法】

第561条　他人の権利（権利の一部が他人に属する場合におけるその権利の一部を含む。）を売買の目的としたときは、売主は、その権利を取得して買主に移転する義務を負う。

(他人の権利の売買における売主の担保責任)　　　【現行法】

第561条　前条の場合において、売主がその売却した権利を取得して買主に移転することができないときは、買主は、契約の解除をすることができる。この場合において、契約の時においてその権利が売主に属しないことを知っていたときは、損害賠償の請求をすることができない。

■■ 改正の趣旨

　本条は、他人物売買の場合に、売主が権利を取得して買主に移転する義務を負う旨を定める平成29年改正前の560条を維持するものである。加えて、かっこ書により、移転すべき権利の全部が他人に属する場合だけでなく、その一部が他人に属する場合をも適用場面とすることを明らかにし、この点について改正前の民法においても解釈論上異論のなかった点を明文化した（筒井＝村松・一問一答273頁）。

《条文・判例の位置付け》　要件・効果の変更なし

事実認定の対象等

■■ 意義

　本条は、他人の権利の売買における売主の義務（その権利を取得して買主に移転する義務）を定める。権利の全部が他人に属する場合だけでなく、権利の一部が他人に属する場合も同様である。

なお、本条があることにより、売買の目的とした財産権が売買契約締結時において第三者に属するものであった場合であっても、当該売買契約は有効であることを明らかにした規定と解されている（司研・要件事実(1)158頁、159頁、柚木＝高木編・新版注釈民法⑭〔高橋眞〕191頁）。

■■ 法律要件及び法律効果等
1　法律要件

本条の文言によれば、他人の権利の売買における売主の義務が発生するための法律要件は、
①　当事者の一方がある財産権を相手方に移転することを約すること
②　相手方がこれに対してその代金を支払うことを約すること
③　売買の目的である財産権（の全部又は一部）が他人に属すること
である。

前記①及び②は売買が成立するための法律要件である（555条「1　法律要件」を参照）。

売買の目的とした財産権の全部又は一部が売買契約締結時において第三者に属するものであった場合であっても当該売買契約は有効であることを明らかにしたという本条の意義に照らすと、売買契約が成立したことの直接の効果として、売主には財産権移転義務が、買主には代金支払義務が、それぞれ発生するものと解すべきである（司研・要件事実(1)159頁）。すなわち、前記③は、いわゆる他人物売買において買主の代金支払義務や売主の財産権移転義務の発生要件を加重するものと解するのは相当でない。

したがって、売主が買主との間で第三者所有の物を目的として売買契約を締結した後、(ⅰ)買主に対して前記売買代金を請求する場合の売主、(ⅱ)売主に対して前記目的物の引渡しを請求する場合の買主は、それぞれ、前記①及び②に該当する事実（売買契約の締結）を主張立証すれば足り、当該目的物の所有権（の全部又は一部）が第三者に属することを主張立証する必要はないことになる。

2 法律効果

売買の成立により、売主の買主に対する財産権移転義務が発生する（555条「2　法律効果」を参照）。目的物の権利（の全部又は一部）が他人に属し、したがって、売主に属していないときには、売主は、他人からその権利を取得して買主に移転しなければならない義務を負うことになる。

■ 参考裁判例

(1) いわゆる他人物売買の有効性について、最判昭和25年10月26日民集4巻10号497頁［27003510］は、その目的物の所有者が売買成立当時からその物を他に譲渡する意思がなく、したがって売主においてこれを取得し買主に移転することができないような場合であってもなおその売買契約は有効に成立するとしている。また、最判昭和50年12月25日裁判集民116号863頁［27404490］は、売主が契約に際し他人の権利を取得することを停止条件として売買をしたものでない限り、売買の目的たる権利が他人に属することについての買主の知・不知を問題とする余地はなく、したがってまた、契約に際し、売主が売の目的たる権利を自己の物であると主張するか他人の物であることを明示するかにかかわらず、他人の権利を目的とする売買として契約は有効に成立するとしている。

(2) いわゆる他人物売買では、財産権は、売買が成立した時点では売主に帰属していないから、当然に買主に移転することはなく、売主が他人から財産権を取得したとき、取得と同時に売主から買主へ当然に移転するものと解されている（大判大正8年7月5日民録25輯1258頁［27522884］、最判昭和40年11月19日民集19巻8号2003頁［27001252］）。

(3) 他人の権利の売主をその権利者が相続し売主としての履行義務を承継した場合でも、権利者は、信義則に反すると認められるような特別の事情のない限り、その履行義務を拒否することができるとするのが判例である（最大判昭和49年9月4日民集28巻6号1169頁［27000421］）。同判例は、売主及びその相続人たるべき者の共有不動産が売買の目的とされた場合において、売主が死亡し相続人が限定承認をしなかったときは、相続人は当該売買契約

成立当時当該不動産に持分を有していた場合においても当該売買契約におけるその持分に関する売主の義務の履行を拒み得ないとする最判昭和38年12月27日民集17巻12号1854頁［27001955］を判例変更したものである。

(4) これに対し、他人の権利の売主を相続した者がその後権利を取得した場合については、最高裁判例は存在しないが、国に買収された農地を売った先代を相続した者が、その相続後に国から当該農地の売払を受けてその所有権を取得した事案について、その相続人は、信義則に反しないと認められるような特別の事情のない限り、売主としての履行義務を拒否することができないとした大阪高判昭和50年6月17日判タ328号265頁［27404371］がある。

事実認定における問題点

他人の権利の売主を相続によって承継した権利者が売主としての履行義務を拒否することが信義則に反すると認められるような特別の事情（最判昭和49年9月4日民集28巻6号1169頁［27000421］）に関する具体的な裁判例を検討してみたい。

事実認定についての裁判例と解説

最判昭和49年9月4日の判示する特別の事情

［裁判例］

❶ 東京地判昭和51年7月27日判タ347号220頁［27404597］

他人（所有者）所有の本件建物を無権限で賃貸した者（貸主）が死亡し、所有者において貸主を相続した事案について、所有者は、勝手に本件建物について所有権移転登記手続をした貸主に対して同登記抹消登記を求める訴えを提起し、これに伴って予告登記もなされ、また借主の占有を知った後は、直ちに本件建物の所有権を主張して明渡しを求めていること、所有者が前記賃貸借に関与したこともなく、前記賃貸借から利益を得たこともなく、また借主は賃貸借の当初から所有者から明渡しを請求される可能性ある地位にあ

ったことを指摘して、標記の特別の事情は認められないとする一方、借主が貸主の所有と信じて本件建物を賃借したという事情は特別の事情に当たるとはいえないとしたもの

[解説]

　判決❶が指摘している事情は、権利者について、① 他人物を貸した者の振る舞いを容認せず、同人が作出した外形を除去する行動に出ているかどうか、② 当該他人物賃貸への関与の有無、に分けて考えることができる。一方、判決❶では、借主の主観（本件建物が貸主の所有と信じていたこと）は、前掲最大判昭和49年9月4日の判示する特別の事情には該当しないとしている。

（吉岡茂之）

| （買主の追完請求権） | 【改正法】 |

<u>第562条　引き渡された目的物が種類、品質又は数量に関して契約の内容に適合しないものであるときは、買主は、売主に対し、目的物の修補、代替物の引渡し又は不足分の引渡しによる履行の追完を請求することができる。ただし、売主は、買主に不相当な負担を課するものでないときは、買主が請求した方法と異なる方法による履行の追完をすることができる。</u>
<u>2　前項の不適合が買主の責めに帰すべき事由によるものであるときは、買主は、同項の規定による履行の追完の請求をすることができない。</u>

| （他人の権利の売買における善意の売主の解除権） | 【現行法】 |

<u>第562条　売主が契約の時においてその売却した権利が自己に属しないことを知らなかった場合において、その権利を取得して買主に移転することができないときは、売主は、損害を賠償して、契約の解除をすることができる。</u>
<u>2　前項の場合において、買主が契約の時においてその買い受けた権利が売主に属しないことを知っていたときは、売主は、買主に対し、単にその売却した権利を移転することができない旨を通知して、契約の解除をすることができる。</u>

■■ 改正の趣旨

　本条は、引き渡された売買の目的物が種類、品質又は数量に関して契約の内容に適合しないものである場合（売買目的物の契約不適合）における、買主の追完請求権の定めを新設したものである。

　平成29年改正前の562条の定め（他人の権利の売買における売主の担保責任）は削除され、善意の売主の解除権は廃止された。当該定めの削除は、実

務上さほど使われていない上、不動産登記等により権利関係を調査しやすい現代においては、十分な調査をしなかった者について、善意であるという一事をもって契約の解除を認める必要性も乏しいと考えられたことによる（筒井＝村松・一問一答272頁）。
《条文・判例の位置付け》　要件・効果の変容

事実認定の対象等

意義

平成29年改正前の民法の下では、不特定物売買においては、引き渡された目的物の種類、品質、数量が不完全であるときに買主が売主に対して追完請求権を有することは、契約に基づく履行請求権の現れとして当然に認められていた。これに対し、特定物売買においては、当該目的物の個性に着目して売買するのであるから、瑕疵のない物の給付請求（現実の給付が不完全である場合における追完請求）はできないとの伝統的な見解（いわゆる「特定物ドグマ」）のほか、改正前の570条の法的性質や同条と債務不履行の一般原則との関係の理解をめぐって多様な学説が述べられ、一方で、これらの点に関する判例の立場も必ずしも一貫した理解は容易でないと指摘されるなどしてきた。

本条は、563条（買主の代金減額請求権）、564条（買主の損害賠償請求及び解除権の行使）とともに、特定物売買と不特定物売買とを区別することなく、売主は一般に種類、品質及び数量に関して売買契約の内容に適合した目的物を引き渡す債務を負うことを前提に、売買目的物の契約不適合の場合には債務は未履行であるとの整理（契約責任説）を基本として、買主が有する救済手段を明らかにするものである（筒井＝村松・一問一答274頁）。

本条1項は、引き渡された売買目的物の契約不適合の場合における追完方法（修補、代替物の引渡し、不足分の引渡し）を買主の選択に委ねることを前提とした上で（本文）、買主に不相当な負担を課するものでないときは、売主は買主が請求したのとは別の方法によって追完することができること

（ただし書）を定める。

　本条2項は、契約不適合が買主の帰責事由によるものであるときは、買主に追完請求権が認められないことを定める。この定めは、公平の観念に基づくものであり（筒井＝村松・一問一答277頁）、代金減額請求権（563条）及び解除権（564条の準用する541条、542条）と平仄を合わせたものである（潮見・改正法の概要258頁）。

■■ 法律要件及び法律効果等
1　法律要件
(1)　本条1項本文によって買主の追完請求権が発生するための法律要件は、
① 　売主と買主が売買契約を締結したこと
② 　売主が買主に対して、①に基づき目的物を引き渡したこと
③ 　②の目的物が種類、品質又は数量に関して①の契約の内容に適合しないこと

である。

　なお、売買目的物の契約不適合は、「隠れた」（平成29年改正前の570条）ものであることを要しない。改正前の570条にいう「隠れた」とは、買主の善意無過失（買主の認識可能性）を指すものと理解されていたが（大判昭和5年4月16日民集9巻376頁［27510493］）、瑕疵に対する買主の認識可能性をめぐる判断は、目的物に関する欠陥等を当事者がどこまで契約に織り込んでいたのかという点に関する事実認定、すなわち、どのような品質の目的物を引き渡すことを内容とする契約であったのかについて確定する際の判断に取り込まれているものと考えられるからである（筒井＝村松・一問一答280頁参照）。

(2)　前記(1)に対し、本条1項ただし書によって買主の追完請求権が消滅するための法律要件は、
① 　売主が、買主に対し、買主が請求した方法と異なる方法による履行の追完をしたこと
② 　①の方法が買主に不相当な負担を課するものでないこと

である。

　本条 1 項ただし書に基づく売主の主張は、買主の追完請求に対する権利消滅の抗弁となるものと考えられる（筒井＝村松・一問一答277頁）。なお、②の法律要件は、規範的評価を伴うものであるから、規範的要件である（大江・要件事実(5)- 1 　295頁）。規範的要件の主要事実に関する通説的見解（主要事実説。司研・要件事実(1)30頁以下、村田＝山野目・30講89頁）によれば、「不相当な負担を課するものでない」との評価を基礎付ける評価根拠事実が主要事実になる（したがって、買主は、再抗弁として、不相当な負担を課するものでないことの評価障害事実を主張することができることになる）。

　(3)　本条 2 項によって買主の追完請求権の発生が障害されるための法律要件は、

　前記(1)③の不適合が買主の責めに帰すべき事由によるものであること

である。

　ところで、平成29年改正前の民法下では、いわゆる帰責事由とは、故意・過失又は信義則上これと同視すべき事由を指すものと一般的に理解されていた（例えば、我妻・民法講義Ⅴ 1 　111頁）。これに対し、415条 1 項ただし書では、「債務者の責めに帰することができない事由」は「契約その他の債務の発生原因及び取引上の社会通念に照らして」判断されるものとされ、「帰責事由＝過失」を意味するものではないことが明らかにされた（過失責任原則の否定。潮見・改正法の概要68頁）。そして、415条 1 項ただし書において「契約その他の債務の発生原因及び取引上の社会通念に照らして」との判断基準が規定されていれば、改正後の民法中随所にみられる「責めに帰すべき事由」、「責めに帰することができない事由」という要件の判断基準については、すべて415条 1 項ただし書と同様に解釈すべきことになるものと考えられる（潮見・改正法の概要68頁、法制審議会民法（債権関係）部会第91回会議（平成26年 6 月17日開催）議事録 7 頁）。そうだとすれば、本条 2 項の「買主の責めに帰すべき事由」の判断についても、415条 1 項ただし書と同様の枠組みで判断されるべきことになるものと考えられる。

2　法律効果

(1)　本条1項本文所定の場合には、買主は、売主に対し、履行の追完を請求することができる。この場合、どのような追完方法を採るか（売買目的物の修補あるいは代替物又は不足分の引渡し）は、買主の選択に委ねられる。もっとも、売主において、買主が請求したのとは別の方法で追完することができる場合がある（1項ただし書）。

(2)　本条2項所定の場合には、買主は、履行の追完を請求することができない。

■■ 参考裁判例

(1)　改正前の565条にいう「数量を指示して売買」（数量指示売買）の意味については、当事者において目的物の実際に有する数量を確保するため、その一定の面積、容積、重量、員数又は尺度あることを売主が契約において表示し、かつ、この数量を基礎として代金額が定められた売買を指称するものであると解するのが判例である（最判昭和43年8月20日民集22巻8号1692頁［27000931］）。この判例は、本条においても、「数量に関して契約の内容に適合しないもの」（数量に関する契約不適合）と認められるかどうかの判断の基準となるものと解される（潮見・改正法の概要259頁）。

なお、土地の売買について、大審院時代から、土地の売買において登記簿上の坪数を表示することは、通常、目的物特定のためにすぎないから、これのみで直ちに数量指示の売買と認めることはできないとされており（大判昭和5年7月30日新聞3167号9頁［27540115］）、前掲最判昭和43年8月20日も「目的物を特定表示するのに、登記簿に記載してある字地番地目及び坪数をもつてすることが通例であるが、登記簿記載の坪数は必ずしも実測の坪数と一致するものではないから、売買契約において目的たる土地を登記簿記載の坪数をもつて表示したとしても、これでもつて直ちに売主がその坪数のあることを表示したものというべきではない」とする。これらの判例も、本条の下における土地の売買につき、数量に関する契約不適合をめぐる事実認定における基準として維持されることになろう。

(2) 改正前の570条にいう「瑕疵」について、判例は、売買の目的物がある性能を具備することを売主が特に保証したにもかかわらずこれを具備しない場合には、たとい一般の標準からすれば完璧なものであっても、この具体的取引からみるときは瑕疵があるものということができるとする(大判昭和8年1月14日民集12巻71頁[27510122])。この判例は、「瑕疵」の存否に関する判断を、その物としての一般的性質が備わっているかどうかではなく、当該契約において予定されていた性能に適するといえるかどうかの判断にかからしめている点で、本条にいう「品質に関する契約不適合」の判断枠組みとしてもなお有効であると考えられる。

(3) 判例は、改正前の570条所定の「瑕疵」に該当するかどうかの判断の基準時について、「売買契約の当事者間において目的物がどのような品質・性能を有することが予定されていたかについては、売買契約締結当時の取引観念をしんしゃくして判断すべき」であるとしている(最判平成22年6月1日民集64巻4号953頁[28161473])。改正前の民法下の判例ではあるが、契約不適合の判断の基準時についても妥当するものと考えられる。

事実認定における問題点

1　数量に関する契約不適合と認められるかどうか判断する前提として、当該売買が「当事者において目的物の実際に有する数量を確保するため、その一定の面積、容積、重量、員数又は尺度あることを売主が契約において表示し、かつ、この数量を基礎として代金額が定められた売買」(前掲最判昭和43年8月20日)と認められるかどうかは、平成29年改正後も事実認定上問題となり得る。そこで、前掲最判が定義するような売買に当たるといえるか、すなわち、数量指示売買に当たるかが問題になった裁判例として、⑴ 土地、⑵ 立木のそれぞれについて概観する。

また、数量に関する契約不適合は、買主の代金減額請求権(563条)の要件でもあるが、同条は賃貸借契約にも準用される余地があるから(559条)、⑶「数量を指示」した建物賃貸借に当たるかに関する裁判例も、ここで概観

することとしたい。

2　「品質に関する契約不適合」については、「瑕疵」（平成29年改正前の570条）という表現を意図的に避け、契約に適合した品質を備えた権利や物を供与する義務という枠組み（契約適合性という観点からの規律）を採用すべきことを明らかにしている（潮見・改正法の概要259頁）。もっとも、改正前の570条にいう「瑕疵」があるといえるかどうかの点に関する近時の裁判例は、後記のとおり、当該売買契約においてどのような性質を持つべきものと合意されたのかを前提として、当該目的物にその性質が欠けているかどうかを判断しているとされ（主観的瑕疵概念）、契約における合意の内容を問うという点で契約適合性の観点からする本条の規律と軌を一にするものといってよい。そうであれば、これらの裁判例において「瑕疵」の存否をめぐる事実認定に当たって検討されたファクターを分析することは有益であると考えられる。

そこで、(1) 地中埋設物の存在が土地の瑕疵といえるかが問題となった事案において、売買目的物である土地につき、どのような性質を持つものと想定できるか、(2) 土壌汚染やいわゆるシックハウスが土地や建物の瑕疵といえるかが問題となった事案において、瑕疵の有無を検討するに当たって売買契約後の法規制や科学的知見を斟酌すべきか、(3) 建物の利用状況や周辺の環境が建物又は土地の瑕疵といえるかが問題となった事案において、売買目的物である建物又は土地そのものの物質的瑕疵でない事情を瑕疵として斟酌できるか、といった問題点について、検討することとする（この点をめぐる裁判例の整理・分析及び解説は、村田編著・事実認定体系契約各論1〔桃崎剛〕126頁～145頁を再掲するものである）。

事実認定についての裁判例と解説

1 数量指示売買

(1) 土地について数量指示売買と認められるか

裁判例

❶ 最判昭和43年8月20日民集22巻8号1692頁［27000931］

売買の目的物とされた土地について、不動産売渡代金額収書に当該土地の地番、地目、公簿面積が列挙され、売買代金額の合計額が記載されているのみであり、その他の証拠には、「買主たる控訴人（被上告人）においてはもちろん、そのとおりの実測面積があるものと信じ、また売主たる被控訴人（上告人）ら側においても、売買の目的たる本件宅地の実測面積は登記簿表示の坪数より少なくないことを認め、当事者双方ともこれを基礎として代金額を定めたものである」との証拠はないとして、本件売買は、数量指示売買に当たるものとはいえないとしたもの

❷ 最判昭和43年11月5日裁判集民93号71頁［27403254］

本件売買に当たり、当事者双方とも、本件土地の面積は196.2坪あると考えており、仮契約書、公正証書にもその坪数が表示されていたとしても、本件売買は、買主が旅館建築に適当な敷地として約200坪の土地を物色し、当事者双方が交渉して成立したものであり、その際、当事者双方は、本件土地の実状をつぶさに調査し、正確な図面をも参酌して締結したものであって、買主がその坪数を重視したのは、代金算出の基礎とする趣旨でなく、買受け後の使用目的である旅館建築に相当かどうかの点からであったという事情の下では、本件売買は数量指示売買に当たるとはいえないとした原判決を正当としたもの

❸ 東京地判昭和46年11月29日判時662号56頁［27403774］

本件土地売買に際しては、買主において本件土地の坪数を重視し、登記簿表示の面積が実際に存在するかを再三問い合わせていたこと、売主側も終始公簿面積に相応する坪数がある旨言明し、売買契約の締結当日においては後日その測量を行うことを約していたこと、買主は、契約書作成に際し、後日

本件土地の坪数不足が判明した場合の損失を予防するため、かねて弁護士から指導を受けていたところに従い坪当たり単価をわざわざ記載し、これに公簿面積を乗じた金額が売買代金となっている旨を示して契約書を取り交わしたことといった経緯を認定した上、本件売買契約書に不動文字で表示されている「本件土地の面積に増減ありたるときは、末尾の物件表示の記載によるものとする」との文言は、それ自体意味が必ずしも明確でないばかりか、前記経緯からして少なくとも本件売買が数量指示売買でないことを示す趣旨のものとは解されないとして、本件売買契約は数量指示売買であると認められるとしたもの

❹　東京地判昭和47年5月22日判時682号32頁［27403875］

売買価格が単位面積（坪当たり）の単価をまず決めてから算出されたということを認めることはできないが、当初売主から売却を委任され、後刻自ら買主となった会社の代表者は、売主側に登記簿上の面積があるかどうかを問い質した上、売主側が作成した「念書」「委任状」の各書面に、地目反別による登記簿どおりの本件山林の表示のほか、「総坪数」又は「総数」として「82,955坪」と面積を付記してもらって、各書面の交付を受けたとの事情からすると、「82,955坪」という総坪数は、単に本件山林を特定するだけのもの、ないしは登記簿上の面積の単なる合算にすぎないとみることはできず、前記総坪数は同時に数量指示のために用いられたものと解するのが相当であり、当事者双方とも本件山林が全体として前記総坪数を有することに重きを置き、特に売主においては少なくとも登記簿どおりの坪数はあるものとしてこれを確保しないしは保証したものであり、買主においてもこれを前提として代金額を定めたものと認めることができるとして、本件売買は数量指示売買と解すべきであるとしたもの

❺　東京高判昭和50年4月23日判夕328号260頁［27404342］

売買契約書に目的物件各筆につき登記簿の記載どおりの地積が表示され、その合計額が、買主が本訴において指示数量と主張する地積額に当たるものの、① 売主が本件売買契約締結当時目的物件の実測面積を把握しておらず、したがって、目的物件の面積が登記簿の記載どおり実存すべきことを確言し、

そのことを表す趣旨において契約書に登記簿どおりの地積を表示したとは考え難いこと、② 買主において、(i) 買受けの目的が投機売買にあったこと、(ii) 売買契約書作成の日までに目的物件の実測面積と公簿面積との差を特に問題とした形跡がなく、契約書の調印に際しても、実測面積はもとより、図面に表示された地積すらこれを表示すべきことを要求した事実がなかったこと、などから考えれば、売買目的物件の地積が登記簿の記載どおり実存すべきことを前提として契約を締結したとは考えられないことを指摘して、買主が、買値の申出に当たり、反当たりの単価と登記簿に記載された反別面積を基礎として、申出価額を算定したという事実だけで、直ちに目的物件の面積が登記簿の記載どおり実存すべきことを前提として、その面積に応じて売買代金が合意、決定されたとは言い難いとして、数量指示売買に当たらないとしたもの

❻　札幌高判昭和52年7月20日判タ360号179頁［27404754］

　山林の売買において、売買目的土地として、登記簿に記載してある字、地番、地目、地積が表示されており、売買代金も登記簿の地積に近似する坪数を基礎として算出したことが認められるが、売主において目的物件の実測面積を正確に把握しておらず、他方買主においても公図などによって面積を確認せず、かつ、契約調印の際にも契約書に実測面積の記載を要求せず、かえって、実測面積の増減があっても異議を申し述べない旨の特約条項を記載した契約書に異議なく調印したこと等の諸事情がある場合には、いわゆる数量指示売買に当たらないとしたもの

❼　横浜地判昭和50年7月30日判タ332号296頁［27404409］

　埋立地の売買につき、坪当たりの単価が決められ、これに坪数を乗じて売買代金が決定されていることから、いわゆる数量指示売買であるとされたもの

❽　東京高判昭和56年3月13日判タ444号89頁［27405485］

　売買契約の後で実施された国土調査の結果によって、本件土地（共有者40人）の地積が公簿面積に不足していた事案において、土地売買契約書に「その面積に増減ありたるときは、末尾の物件表示の記載によるものとする」旨の条項があるが、同契約書は市販の用紙をそのまま用いたものであり、特に

当事者間で意識的に、本件土地の地積について、登記簿に記載の地積が最小限度あることを保証したものではなく、同契約書末尾に記載の売買物件の表示における地積は、目的物件の不動産を特定する意味しかなかったものであり、また、売買代金が定められた事情も、反当たりの単価を基準に登記簿上の地積に応じて算出されたものではなく、本件土地の現況に基づき共有者1人当たり40万円と定めそれに雑費20万円を加算して、1620万円と定められたものと認められるとして、本件土地の売買が数量指示売買であったと認めることはできないとしたもの

❾　浦和地判昭和57年11月24日判タ491号79頁［27405858］

売買契約に際し買主は売主から買い受けた土地の範囲を指示されていること、その際実測面積と公簿面積との過不足が存した場合について売主・買主間に何ら取決めがなされていないこと、また、土地について売買契約後分筆及び所有権移転登記手続がなされているのに、その間実測はなされず、面積不足が判明したのは契約後8年も経過したときであることなどの事情があるとして、数量指示売買に当たるとはいえないとしたもの

❿　東京地判昭和62年12月22日判時1287号92頁［27802407］

本件売買契約の契約書の売買物件の表示欄には、本件土地の地積として「486.64m^2」と記載され、さらに、特記事項として「この地積は実測によるものとする」と記載されていること、また、同契約書5条には「本件土地の地積を明確にするため物件の地積は表記（486.64m^2）によるものとし売主は買主に対し境界を指示する地形図を手交するものとする」と記載されていること、売主は不動産業者に対し、「3700万円私に入ればどんな売り方をされても結構です」といって本件土地及び本件建物の売却を依頼し、本件土地の実測図を渡したこと、不動産業者は、本件土地についてその面積が482.64m^{2}で、価格が3.3m^{2}当たり28万円であると記載した販売のためのチラシを作成して他の不動産業者に流したこと、不動産業者の従業員は、かつて取引のあった者から買主を紹介され、同人を現地に案内したが、その際、買主に対し、本件建物は古いので価値がない、本件土地の価格（3.3m^{2}当たり28万円）については、もし何かあって売るとしたらいま買った以上の価格で

いつでも売れると説明したこと、本件売買契約の契約書は、前記従業員がその内容を記載し、買主と売主に別々の機会に示してその署名・押印を求めたものであるが、前記従業員は売主から本件土地の実測図を交付されていたので、実測面積による売買とし、契約書作成の際の買主との交渉の結果、売買代金については、前記チラシに3.3m²当たり28万円と記載されているので、それに坪数をかけ、端数を値引きして4000万円と決め、本件建物は古いので、全く価値がないということにして、買主において使うのは構わないが、壊れたりした場合、売主には責任がないこととしたことといった経緯を認定したうえ、これによれば、本件売買契約は、実質的には本件土地だけの売買契約であり、本件土地が482.64m²の実測面積を有することが契約書上明示され、前記実測面積を基礎として本件代金が決定されたものであるとして、数量指示売買であると認めるのが相当であるとしたもの

⓫ 東京地判平成5年8月30日判時1505号84頁［27825804］

　必ずしも1m²当たり何円という代金算定方法をとっていない場合でも、売主が一定の面積があることを保証しこれが代金算定の重要な要素となっているときには、数量指示売買に該当するものと解されるとした上、① 本件敷地は登記簿上1筆の土地の一部であり、面積の表示には本件敷地を特定する機能はないこと、② 売主側は、売買代金額決定の過程において、買主からの本件敷地の面積についての問合せに対し、83.60m²である旨回答していること、③ 買主は、増築の関係で本件敷地の面積を重視しており、このことが売主側にも伝わっていること、以上の諸点に照らせば、本件売買契約においては、売主が本件敷地について一定の面積があることを保証し、これが代金算定の重要な要素となっているというべきであるとして、本件売買契約は数量指示売買に該当するとしたもの

⓬ 最判平成13年11月22日裁判集民203号743頁［28062422］

　市街化区域内に所在する本件土地の売買において、① 本件売買契約書には、「末尾記載の通りとしすべて面積は公簿による」との条項があり、契約書の末尾の物件の表示欄には、登記簿の記載に従って、本件土地の所在、地目、地積が記載されていたが、② 買主と売主は、本件土地を住宅用の敷地

として売買したものであること、③ その代金額は、売主が当初広告で提示していた坪単価を買主の希望により減額し、これに公簿面積を乗じて決定されたという経緯があること、④ 当事者双方は契約当時本件土地の実測面積が公簿面積どおりにあると認識していたことがうかがわれること、⑤ 当事者双方が本件土地の坪単価と面積以外の要素に着目して代金額の決定に至ったと認めるべき事情がうかがわれないことなどに鑑み、本件土地の売買契約が数量指示売買に当たるとした原審の判断を是認し得るとしたもの

> 解説

　土地について、数量指示売買といえるかどうかについて、最高裁判所は、判決❶及び❷の各判例を通じて、一定の切り口を示したものといえ、それ以降の下級審の裁判例も、その切り口から事案を検討し、結論を導いているものといえる。

　(1)　まず、数量指示売買であることが肯定された事例では、判決❼を除き、契約書等に土地の面積（公簿面積、実測面積、坪数）が表示されていることが指摘されている（判決❼の事例については、そもそも売買契約書が作成されているか否か不明である）。なかでも、判決❿の事例では、契約書中に、表示された地積について「実測による」旨が明示されている点に特色がある。なお、結論として数量指示売買であることが否定された事例の多くも、前記事実を指摘されてはいる（ただし、判決❾の事例は、そもそも売買契約書が作成されなかったとされている）。

　(2)　次に、結論はどうあれ、ほぼすべての事例で、売買に至る交渉過程における売主や買主の振る舞いが細かく認定され、① 売主が表示どおりの面積が実存することを保証したといえるか、② 買主が①を前提として代金額を定めたといえるか、が吟味されている。

　そこで、売主の振る舞いについてみると、まず、数量指示売買であることが肯定された事例では、売主が再三にわたる買主からの問合せに対し、終始公簿面積に相応する坪数があると言明していたこと（判決❸）、売主が、その作成に係る「念書」「委任状」の各書面に、登記簿どおりの表示のほか、買主の依頼に応じて「総坪数」又は「坪数」として「82、955坪」と付記し

てやったこと（判決❹）、売主において不動産業者に対して土地の実測図を交付し、これを受けた業者側において、実測面積とともに価格が3.3m²当たり28万円であることを明示したチラシを作成した上、買主を現地に案内した際にも前記単価を前提とした勧誘をし、「実測による」旨を明示した売買契約書を作成してやったこと（判決❿）、買主からの対象土地の面積の問合せに対して回答する一方、買主が増築の関係で面積を重視していることを把握していたこと（判決⓫）、売主が、当初提示していた坪単価を買主の希望により減額し、これに公簿面積を乗じて売買代金額を決めたこと（判決⓬）、といった事情が指摘されている。これに対し、数量指示売買が否定された事例では、売主が目的物件の実測面積を把握していなかったこと（判決❺、❻）、売主が買主に対して対象土地の範囲を現地で指示してみせた（にすぎない）こと（判決❾）が指摘されている。

　一方、買主の振る舞いについて検討してみると、数量指示売買が肯定された事例では、対象土地の坪数を重視し、公簿面積が実際に存在するかを売主側に再三問い合わせた上、売買契約書の作成に当たり、後日坪数不足が判明した場合の損失を防止するために弁護士から指導されたところに従ってわざわざ坪単価を記載し、これに公簿面積を乗じた金額が売買代金になっている旨を示して契約書を取り交わしたこと（判決❸）、売主側に登記簿上の面積があるかどうか問い質した上、「念書」「委任状」の各書面に「総坪数」又は「総数」として面積を付記してもらったこと（判決❹）、売買代金をめぐる交渉の結果、売買代金については、チラシに3.3m²当たり28万円と記載されているので、これに坪数をかけ、端数を値引きして4000万円と決めたこと（判決❿）、買主が増築の関係で対象土地の面積を重視しており、そのことが売主側にも伝えられていたこと（判決⓫）といった事情が挙げられている。これに対し、数量指示売買が否定された事例では、買主の買受目的が投機にあり、売買契約書作成の日までに対象土地の実測面積と公簿面積との差を特に問題とした形跡がなく、その調印に際しても、実測面積はもとより、図面に表示された地積すらこれを表示すべきことを要求した事実がなかったこと（判決❺）、買主において公図などによって面積を確認せず、契約書の調印の

際にも契約書に実測面積の記載を要求せず、かえって、実測面積の増減があっても異議を述べない旨の特約条項を記載した契約書に異議なく調印したこと（判決❻）、実測面積と公簿面積との過不足が生じた場合の取決めを何ら行わなかったこと（判決❾）といった事情が指摘されている。

　売買契約に至る交渉の過程では、売主側・買主側双方の働きかけが重畳的に積み重ねられ、その到達点として売買契約が締結されるはずであるから、前記のとおり分類・整理した双方の振る舞いは、それらが全く脈絡なく列挙され、独立に指摘・評価されるべきではなく、相互に有機的に関連付けられて検討される必要があることはもちろんである。総じて、前記の検討を通じて、買主が契約に至る過程で対象土地に一定の面積が実存することを重視する姿勢を示しており、その姿勢が売主の認識するところとなって、売主においても当該面積の存在を保証し、又は少なくとも存在することを前提とした交渉を重ねているといった事情の存在が認められるかどうかが、数量指示売買を肯定するための前提となっているように考えられる。

　(3)　なお、売買契約書中に、対象土地の面積に増減があるときには公簿面積を基準とする旨の条項がうたわれる場合がみられるが、そのような場合であっても、売主や買主の振る舞いいかんによっては数量指示売買と認められる場合がある（判決❽、⓬）。そのような条項がある契約書に買主が異議なく署名押印することが、数量指示売買であることを否定する事情の1つとして挙げられることには異論はないであろうが（判決❻参照）、少なくとも、前記の条項があるからといって、直ちに、あるいはこれを過度に強調して数量指示売買であることを否定するのは、相当でないものと考えられる。

(2)　立木について数量指示売買と認められるか

[裁判例]

❶　大阪高判昭和32年7月3日下級民集8巻7号1238頁［27401126］

　間伐立木に○印をつけ、他のものにはブリキ板をつるして選別し、間伐材の石数を見積りして売買したときは、石数の指示は、単に評価の基準を示したにとどまらず、むしろ数量の存在に主眼が置かれた取引を示すものであるとして、数量指示売買に該当するものとしたもの

❷ 青森地判昭和33年7月29日下級民集9巻7号1490頁［27401339］

山林における立木の売買は、その目的物の数量を確定することが極度に困難であることに鑑み、そのおおよその石数を表示して契約がなされた場合であっても、特約や売主による数量の最低限の保証などがない限り、原則として数量指示売買には当たらないとした上で、本件では、売買契約書には材積石数の記載が欠けていること、買主が契約締結前に毎木調査を行っていたこと、本件売買に先立つ仮契約書には本件立木の数量として杉2000石、赤松及び唐松1600石との記載があること等の事情から、材積を4400石とする数量指示売買であったとか、売主が最低石数4200石を保証したとかいうことは肯認し得ないとしたもの

❸ 鹿児島地判昭和42年7月17日判時503号62頁［27403043］

いわゆる山床処分として、あらかじめ営林署職員によって杉立木の在積調査がなされ伐採玉切にした後、その数量、材積を調査して検知野帳が作成され、それに基づいて売買の目的物が定まり、しかも売買代金が石当たりの単価を明示し、これに石数を乗じて算出されていたことが認められる事案において、売買の目的物たる本件国有林の杉材の範囲が特定されたにとどまらず、数量及び現物の存在を契約の主眼として取引が行われたものと認めるのが相当であるとして、数量指示売買であると認めたもの

❹ 最判昭和43年12月20日裁判集民93号775頁［27403267］

本件立木の売買は、本件山林のうち明確に区分された範囲内にある立木全部を目的とするものであって、一定数量の立木の存在を契約の主眼とし、これを目的として締結されたものではないとして数量指示売買に当たらないとした原審の判断を正当として是認したもの

[解説]

立木の売買において数量指示売買と認められた事例では、間伐立木に○印をつけ、他のものにはブリキ板をつるして選別し、間伐材の石数を見積もった（判決❶）とか、あらかじめ杉立木の材積調査がなされ、伐採玉切にした後、その数量、材積を調査して検知野帳が作成された（判決❸）など、目的とする立木の選別や材積の見積りがある程度具体的に行われている。これに

対し、数量指示売買と認められなかった事例では、売買契約書に材積石数の記載が欠けており、それに先立つ仮契約書に立木の数量として記載された内容も買主が主張する石数と異なっていた（判決❷）とか、山林のうち明確に区分された範囲内にある立木全部を目的とする売買であった（判決❹）など、もともと売買の目的が石数に着目されて定められたとはいえないような事情が指摘されている。

これらの事情からすると、立木の売買において数量指示売買と認められるか否かは、当事者間で売買の目的物が特定される過程において、両当事者がどの程度目的物の石数に着目していたかを個別具体的な事実から推認していくことによって判断されるものと考えられる。

(3) 「数量を指示」した建物賃貸借に当たるか

裁判例

❶ 大阪地判昭和47年8月4日判タ286号343頁［27403920］

地下1階全室に加えて地上4階事務所、窓2個分の賃貸借契約が一括してなされ、窓2個分については面積（坪数）を明示せず、保証金も地下1階全室につき定めたままになっていて何らの加算もなされていないビルの賃貸借契約について、地下1階、地上4階事務所の面積表示は目的物の特定ないし一応の標準にすぎないものであることが推認できるとして、「数量ヲ指示シテ」なした賃貸借契約であるとは認められないとしたもの

❷ 東京地判昭和58年3月25日判タ500号183頁［27405941］

建物の賃貸借において、面積を表示し、これを基準として賃料の算出がされていても、前記表示に係る面積が共用部分をも含めた地下1階全体の面積であることが明らかであったこと、また賃貸借契約が締結された際に、賃貸部分に何らの変更もないのに、専ら賃料決定のための観点から賃料算出の基礎となる面積が変更されていること、借主は、契約締結前から本件建物の面積が表示されたところよりも少ないのではないかと考えていながら、終始何らの異議もなく、本件各契約を締結し、本件建物を使用してきたこと等の事実に徴すれば、面積を基準として賃料等が算出されていたとしても、各契約当事者にとって前記面積が本件各契約の重要な要素とされたものでないこと

は明らかであるから、前記表示は原告の賃借部分が実際に前記面積を有することを確保するためになされたものとは到底認め難く、むしろ賃料算出のための一応の基準として表示されたものにすぎないとしたもの

> 解説

　建物賃貸借において、引き渡された建物（目的物）に数量に関する契約不適合がある場合につき、平成29年改正後も直接これを規律する定めは見当たらない。したがって、改正後も、本条や563条（買主の代金減額請求権）が建物賃貸借に準用される（559条）余地があることは、一般論としては前提にしてよいものと考えられる。

　前記裁判例は、一般論として賃貸借契約に平成29年改正前の565条が準用される余地があることを前提とし（柚木＝高木編・新版注釈民法(14)〔松岡久和〕238頁）、問題となった建物賃貸借が「数量を指示」したものと認められるかどうか判断したものであって、改正後にあっても賃貸借契約について数量に関する契約不適合が認められるかどうか判断する場合の判断の視座を提供するという点で、なお意義を有するものといってよい。

　この両者に共通しているのは、いずれも、賃貸借契約において表示された面積が、窓2個分の面積の明示を欠き（判決❶）、又は共用部分も含んだ面積であった（判決❷）など、現実に賃貸された建物部分の面積と明らかに齟齬を来していただけでなく、保証金が賃貸部分の一部について定められたままであって加算されていないとか（判決❶）、賃貸部分に変更がないのに、賃料決定の観点から、外形上は賃料算定の基礎とされている面積が変更されているとか（判決❷）、賃貸部分の面積と極めて強い相関関係を有する契約条項が、現実にはルーズに定められていたような事情がある、という点である。そして、判決❷の事例では、さらに、契約前から、賃貸部分の面積が契約上表示されたところよりも少ないのではないかと考えていながら、何らの異議も述べないまま賃貸借契約をし、使用を継続してきたという借主の振る舞いも指摘されている。

　前掲(1)〜(3)の裁判例が提供した視座によれば、賃貸借契約上の面積表示のありよう、保証金その他の契約条件と賃貸部分の面積の相関関係、貸主・借

主の各振る舞いのいかんによっては、建物賃貸借における数量に関する契約不適合を認める裁判例に接する機会もあるのではないかと考えられる。

2　「瑕疵」（平成29年改正前の570条）と認められるか

　この点をめぐる裁判例の整理・分析及び解説は、以下に村田編著・事実認定体系契約各論1〔桃崎剛〕126頁～145頁を再掲する。

(1)　地中埋設物の存在が土地の瑕疵といえるか

裁判例

❶　東京地判平成4年10月28日判夕831号159頁［27816460］

　宅地の売買において、地中に土以外の異物が存在する場合一般が、直ちに土地の瑕疵を構成するものでないことはいうまでもないが、その土地上に建物を建築するについて支障となる質・量の異物が存在するために、その土地の外見から通常予測され得る地盤の整備・改良の程度を超える特別の異物除去工事等を必要とする場合には、宅地として通常有すべき性状を備えないものとして土地の瑕疵になるものと解すべきである。本件の場合、前記認定のように、大量の材木片等の産業廃棄物、広い範囲にわたる厚さ約15cmのコンクリート土間及び最長約2mのコンクリート基礎10個が地中に存在し、これらを除去するために相当の費用を要する特別の工事をしなければならなかったのであるから、これらの存在は土地の瑕疵に当たるものというべきである。

❷　東京地判平成7年12月8日判夕921号228頁［28011427］

　本件土地の南隣はIマンション（14階建）で、北東隣はA株式会社の本社ビル（8階建）であって、道路を隔てた北側はTの支社等の建物（5階建）及び同体育館等の建物（8階建）がある等、本件土地周辺には、中高層建物が存在していることが認められ、同事実からすると、本件土地は、高層建物が建築されることも客観的に十分予想される土地であるというべきである。また、前記本件埋設物の存在場所及び程度（コールタールを含んだれんがやコンクリート等及びその下部に埋め込まれた相当数の松杭であって、同土地のほぼ全域に存在し、浅いところでは地表から約0.4m深いところでは地表から約4.5mの深さから存在し、そのれんがやコンクリート等の厚さは、薄

いところで0.5m、厚いところでは4.4mほどに達し、その下部の松杭は長さ約3.5m）からすれば、本件土地に中高層建物を建築するには、本件埋設物を除去しなければ、基礎工事ができない状態にあると認められ、かつ、本件埋設物の程度からすれば、その除去工事には相当多額の撤去費用を要し、その費用は通常の高層建物を建築するに際して要する基礎工事の費用よりも相当高額になるものと推定される。したがって、そのような地中埋設物が存在する本件土地は、高層建物が建築される可能性のある土地として通常有すべき性状を備えないものといえるから、本件埋設物は「瑕疵」に当たるといわなければならない。

❸　東京地判平成10年10月5日判夕1044号133頁［28060146］

原告は、自動車修理工場を建設する目的で本件売買契約を締結し、被告も、同目的を知っていたこと、コンクリート塊等の産業廃棄物は本件土地の地中に埋まっていてボーリング調査でも発見されず、杭工事や根伐工事等を中断して同廃棄物を除去せざるを得なかったことに照らせば、本件土地には隠れた瑕疵があったと認められる。

❹　東京地判平成10年11月26日判時1682号60頁［28042406］

本件各契約締結に際し、被告F及びKにおいて、原告が本件各土地上に中高層マンションを建築する予定であることを知悉していたとの事実を認めることができる。そして、原告は、本件各契約締結に先立ち、マンション建築計画に対する影響の有無等を調査するため、Tらを通じて、被告Fから資料図面等を借用して本件建物の基礎杭の位置等を確認したこと、ところが、本件各契約締結後、実際に本件建物の解体工事を進めるに従って、同図面等には一切記載されていない、多数のPC杭及び二重コンクリートの耐圧盤等の本件地中障害物が発見されたこと、本件各土地上に中高層マンションを建築しようとすれば、基礎工事を行うために本件地中障害物を撤去する必要があるところ、同撤去は通常の中高層マンション建築に要する費用とは別に金3000万円以上の費用がかかることの各事実を認めることができる。これらの諸事実に鑑みれば、本件地中障害物が存在する本件各土地は、中高層マンションが建築される予定の土地として通常有すべき性状を備えていないものと

いうべきであるから、本件地中障害物の存在は、本件各契約の目的物たる本件各土地の瑕疵に当たるといわざるを得ない。

❺　東京地判平成15年5月16日判時1849号59頁〔28091038〕

　本件土地は、宅地であり、原告は、一般木造住宅用の宅地として分譲販売することを目的として、本件土地を購入したものであり、被告はこれを認識していたものであるところ、産業廃棄物として監理・運搬・処分することを要するコンクリートがら、ガラス陶磁器くず、廃プラスチック類、金属くず等の地中埋設物が本件土地に点在していたことからすると、本件土地に一般木造住宅を建築し、浄化槽埋設工事を行うに当たっては、本件地中埋設物が存在しなければ本来必要のない地盤調査、地中埋設分の除去及びこれに伴う地盤改良工事等を行う必要があり、かかる調査・工事等を行うために相当額の費用の支出が必要となるものと認められるから、本件土地は、一般木造住宅を建築する土地として通常有すべき性状を備えていないものと認めるのが相当であり、前記認定の本件地中埋設物の存在は、本件売買における目的物の「瑕疵」に当たると認められる。

❻　東京地判平成16年6月16日平成14年㈠6620号公刊物未登載〔28264368〕

　本件土地は、地上に建物を建築すべき更地として売買されたものであるから、地中に旧建物の建築廃材と思われる大量のコンクリート塊及び基礎杭（長さ約10mのもので42本）が存在すれば、地上に建物を建築する支障となることは明らかであり、その埋設量、分布状況に照らせば、建物建設に際しては相当規模の除去工事等を行わざるを得ないものと認められるから、本件土地には隠れた瑕疵が存したものというべきである。

❼　東京地判平成16年10月28日判時1897号22頁〔28101635〕

　本件売買契約締結時において、本件土地には中央部を横切る形で被告と甲野二郎の共有共用の本件排水管が埋設され、隣地である甲野二郎の所有地にまたがる形で共有共用の本件浄化槽が埋設されていたこと、本件排水管等は地中に埋設されていたことから地表面からそれらの存在を認識することはできず本件不動産についての重要事項説明書等には本件排水管等が共有共用であることは記載されておらず、Ｔリハウスからもその旨の説明がなかったこ

とから、原告は本件排水管等が共有共用であることは知らなかったこと、甲野二郎は本件排水管等の撤去に反対していたこと、その結果、原告は当初の予定どおりに本件建物を取り壊して本件土地を造成して分譲することができなくなったことが認められ、これらの事実を総合すると、本件排水管等の存在は、本条にいう隠れた瑕疵に当たる。

❽ 札幌地判平成17年4月22日判タ1203号189頁［28110879］

　本件土地のような宅地の売買において、地中に土以外の異物が存在する場合一般が、直ちに土地の「瑕疵」を構成するものでないことはいうまでもない。しかし、その土地上に建物を建築するに当たり支障となる質・量の異物が地中に存在するために、その土地の外見から通常予想され得る地盤の整備・改良の程度を超える特別の異物除去工事等を必要とする場合には、宅地として通常有すべき性状を備えないものとして土地の「瑕疵」になるというべきである。本件の場合、本件埋設物①（ガソリンスタンド設置時に設置された高さ2ｍの防火塀の地中部分でコンクリート製）、②（ガソリンスタンド設置後に改めて設置された約3.5mの防火塀の地中部分で鉄筋コンクリート製）、③（本件埋設物②を支えるための基礎部分）、④（ガソリンスタンド設置時に設置された高さ2ｍの防火塀の地中部分）については、本件設置工事の際、撤去すべきものであったと認めることができる以上、本件土地の「瑕疵」に当たるというべきである。そして、本件埋設物⑤、⑥（ガソリンスタンド設置時に設置したガソリンタンクのベース等）を検討してみるに、本件土地は、北側に幅員50mの札幌新道に接しているものの、本件転売契約締結当時、建築基準法上、建築面積の制限として建ぺい率80％、延べ床面積の制限として容積率200％であって、客観的に高層建物を建築することが十分に予想される土地とは言い難い。被告は、本件売買契約において、当初、本件土地について、宅地として売りに出しており、本件転売契約により本件土地を取得したＡは、本件土地上に一般建売住宅を建築して分譲販売をした。以上によれば、本件土地は、一般住宅を建築する予定の土地とみるべきであり、そうであれば、本件埋設物⑤、⑥が存在することは、本件土地の利用に障害となることはないというべきである。そうすると、本件埋設物⑤、⑥は、

その土地上に建物を建築するに当たり支障となる質・量の異物とは言い難く、「瑕疵」とは認められない。

❾　東京地判平成19年7月23日判時1995号91頁［28140739］

　本件土地内の調査地点とした場所のすべてにおいて埋設廃棄物の存在を確認することができ、その内容は、木くず6割、廃プラスチック・ビニール1割、残土1割と認められた。また、本件廃棄物の埋設深度はGL10.3mから13.1mに及んでいることが確認できた。そうすると、本件土地は、本件廃棄物の存在によりその使途が限定され、通常の土地取引の対象とすることも困難となることが明らかであり、土地としての通常有すべき一般的質を備えないものというべきであるから、本件廃棄物の存在は本件土地の瑕疵に当たるものと認めるのが相当である。

❿　東京地判平成20年7月8日判夕1292号192頁［28141734］

　大量の廃棄物が存在する土地上に、これらの埋設物をそのままにして建物を建築することができないことは明らかであるから、本件埋設物は建物建築の基礎工事の支障になるというべきである。そして、除去しなければならない埋設物が存在する場合には、同埋設物の存在は瑕疵に当たる。地中の埋設物が建物建築の基礎工事に支障を生じさせるか否かを判断するに当たっては、既に建築済みの建物のみを考慮するのではなく、将来建築される可能性のある建物をも考慮するのが相当であるところ、本件土地の所有者である原告は、将来、本件土地のいずれかの地点においても建物を建築することが可能なのであるから、本件土地中に存在する埋設物は、いずれの地点に存在するものであっても、建物建築の基礎工事に支障を生じさせるものというべきである。本件土地の所有者である原告としては、いったん建築した建物の一部又は全部を取り壊して新たな建物を建築することも可能なのであるから、本件土地の建ぺい率及び容積率によって制限される平面的範囲内に存在する埋設物だけでなく、本件土地のすべての平面的範囲内に存在する埋設物が、本件土地の瑕疵に該当し得ると解するのが相当である。

⓫　東京地判平成21年2月6日判夕1312号274頁［28160296］

　本件土地は、原告と被告との間で、宅地として売買されたものであるとこ

ろ、本件土地に、鉄筋コンクリート製の井戸蓋と、直径1.35m、深さ約6.6mの井戸孔からなる本件井戸が存在したことが認められる。本件井戸の位置及び大きさに照らすと、本件土地の買主が本件土地を宅地として利用するためには、本件井戸を撤去し、これに伴う地盤改良工事等を行う必要があるものと認められるから、本件土地は、宅地として通常有すべき性状を備えていないものと認めるのが相当である。したがって、本件井戸の存在は本件土地の瑕疵といえる。

❶❷ 東京地判平成21年６月15日平成20年(ワ)5229号公刊物未登載〔28264366〕

「瑕疵」とは、取引通念上、目的物が保有すべきと期待される品質・性能を欠いていること、又は、当事者らが契約上予定していた品質・性能を欠いていることをいうところ、① 本件埋設物は、下水道管の最終桝及びこれらの最終桝と下水道本管とを接続する下水道管、並びに、上水道メーター及びこれらのメーターから下水道本管とを接続する上水道一次管であり、いずれも本件各土地の外周部に位置していること、② Aが、原告から本件新築工事の発注を受けるに当たり提出した見積書においても、残置されていた上水道メーター９か所のうち７か所の除去費用が計上されていること、③ 残置された９か所の上水道メーターには28件分の水道加入権が付着しており、原告は、本件マンションにつき必要とされる水道加入権79件から前記28件を差し引いた51件分の水道加入料金を支払えば足りたこと、④ Aは、本件新築工事の施工に当たり、残置されていた下水道管12か所のうち８か所については再利用していること、⑤ 残る４か所の下水道管が再利用できなくなったのは、新築マンションとの現場調整が付かなかったことが一因となっていることなどに照らすと、本件埋設物が存在することが、取引通念上、本件各土地に期待される品質・性能を欠いていたということはできない。⑥ 本件売買契約に当たり、原告及び被告に交付された重要事項説明書の中に、本件埋設物の詳細が記載された図面が含まれていること、⑦ Aが、本件各土地の引渡しがなされるに先立ち、これらの図面を確認していること、⑧ 引渡しがなされた時点で、本件各土地には、前記①〜④が存在しており、いずれも容易に目視できる状態にあったにもかかわらず、原告側の担当者は、そのう

ち③、④についてのみ除去が未了であるとの指摘をしていることなどに照らすと、本件埋設物が存在することが、当事者らが契約上予定していた品質・性能を欠いていたということもできない。

❸　福岡地小倉支判平成21年7月14日判タ1322号188頁〔28161720〕
　瑕疵の有無は、売買契約において目的物の用途がどのようなものと想定されているかという点と、売買代金額その他の売買契約の内容に目的物の性状（品質）がどのように反映されているかという点とに照らして判断されるべきものであるということができる。そして、中高層建物の建築用地の売買においては、通常一般人が合理的に選択する工法によっては中高層建物を建築できない程の異物が地中に存在する場合には、価格を含めた売買契約の内容がそのような事態を反映したものとなっていないときは、土地の瑕疵が存するというべきである。本件売買契約上、本件土地の用途については何ら限定されていないが、本件土地は小倉駅北口の東側に位置する平坦な市街地であり、近隣には8階以上の中高層建物が多数建築されていること、本件土地の面積は512.37m^{2}であること、本件土地の建ぺい率は80％、容積率は400％とされていることなどに照らすと、取引通念上、本件土地は、中高層建物が建築されることが客観的に十分予想される土地であるということができる。取引通念上、本件土地上に中高層建物が建築されることは客観的に十分予想されるから、本件土地が中高層建物建築の用途に用いられ得ることを前提として瑕疵の有無を検討すべきである。とりわけ、本件のように売買の目的物が土地である場合は、当初の買主の使用目的が例えば露天の駐車場のように地中埋設物が利用の障害とならないものであったとしても、これを転売することは当然想定されるのであるから、取引通念上予想される用途に耐えるものでないと資産価値を損なうことになる。その意味からも、買主の明示の意思表示があるなど特段の事情のない限り、取引通念上予想される用途を前提に考えるべきである。次に、本件売買契約の売買代金額は、固定資産評価額に照らして不相当な価格ではなく、近隣の土地に比して特段高額又は低額であることを認めるに足る証拠もない。そして、本件売買契約において、中高層建物を建築するために通常一般人が合理的に選択する工法よりもコストの

かかる工法が必要であること又はその可能性があることが売買代金額その他の契約内容に反映されているとは認められない。したがって、中高層建物を建築するために通常一般人が合理的に選択する工法よりもコストのかかる工法が必要であったときは、本件土地には瑕疵が存するというべきである。本件土地の売買代金額が1億円を超すものであること及び本件売買契約が一般競争入札の方法により締結されていることに照らすと、ここでいう通常一般人としては合理的経済人を想定すべきである。そして、前記認定の建築工事における各工法の特徴や工費、本件土地近隣における建築工事で実際に用いられた工法及び各証拠に照らすと、原告が当初予定したアースドリル拡底工法及びシートパイル工法は、通常一般人（合理的経済人）にとって合理的なものであったと認められ、あえて高額の費用を要する全周回転式オールケーシング工法及び親杭スーパーロック工法を選択することが通常一般人（合理的経済人）にとって合理的なものであったとは認められない。そうすると、原告は、中高層建物の建築用地であると取引通念上認められる本件土地の売買において、中高層建物を建築するために通常一般人が合理的に選択する工法よりもコストのかかる工法が必要であること又はその可能性があることが売買代金額その他の売買契約の内容に反映されていないのに、売買代金額の17％余りに上る費用を増額して別の工法を選択することを余儀なくされたのであるから、本件土地には瑕疵があったといわざるを得ない。

❶ さいたま地判平成22年7月23日裁判所ウェブサイト［28171585］

原告は居住目的で本件各契約（被告から土地を購入する売買契約及び被告に同土地上に建物を建築させる請負契約）を締結したものであるところ、本件各土地に埋設されている廃棄物が原告の健康に被害を与えたり本件各建物の安全性に影響を与えたりするものではなく、したがって、本件各土地及び本件各建物において日常生活を送る上で格別の支障があるとは認められないが、本件各土地の表層から地山に至るまでの間に、コンクリートガラ、鉄筋コンクリート片、がれき、アスファルト廃材、ビニールくず、紙くず、鉄くず、針金、木片、木くず、ゴム片等の種々の建築系廃棄物が埋設されていたという嫌悪すべき事情があり、これに加えて、将来増改築する場合、本件各

建物の建築の際のように、地盤改良工事あるいは廃棄物の撤去のために費用を要することも予想されることからすると、本件各土地は、通常有すべき性質を欠いているというべきであり、この意味において瑕疵があるということができる。

❶ 山口地下関支判平成24年1月31日判例地方自治360号74頁〔28182324〕

本件売買契約の目的が新病院の建築用地とするためのものであり、契約当事者双方もこれを前提として本件売買契約を締結したものであることからすれば、契約書に定める売主の義務である「建物、工作物(物件)の撤去消滅」とは、本件土地の引渡しに当たり、新病院建設の支障となることが予想される物件を売主の費用と責任において撤去することを定めたものと解するのが相当である。大規模な病院の建物を建築する場合には、基礎工事や地下部分の工事などのため、敷地の地中についても相当程度の深さまで掘削して所要の工事をする必要があり、前記に定める撤去消滅すべき物件は、地上にあるか地中にあるかを問わず、病院建物の建設に支障を生じさせる物件を含むものというべきである。本件売買契約の前記目的や本件契約書の定め等に照らせば、本件土地の原告への引渡しは、これが大規模病院建物を建築するのに適する状態でされることが前提とされていたものと解され、その引渡時点において、原告が、本件土地の地下に病院建設の支障となるような建物の基礎や杭などの地中埋設物が存在しないと認識していたとしてもやむを得ないところであるから、地中埋設物の存在は、本条所定の隠れた瑕疵に該当する。

[解説]

前掲裁判例のうち、判決❸〜❽、⓫〜⓯が、当該売買契約においてどのような性質を持つべきものと合意されたかを前提とした上、目的物にその性質が欠けているかどうかを判断しており、購入した土地に埋設物が存在したことが瑕疵に当たるか否かに関する裁判例の大半も、瑕疵概念につき主観的瑕疵概念を採用していると考えられる。そして、前掲裁判例の傾向としては、単に購入した土地に埋設物が存在しただけでは瑕疵には当たらないが、① 当該土地上にある程度の規模の建物を建築することが予定されており(判決❶〜❻、❿、⓭〜⓯)、② 当該埋設物の質や量がその建築に支障を及

ぼす（又は及ぼす可能性がある）場合に瑕疵があると判断されている（判決❶～❻、❿、⓫、⓭～⓯）。また、前掲裁判例の中には、当該埋設物の質や量がその建築に支障を及ぼすかどうかの判断に際し、①で予定されていた建物だけでなく将来当該土地上に建築されるであろう建物の建築に支障を及ぼす場合にも瑕疵があると認めているものもある（判決❽、❿、⓮）。したがって、地中埋設物の存在が瑕疵に当たるか否かについては、まず売買契約の目的物である土地が当該売買契約においてどのような性質を持つべきものと合意されたかが重要となる。そして、その合意内容においては、当該土地上に建物を建築することが予定されていたか否か、どのような建物の建築が予定されていたかがポイントとなる。

　なお、潮見佳男『契約責任の体系』有斐閣（2000年）343頁、382頁は、不動産の物質的瑕疵に関する裁判例を分析し、主観的瑕疵概念と客観的瑕疵概念を二律背反的なものとされておらず、瑕疵の具体的判定方法としては、まず当該契約の目的に導かれて、売買目的物の属するカテゴリーを決定し、何をどのような売買「対象」として把握したかを確定し、次に、売買の対象としてカテゴライズされた目的物につき、社会生活において通常又は特別の品質・性能を有するかを確定するという、二段階の判断構造を採っているが、動産の物質的瑕疵の場合とは異なり、瑕疵の判断に当たっては、どちらかといえば、第二段階、しかも、物理的形状を重視して瑕疵を客観的に確定するという面が、判断の中核を占めているようにみえるものの、これをもって、契約との関連を離れて客観的瑕疵概念が採用されているというわけではないとしている。

　また、秋山靖浩「不動産の取引(5)売主の担保責任における『瑕疵』の判断をめぐって」法学セミナー657号（2009年）76頁は、「売買の対象とされた不動産に瑕疵があるかどうかは、不動産一般を念頭に置いて、その性質から客観的に判断されているわけではない。むしろ、判断の最初の段階では、契約において不動産がどのような物として売買の対象とされたのか、つまり、当該契約の目的が重視されている。具体的には、当該契約において、当該不動産が不動産の中でもどのようなカテゴリーに属するものとして契約当事者に

把握されたのか、ということが基準とされている。以上の判断の仕方は、当該契約において当事者が合意した品質・性能を基準として瑕疵の有無を判断する、主観的瑕疵概念に親しむ。このようにして当該契約不動産の属するカテゴリーが決まると、次は、当該カテゴリーの不動産として通常有すべき性質・性能とは何かが探求される。そして、当該不動産が、そのようにして確定された性質・性能を備えていれば瑕疵はないが、そのような性質・性能を欠いていれば瑕疵がある物と判断されている。この段階では、当該カテゴリーの不動産の性質・性能をどちらかといえば客観的に確定しようとしている。その意味では、客観的瑕疵概念に通じるところであるが、瑕疵の有無が純粋な意味で客観的に判断されているわけではない。こうしてみると二段階の判断において客観的瑕疵概念と主観的瑕疵概念が組み合わされているとみるべきであるが、判断のプロセス全体としては、契約の目的ないし内容と関連づけながら瑕疵の有無が判断されている（その点では主観的瑕疵概念の方が基底にあるといえよう）」としている。

(2) **土壌汚染やいわゆるシックハウスが土地や建物の瑕疵といえるか**

　裁判例

❶　東京地判平成17年12月5日判夕1219号266頁［28110351］

　被告は、本件建物を含むマンションの分譲に当たり、環境物質対策基準であるJASのFc0基準及びJISのE0・E1基準を充足するフローリング材等を使用した物件である旨を本件チラシ等にうたって申込みの誘引をなし、原告らがこのような本件チラシ等を検討の上被告に対して本件建物の購入を申し込んだ結果、本件売買契約が成立したのである。そうである以上、本件売買契約においては、本件建物の備えるべき品質として、本件建物自体が環境物質対策基準に適合していること、すなわち、ホルムアルデヒドをはじめとする環境物質の放散につき、少なくとも契約当時行政レベルで行われていた各種取組において推奨されていたというべき水準の室内濃度に抑制されたものであることが前提とされていたものとみることが、両当事者の合理的な意思に合致するものというべきである。本件売買契約当時までの住宅室内のホルムアルデヒド濃度に関する一連の立法、行政における各種取組の状況を

踏まえると、当時行政レベルで行われていた各種取組においては、住宅室内におけるホルムアルデヒド濃度を少なくとも厚生省指針値の水準に抑制すべきものとすることが推奨されていたものと認めるのが相当である。そして、本件においては、原告らに対する引渡し当時における本件建物の室内空気に含有されたホルムアルデヒドの濃度は、$100\mu g/m^3$（$0.1mg/m^3$）を相当程度超える水準にあったものと推認されることから、本件建物にはその品質につき当事者が前提としていた水準に到達していないという瑕疵が存在するものと認められるとしたもの

❷ 東京地判平成22年5月27日判夕1340号177頁［28170565］

本件マンションの建築当時（平成8年9月30日着工、平成9年1月15日売買、平成10年3月25日完成、同月27日居住）、建築材料などから放出されるホルムアルデヒドの有害性が指摘されていたが、当時のJIS規格E2相当のパーティクルボードはごく一般に使用されていたこと、旧厚生省が室内のホルムアルデヒドの指針値を定めたのが平成12年6月30日であること、被告が本件マンションの完成直後に本件住戸以外の6戸をサンプル調査した結果、前記指針値をわずかに上回る程度であり、本件マンションには、原告以外に住戸から放出されるホルムアルデヒドによる化学物質過敏症を訴える者がないことなどの諸事情によれば、床材にE2相当のパーティクルボードを使用することが法令上禁止されていなかったのみならず、E2相当のパーティクルボードを含む床材を用いたことが本件マンションの瑕疵には当たらないとしたもの

❸ 最判平成22年6月1日民集64巻4号953頁［28161473］

売買契約の当事者間において目的物がどのような品質・性能を有することが予定されていたかについては、売買契約締結当時の取引観念を斟酌して判断すべきところ、本件売買契約締結当時、取引観念上、ふっ素が土壌に含まれることに起因して人の健康に係る被害を生ずるおそれがあるとは認識されておらず、原告の担当者もそのような認識を有していなかったのであり、ふっ素が、それが土壌に含まれることに起因して人の健康に係る被害を生ずるおそれがあるなどの有害物質として、法令に基づく規制の対象となったのは、

本件売買契約締結後であったというのである。そして、本件売買契約の当事者間において、本件土地が備えるべき属性として、その土壌に、ふっ素が含まれていないことや、本件売買契約締結当時に有害性が認識されていたか否かにかかわらず、人の健康に係る被害を生ずるおそれのある一切の物質が含まれていないことが、特に予定されていたとみるべき事情もうかがわれない。そうすると、本件売買契約締結当時の取引観念上、それが土壌に含まれることに起因して人の健康に係る被害を生ずるおそれがあるとは認識されていなかったふっ素について、本件売買契約の当事者間において、それが人の健康を損なう限度を超えて本件土地の土壌に含まれていないことが予定されていたものとみることはできず、本件土地の土壌に溶出量基準値及び含有量基準値のいずれをも超えるふっ素が含まれていたとしても、そのことは、本条にいう瑕疵には当たらないというべきである。

❹ 東京地判平成23年1月20日判夕1365号138頁［28173460］

本条の「瑕疵」とは、取引において一般的に要求される水準を基準として、その種類のものとして通常有すべき性質を欠いていること及びある品質・性能を有することが特別に予定されていた品質・性能を欠いていることをいう。本件売買契約締結時において、法令等において六価クロム化合物及び鉛が特定有害物質であること及びその指定基準が定められており、指定基準値を超えた六価クロム及び鉛が本件土地に含まれていた以上、それに起因して人の健康に係る被害を生ずるおそれがあることは明らかであるから、その種類のものとして通常有すべき性質を欠いているということができる。

❺ 東京地判平成23年1月27日判夕1365号124頁［28173335］

油分が存在したとしても、そのままの状態である限り、法令には違反しないが、本件土地から建設発生土が生じた場合、そこに油が含まれていれば、それは産業廃棄物に該当する可能性があり、処分場で埋立処分をする場合には、法令上、検液1ℓにつき油分が15mg以下であること及び投入処分時に視認できる油膜が生じないことが必要となる。そして、土地売買契約の買主は土地上に建物等を建築することを目的とすることが多いから、特段の事情がない限り、買主における建設発生土の処理が通常予定されているとみるべ

きであること、本件売買契約において本件土地の予定使用用途は工場アパート用地であったこと、本件売買契約においては、鉱物油につき、「油が視認されず、又は油の臭気が感じられないこと」を満たすことが必要とされていることからすれば、本件売買契約においては、当該特別区の指導基準（土壌について、「油が視認されず又は油の臭気が感じられないこと」）をもって瑕疵の判断基準とする旨を合意していたものと認めるのが相当である。そして、本件土地に前記指導基準を上回る油分が本件売買契約締結時に存在したことは明らかであるので、本件土地には瑕疵があるというべきである。

解説

土壌汚染とシックハウスは、いずれも売買契約後の法規制や科学的知見等が瑕疵の有無の検討に際し、斟酌されるかが問題となる点で共通点がある。判決❶、❸、❺が、当該売買契約においてどのような性質を持つべきものと合意されたかを前提としたうえ、目的物にその性質が欠けているかどうかを判断しており、土壌汚染やシックハウスが瑕疵に当たるか否かに関する裁判例においても、前記(1)の解説において、潮見、秋山のいう二段階の判断構造が採られていると認められる。そして、売買契約の目的物がどのような品質・性能を有することが予定されていたかの検討に際して、判決❶〜❺のいずれもが、売買契約締結時の取引観念を斟酌して判断しており、第一段階である売買契約の当事者間において目的物がどのような品質・性能を有することが予定されていたかの検討に際して重要なポイントは、売買契約後の法規制や科学的知見等を斟酌することはできないという点である。

(3) 建物の利用状況や周辺の環境が建物又は土地の瑕疵といえるか

裁判例

❶ 横浜地判平成元年9月7日判タ729号174頁［27806745］

売買の目的物に瑕疵があるというのは、その物が通常保有する性質を欠いていることをいうのであって、目的物が建物である場合、建物として通常有すべき設備を有しない等の物理物欠陥としての瑕疵のほか、建物は、継続的に生活する場であるから、建物にまつわる嫌悪すべき歴史的背景等に原因する心理的欠陥も瑕疵と解することができ、それが通常一般人において、買主

の立場に置かれた場合、当該事由があれば、住み心地のよさを欠き、居住の用に適さないと感ずることに合理性があると判断される程度に至ったものであることを必要とする。原告らは、小学生の子供2名との4人家族で、永続的な居住の用に供するために本件建物を購入したものであって、この場合、本件建物に買受けの6年前に縊首自殺があり、しかも、その後もその家族が居住しているものであり、本件建物を、他のこれらの類歴のない建物と同様に買い受けるということは通常考えられないことであり、前記居住目的からみて、通常人においては、前記自殺の事情を知った上で買い受けたのであればともかく、子供も含めた家族で永続的な居住の用に供することは甚だ妥当性を欠くことは明らかであり、瑕疵担保による解除原因がある。

❷ 東京地判平成7年5月31日判タ910号170頁 [28010171]

売買の目的物に瑕疵があるというのは、その物が通常保有する性質を欠いていることをいうのであり、目的物にまつわる嫌悪すべき歴史的背景に起因する心理的欠陥がある場合も含むと解されるところ、① 本件建物は、山間農村地に位置する一戸建住宅であり、その建物に付属する物置内で自殺行為がなされ、その結果死亡した場合、そのようないわくつきの建物を、通常の建物と同様に買い受けることは、通常人では考えられないことであり、原告も同様と認められること、② 原告が購入後、月に1、2度本件建物に泊まったものの、泊まった当時自殺の事実を知らなかったのであるから、泊まったことから隠れたる瑕疵の存在を否定することはできないこと、③ 売買契約は、自殺後約6年11月経過後になされたという点については、自殺という重大な歴史的背景、本件土地、建物の所在場所が山間農村地であることに照らすと、問題とすべきほど長期ではないことから、本件土地上に存在し、本件建物に付属する物置内で自殺行為がなされたことは、売買の目的物にまつわる嫌悪すべき歴史的背景に起因する心理的欠陥といえる。

❸ 東京地判平成7年8月29日判タ926号200頁 [28010386]

小規模店舗、事業所、低層共同住宅等が点在する地域に所在する本件土地の交差点を隔てた対角線の位置に東京都公安委員会から暴力団員による不当な行為の防止等に関する法律により指定を受けた本件暴力団事務所が存在す

ることが、本件土地の宅地としての用途に支障を来し、その価値を減ずるであろうことは、社会通念に照らし容易に推測されるところ、当裁判所の鑑定の結果によっても、本件暴力団事務所の存在そのものが、本件土地の価値を相当程度減じていることは明らかである。そうであるとすれば、本件暴力団事務所と交差点を隔てた対角線の位置に所在する本件土地は、宅地として、通常保有すべき品質・性能を欠いているものといわざるを得ず、本件暴力団事務所の存在は、本件土地の瑕疵に当たるというべきである。

❹ 東京地判平成9年7月7日判夕946号282頁 [28021325]

本条にいう瑕疵とは、客観的に目的物が通常有すべき設備を有しない等の物理的欠陥が存する場合のみならず、目的物の通常の用途に照らしその使用の際に心理的に十全な使用を妨げられるという欠陥、すなわち心理的欠陥も含むものであるところ、建物は継続的に生活する場であるから、その居住環境として通常人にとって平穏な生活を乱すべき環境が売買契約時において当該目的物に一時的ではない属性として備わっている場合には、本条にいう瑕疵に当たるものというべきである。本件マンションは、暴力団員である訴外丁が新築当時から敷地と等価交換により居住し始め、同人所属の暴力団組員を多数出入りさせ、さらに夏には深夜にわたり大騒ぎし、管理費用を長期間にわたって滞納する等、通常人にとって明らかに住み心地のよさを欠く状態に至っているものと認められ、前記状態は、管理組合の努力によっても現在までに解消されていないことに加え、本件売買契約締結前の経緯に照らし、前記事情はもはや一時的な状態とはいえないから、本件事情は本件不動産の瑕疵であると認められる。

❺ 大阪地判平成11年2月18日判夕1003号218頁 [28041710]

継続的に生活する場所である建物内において、首吊り自殺があったという事実は本条が規定する物の瑕疵に該当する余地があると考えられるが、本件においては、本件土地について、かつてその上に存していた本件建物内で（本件建物の購入から約2年前の）平成8年に首吊り自殺があったということであり、嫌悪すべき心理的欠陥の対象は具体的な建物の中の一部の空間という特定を離れて、もはや特定できない一空間内におけるものに変容してい

ることや、土地にまつわる歴史的背景に原因する心理的な欠陥は少なくないことが想定されるのであるから、その嫌悪の度合いは特に縁起をかついだり、因縁を気にするなど特定の者はともかく、通常一般人が本件土地上に新たに建築された建物を居住の用に適さないと感じることが合理的であると判断される程度には至っておらず、原告が本件土地の買主となった場合においておよそ転売が不能であると判断することについて合理性があるとはいえない。したがって、本件建物内において、平成8年に首吊り自殺があったという事実は、本件売買契約において、隠れた瑕疵には該当しないとするのが相当である。

❻　大阪高判平成18年12月19日判タ1246号203頁［28131914］

売買の目的物に本条の瑕疵があるというのは、その目的物が通常保有する性質を欠いていることをいい、目的物に物理的欠陥がある場合だけではなく、目的物にまつわる嫌悪すべき歴史的背景に起因する心理的欠陥がある場合も含まれるものと解するのが相当である。そして、売買の目的物が不動産のような場合、前記後者の場合の事由をもって瑕疵といい得るためには、単に買主において同事由の存する不動産への居住を好まないだけでは足らず、それが通常一般人において、買主の立場に置かれた場合、前記事由があれば、住み心地のよさを欠き、居住の用に適さないと感じることに合理性があると判断される程度に至ったものであることを必要とすると解すべきである。
① 原告は被告から、本件土地を等面積に分け各部分に1棟ずつ合計2棟の建売住宅を建設して販売する目的でこれを買い受けたものであるが、本件土地のうちのほぼ3分の1強の面積に匹敵する土地上にかつて存在していた本件建物内で、殺人事件があったというのであり、売買当時本件建物は取り壊されていて、嫌悪すべき心理的欠陥の対象は具体的な建物の中の一部の空間という特定を離れて、もはや特定できない一空間内におけるものに変容していたとはいえるものの、この事件は、女性が胸を刺されて殺害されるというもので、病死、事故死、自殺に比べても残虐性が大きく、通常一般人の嫌悪の度合いも相当大きいと考えられること、② 殺人事件があったことは新聞にも報道されており、売買から約8年以上前に発生したものとはいえ、その

事件の性質からしても、本件土地付近に多数存在する住宅等の住民の記憶に少なからず残っているものと推測されるし、現に、本件土地の購入をいったん決めた者が、本件土地の近所の人から、本件土地上の本件建物内で以前殺人事件があったことを聞き及び、気持ち悪がって、その購入を見送っていることなどの事情に照らせば、売買の目的物である本件土地には、同土地上に新たに建物を建築しようとする者や同土地上に新たに建築された建物を購入しようとする者が、その建物を、住み心地がよくなく、居住の用に適さないと感じることに合理性があると認められる程度の、嫌悪すべき心理的欠陥がなお存在するものというべきであり、本件土地には隠れた瑕疵がある。

❼　福岡高判平成23年3月8日判タ1365号119頁［28174924］

売買の目的物に本条にいう瑕疵があるというのは、その目的物が通常有すべき性質を欠いていることをいうのであり、その目的物が建物である場合には、建物として通常有すべき設備を有しないなど物理的な欠陥があるときのほか、建物を買った者がこれを使用することにより通常人として耐え難い程度の心理的負担を負うべき事情があり、これがその建物の財産的価値（取引価格）を減少させるときも、当該建物の価値と代金額とが対価的均衡を欠いていることから、本条にいう瑕疵があるものと解するのが相当である。本件居室が前入居者によって相当長期間にわたり性風俗特殊営業に使用されていたことは、本件居室を買った者がこれを使用することにより通常人として耐え難い程度の心理的負担を負うというべき事情に当たる（現に、原告の妻はこの事実を知ったことから心因反応となり、長期間にわたり心療内科の治療を受けたほか、原告及びその妻はいまだに本件居室がけがれているとの感覚を抱いている）。そして、住居としてマンションの一室を購入する一般人のうちには、このような物件を好んで購入しようとはしない者が少なからず存在するものと考えられるから、本件居室が前入居者によって相当長期間にわたり性風俗特殊営業に使用されていたことは、そのような事実がない場合に比して本件居室の売買代金を下落させる（財産の価値を減少させる）事情というべきである。したがって、本件居室が前入居者によって相当長期間にわたり性風俗特殊営業に使用されていたことは、本条にいう瑕疵に当たるとい

うべきである。

> 解説

　建物の利用状況や周辺の環境は、売買目的物である建物又は土地そのものの物質的瑕疵とは言い難い点で共通点があり、潮見佳男『契約責任の体系』有斐閣（2000年）347頁及び秋山靖浩「不動産の取引(5)売主の担保責任における『瑕疵』の判断をめぐって」法学セミナー657号（2009年）76頁は、このような瑕疵を「環境瑕疵」と整理している。本項で整理した各裁判例は、地中埋設物（前記(1)）や土壌汚染等（前記(2)）が問題となった裁判例とは異なり、いずれも、当該売買契約においてどのような性質を持つべきものと合意されたかどうかの検討を経ずに、その目的物が通常有すべき性質がどのようなものかを前提とした上、目的物にその性質が欠けているかどうかを判断しており、客観的瑕疵概念を採用していると考えられる。これは、問題となる建物の利用状況及び周辺の環境は、当該建物で自殺、殺人が行われた、近隣に暴力団組員が居住していたり暴力団事務所が存在していた、建物の居室が性風俗特殊営業に利用されていたというものであり、当該売買契約において、当事者が通常「そのような状況で利用されていないこと」と明示的に合意することが想定し難いためであると思われる。もっとも、当該目的物が通常有すべき性質の判定に際して、判決❶では、当該建物の具体的な使用目的、自殺から当該売買契約までの期間が、判決❷では、当該建物の所在場所、自殺から当該売買契約までの期間が、判決❸では、周辺の地域の状況や当該土地と暴力団事務所との位置関係が、判決❹では、同一マンションに居住する暴力団組員の具体的な居住状況が、判決❺では、自殺から当該売買契約までの期間が、判決❻では、殺人が行われた建物が売買の目的物である土地に占める面積、殺人の態様、当該殺人事件が新聞報道されたこと、本件売買契約の買主から本件土地の購入を決めた顧客が殺人事件を理由に購入を取り止めたことが、判決❼では、相当長期間にわたり性風俗特殊営業に使用されていたこと、当該事情を知った原告の妻が心因反応となったことが、検討されている。したがって、建物の利用状況や周辺の環境が建物又は土地の瑕疵といえるかの検討に際しては、前者については、当該建物の従前の利用状況の具

体的態様、その期間、その事実の社会的認知の程度、その事実があってから売買契約までの期間、その事実が建物又は土地の購入者に与える影響の検討が、後者については、当該問題施設の具体的な利用状況、当該問題施設が周辺地域に与える影響、当該問題施設から当該建物又は当該土地までの距離、周辺地域の状況等の検討が、必要となる。

なお、潮見・前掲358頁は、「当該不動産において自殺・殺人が行われたという心理的観点からの目的物の欠点の場合には、快適な生活空間の確保なり生活利益の保持といったものがどこまで「物」の瑕疵に取り込まれるかという点が、この類型に独自の特徴を形成している。事柄の性質上、心理的要素・人格的利益の側面が一定のウエイトを有することから、当該生活上の利益が法的保護の対象となるためには合理人の感覚（通常一般人において、買主の地位に置かれた場合、問題の事由があれば、居住の用に適さないと感ずることに合理性があると判断される程度に至っているか否か）を基準として判定すべきであり、当該具体的買主の個人的な「感情利益」の侵害だけでは直ちに「瑕疵」となるわけではないとの命題が提示されている。もっとも、こうした合理人の基準を採用しながらも、かつて単なる「感情利益」にすぎないとされていたものが、時代の変化とともに法的保護に値する利益へと取り込まれてくるという場合が現れている」としている。

また、秋山・前掲77頁は、環境瑕疵が瑕疵に当たるかどうかの判断の特徴について、「第一に、物的瑕疵の場合と同様の二段階の判断構造が採られており、第二に、当該不動産が当該カテゴリーの不動産として通常有すべき性質・性能を有しているかどうかを断定する際に、「通常人」の感覚が基準とされている。すなわち、環境瑕疵においては、過去の自殺、暴力団員の存在などにより、買主の人格的・心理的な利益が侵害されているといえるが、そのような利益の中には、単なる感情的なものや、ごく一部の人間のみが侵害を感じるものなど、法的保護に値しないものが含まれている。そこで、「通常人」基準からの判断を加えることで、そのような利益の中から、瑕疵担保責任の制度による救済に値するものを選び出しているといえる」としている。

（吉岡茂之）

(買主の代金減額請求権)　　　　　　　　　　　　　　　【改正法】

第563条　前条第1項本文に規定する場合において、買主が相当の期間を定めて履行の追完の催告をし、その期間内に履行の追完がないときは、買主は、その不適合の程度に応じて代金の減額を請求することができる。

2　前項の規定にかかわらず、次に掲げる場合には、買主は、同項の催告をすることなく、直ちに代金の減額を請求することができる。
　一　履行の追完が不能であるとき。
　二　売主が履行の追完を拒絶する意思を明確に表示したとき。
　三　契約の性質又は当事者の意思表示により、特定の日時又は一定の期間内に履行をしなければ契約をした目的を達することができない場合において、売主が履行の追完をしないでその時期を経過したとき。
　四　前3号に掲げる場合のほか、買主が前項の催告をしても履行の追完を受ける見込みがないことが明らかであるとき。

3　第1項の不適合が買主の責めに帰すべき事由によるものであるときは、買主は、前2項の規定による代金の減額の請求をすることができない。

(権利の一部が他人に属する場合における売主の担保責任)　　【現行法】

第563条　売買の目的である権利の一部が他人に属することにより、売主がこれを買主に移転することができないときは、買主は、その不足する部分の割合に応じて代金の減額を請求することができる。

2　前項の場合において、残存する部分のみであれば買主がこれを買い受けなかったときは、善意の買主は、契約の解除をすることができる。

3　代金減額の請求又は契約の解除は、善意の買主が損害賠償の請求をすることを妨げない。

■■ 改正の趣旨

　平成29年改正前の民法では、買主の代金減額請求権に関する定めは、権利の一部移転不能（改正前の563条）や数量不足（同565条）の場合にしか規定されていなかった。しかし、引き渡された売買の目的物が契約に適合しない場合全般を通じ、その不適合の程度に見合った金額にまで代金を減額するように請求することを認めるのが簡易であり、かつ、公平の観点から合理的な対処方法であると考えられる。また、契約不適合につき売主の帰責事由がない場合には、買主は損害賠償請求をすることができないが（415条1項ただし書）、この場合にも代金減額請求を認めるのが公平である。

　そこで、本条は、契約不適合の場合を通じて、買主の救済手段の一つとして、その不適合の程度に応じて代金の減額を請求する権利（代金減額請求権）を新設したものである（以上につき、筒井＝村松・一問一答278頁）。

《条文・判例の位置付け》　要件・効果の変容

事実認定の対象等

■■ 意義

　本条は、562条1項に規定する場合、すなわち、引き渡された目的物が種類、品質又は数量に関して契約の内容に適合しないものであるときに、買主の救済手段としての代金減額請求権を規定するものである。この権利は、形成権である（筒井＝村松・一問一答279頁）。

　本条1項は、代金減額請求権の原則的な行使要件を定めるものである。催告が無意味であると考えられる一定の場合（本条2項）を除き、売主に対する履行の追完の催告と相当期間の経過を要するものであるとする。また、本条3項は、契約不適合が買主の責めに帰すべき事由によるものであるときは代金減額請求をすることができないとするものである。

　代金減額請求権が行使された場合、契約不適合の部分について、代金債務の減額と引換えに、引渡債務の内容も現実に引き渡された目的物の価額に応じて圧縮され、契約の内容に適合した物が引き渡されたものとみなされるこ

とになると考えられ、その意味では、代金減額請求権は、一部解除と類似する機能を果たす権利と解される（筒井＝村松・一問一答279頁）。そこで、本条は、代金減額請求権が認められるための要件について、催告による解除（541条本文）、催告によらない解除（542条）、債権者の責めに帰すべき事由による場合の解除権の障害事由（543条）に関する各定めとの平仄を図っている（潮見・改正法の概要262頁）。

■■ 法律要件及び法律効果等
1 法律要件
(1) 本条1項に基づいて、代金の減額を請求しようとする買主は、
① 売主と買主が売買契約を締結したこと
② 売主が買主に対して、①に基づき目的物を引き渡したこと
③ ②の目的物が種類、品質又は数量に関して①の契約の内容に適合しないこと
④ 買主が、売主に対して、相当の期間を定めて履行の追完の催告をしたこと
⑤ ④の催告から相当期間が経過したこと
⑥ ③の不適合の程度に応じた代金額
⑦ 買主が、売主に対し、代金の減額を請求したこと
を主張立証すべきである。

前記①～③は、562条1項本文に規定する場合であることが求められていることに基づく要件である。前記④、⑤、⑦は、本条1項に基づく代金減額請求権を契約の一部解除と位置付け、催告による解除（541条本文）と要件及び法的性質（形成権であること）と平仄を合わせたものである。

「契約不適合の程度に応じた代金額」（前記⑥）については、その不適合が数量に関するものであれば、その不適合の程度は数量をもって表すことができるから、減額すべき代金額を計算することは比較的たやすいものと考えられる。一方、その不適合が種類や品質に関するものである場合には、(i) 契約に適合する物品であれば有すべき価値と、引き渡された契約不適合の物品

の価値の「割合」に応じて代金を減額する方法と、(ⅱ)契約に適合する物品であれば有すべき価値と、引き渡された契約不適合の物品の価値の「差額」を契約代金から減額する方法とが考えられる（大江・要件事実(5)-1　300頁）。

前記⑥の算定基準時について、条文上は何ら定めがなく、契約時、履行期又は引渡し時のいずれの見解もあり得るが、買主による代金減額の請求は、ともかくも、現実に引き渡された物品を当該売買の目的物として受領する旨の買主の意思の表明でもあることから、引渡し時の価値を基準にするのが相当であると考えられる（潮見・改正法の概要262頁）。一方、契約時の価値を基準とすべきであるとする見解は、代金減額請求は実際に引き渡された目的物でも契約の内容に適合していたものと擬制してその差を代金額に反映させるという意味で契約の改訂を行うものであるとの理解に基づく（筒井＝村松・一問一答279頁）。

(2)　また、買主は、前記(1)④及び⑤に代えて、

④´　次のいずれかに該当すること
　(a)　履行の追完が不能であること
　(b)　売主が履行の追完を拒絶する意思を明確に表示したこと
　(c)　契約の性質又は当事者の意思表示により、特定の日時又は一定の期間内に履行しなければ契約をした目的を達することができない場合において、売主が履行しないでその時期を経過したこと
　(d)　(a)～(c)のほか、買主が催告をしても履行の追完を受ける見込みがないことが明らかであること

を主張立証することができる（本条2項）。

(3)　本条3項によって買主の代金減額請求権の発生が障害されるための法律要件は、

　前記(1)③の不適合が買主の責めに帰すべき事由によるものであること

である（「買主の責めに帰すべき事由」については、562条2項に関する説明部分を参照されたい）。

2　法律効果

(1)　本条１項所定の場合には、買主は、売主に対し、相当な期間を定めて履行の追完を催告した上、代金減額を請求することができる。さらに、本条２項各号に定める事由があるときは、前記催告をすることなく、代金減額を請求することができる。

(2)　本条３項所定の場合には、買主は、代金減額を請求することができない。

事実認定についての裁判例と解説

本条に関する事実認定が問題となった裁判例は見当たらない。

もっとも、本条は、平成29年改正前の民法の下では条文上規定されていなかった、種類や品質に関する契約不適合の場合にも代金減額請求権を認めるものであるが、これらの場合には「不適合の程度に応じた代金額」すなわち、減額すべき具体的な金額を、いつの時点を基準にして、どのように認定するかについて、前記のとおり解釈に委ねている。したがって、この点については、今後の裁判例の集積が待たれるところである。

(吉岡茂之)

第564条

(買主の損害賠償請求及び解除権の行使)　　　　　　　【改正法】

第564条　前2条の規定は、第415条の規定による損害賠償の請求並びに第541条及び第542条の規定による解除権の行使を妨げない。

【現行法】

第564条　前条の規定による権利は、買主が善意であったときは事実を知った時から、悪意であったときは契約の時から、それぞれ1年以内に行使しなければならない。

■■ 改正の趣旨

　平成29年改正前の民法下においては、目的物に瑕疵がある場合等について、買主は損害賠償請求や解除ができる旨定められていた(改正前の565条が準用する同563条2項、3項、同570条が準用する同566条1項)。もっとも、これらの要件・効果が債務不履行の一般的規律による損害賠償請求(改正前の415条)や解除(同541条)と一致するのか、それとも特別な要件・効果なのか、学説は複雑に分かれており、判例の立場も不明確であった(筒井＝村松・一問一答280頁)。

　しかし、改正の結果、改正前の民法下において売主が「担保責任」を負う旨説明されていた場合を含め、およそ契約不適合の場合は、等しく売主の債務不履行に位置付けられ(契約責任説)、買主はその一般規定の定めるところに従って法的救済(損害賠償請求、解除)を受けることができることになる(562条「意義」参照)。本条は、そのことを注意的に規定するものである。

《条文・判例の位置付け》　要件・効果の変容

事実認定の対象等

■■ 意義

本条は、引き渡された売買の目的物が、種類、品質又は数量に関して契約に適合しないものであるときには、買主は、履行の追完（562条）、代金減額（563条）とは別に、債務不履行の一般規定に従い、損害賠償請求（415条）及び解除（541条本文、542条）もできることを注意的に明らかにしたものである。

■■ 法律要件及び法律効果等

1 法律要件

(1) 本条は、「前2条の規定」が適用される場合を前提としているから、本条が「妨げられない」とする損害賠償請求（415条）又は解除（541条本文、542条）を主張しようとする買主は、これらの権利が発生するための法律要件としての「債務の本旨に従った履行をしないとき又は債務の履行が不能であるとき」(415条)の一態様として、

① 売主と買主が売買契約を締結したこと
② 売主が買主に対して、①に基づき目的物を引き渡したこと
③ ②の目的物が種類、品質又は数量に関して①の契約の内容に適合しないこと

を主張立証すべきである。

前記の点に加え、買主は、損害賠償を請求する場合には415条所定の、解除を主張する場合には541条本文又は542条各所定の、その余の法律要件に該当する具体的事実を主張立証すべきこととなる。例えば、損害賠償請求には損害の発生とその数額が必要となり（415条1項）、解除をするためには原則として履行の追完の催告が必要となる（541条）。

これに対し、売主は、抗弁として、損害賠償請求に対しては、契約不適合が契約その他の債務の発生原因及び取引上の社会通念に照らして売主の責めに帰することができない事由によるものであることを（415条1項ただし書)、

解除の主張に対しては、契約不適合がその契約及び取引上の社会通念に照らして軽微であること（541条1項ただし書）、又は契約不適合が買主の責めに帰すべき事由によるものであること（543条）を、それぞれ主張立証することができるものと解される。

(2)　なお、契約不適合の場合における買主の救済方法としての損害賠償請求や解除については、債務不履行の一般的な規律に基づいて図られることになったから、例えば、目的物の瑕疵等についての買主の主観的要件（平成29年改正前の565条、同570条（「隠れた」の要件解釈））は損害賠償請求や解除の要件ではないし、契約目的の不達成（改正前の570条が準用する同566条1項）は催告解除の要件ではないことになる（筒井＝村松・一問一答280頁）。

2　法律効果

買主は、追完請求権（562条）や代金減額請求権（563条）が認められる場合には、それとは別に、415条所定の損害賠償請求権、541条本文及び542条各所定の解除権が認められる。

契約不適合に基づく損害賠償請求の範囲は、債務不履行の一般規定に従って買主を救済するものである以上、信頼利益にはとどまらず、履行利益に及ぶ。

「追完に代わる損害賠償」が問題となる局面では、415条2項に表れている考え方が基本的に妥当するから、まず追完を請求することが原則となる（追完請求権の優位性）。もっとも、415条2項3号は、一部解除が可能な場合を除き、「追完に代わる損害賠償」にはそのままの形では妥当しないから、同号に相当すると評価し得る事態が生じたときに「追完に代わる損害賠償」が認められるというほかはない（以上につき、潮見・改正法の概要264頁）。

一方、買主の代金減額請求権は形成権であるから、実際にこれが行使されてしまえば、債務不履行に基づく損害賠償請求や解除をすることはできなくなるものと考えられる。そのような場合には、契約不適合の部分について、代金減額と引換えに引渡債務の内容も現実に引き渡された目的物の価額に応じて圧縮される結果、契約に適合したものが引き渡されたものとみなされ、

したがって、債務不履行はなかったことになると考えられるからである（筒井＝村松・一問一答279頁）。

事実認定についての裁判例と解説

本条に関する事実認定が問題となった裁判例は見当たらない。

（吉岡茂之）

(移転した権利が契約の内容に適合しない場合における売主の担保責任)【改正法】

第565条　前3条の規定は、売主が買主に移転した権利が契約の内容に適合しないものである場合（権利の一部が他人に属する場合においてその権利の一部を移転しないときを含む。）について準用する。

(数量の不足又は物の一部滅失の場合における売主の担保責任)【現行法】

第565条　前2条の規定は、数量を指示して売買をした物に不足がある場合又は物の一部が契約の時に既に滅失していた場合において、買主がその不足又は減失を知らなかったときについて準用する。

改正の趣旨

　平成29年改正前の民法下では、売買の目的である権利の一部が他人に属するなど一定の場合（改正前の563条1項、2項、567条1項、565条）に買主の解除等を認める規定はあったものの、それ以外の場合に売主が担保責任を負うかどうかは明瞭でなかった（筒井＝村松・一問一答282頁）。

　562条〜564条は、引き渡された売買目的物が契約不適合である場合には、売主の債務不履行であることを前提としている（契約責任説）。そのことは、売買の目的が「物」ではなく、「権利」である場合であっても同様に当てはまる。売買の目的が「権利」である場合にも、契約不適合である場合には562条〜564条が準用されることを明示するべく新設されたのが本条である。

《条文・判例の位置付け》　要件・効果の変容

事実認定の対象等

■ 意義

　本条は、売主が買主に移転した権利が契約不適合である場合（権利の一部

が他人に属する場合においてその権利の一部を移転しないときを含む）には、買主は、履行の追完（562条）、代金減額（563条）のほか、債務不履行の一般規定に従って、損害賠償の請求（415条、564条）、契約の解除（541条、542条、564条）ができることを定めるものである（562条～564条の準用）。

なお、権利の全部が移転不能であるときは、本条の問題ではなく、債務不履行の一般規定に従って処理されることになる（潮見・改正法の概要266頁）。

■■ 法律要件及び法律効果等

1 法律要件

本条に基づいて、買主が562条～564条各所定の救済を得るための法律要件は、

① 売主と買主が売買契約を締結したこと
② 売主が買主に対して、①に基づき権利を移転したこと
③ ②で移転した権利が①の契約の内容に適合しないこと

又は、前記②、③に代えて、

②′ 売買の目的である財産権の一部が他人に属すること
③′ ②′の財産権の一部が買主に移転されないこと

となる。

なお、平成29年改正前の民法下では、権利の一部が他人に属する場合の売主の担保責任による買主の救済手段の一部は、買主が悪意であるときには認められていなかった（改正前の563条2項による解除、同条3項による損害賠償請求）。これに対し、本条は、売買の目的とされた権利の契約不適合の場合における買主の救済方法につき、買主の主観的態様（善意か悪意か）による差を設けていない点に留意する必要がある。

2 法律効果

買主は、562条（追完請求権）、563条（代金減額請求権）のほか、債務不履行に基づく損害賠償請求権（415条、564条）、解除権（541条、542条、564条）による救済を得ることができる。

事実認定についての裁判例と解説

本条に関する事実認定が問題となった裁判例は見当たらない。

(吉岡茂之)

(目的物の種類又は品質に関する担保責任の期間の制限)　　【改正法】

第566条　売主が種類又は品質に関して契約の内容に適合しない目的物を買主に引き渡した場合において、買主がその不適合を知った時から1年以内にその旨を売主に通知しないときは、買主は、その不適合を理由として、履行の追完の請求、代金の減額の請求、損害賠償の請求及び契約の解除をすることができない。ただし、売主が引渡しの時にその不適合を知り、又は重大な過失によって知らなかったときは、この限りでない。

(地上権等がある場合等における売主の担保責任)　　【現行法】

第566条　売買の目的物が地上権、永小作権、地役権、留置権又は質権の目的である場合において、買主がこれを知らず、かつ、そのために契約をした目的を達することができないときは、買主は、契約の解除をすることができる。この場合において、契約の解除をすることができないときは、損害賠償の請求のみをすることができる。
2　前項の規定は、売買の目的である不動産のために存すると称した地役権が存しなかった場合及びその不動産について登記をした賃貸借があった場合について準用する。
3　前2項の場合において、契約の解除又は損害賠償の請求は、買主が事実を知った時から1年以内にしなければならない。

■■ 改正の趣旨

　平成29年改正前の570条、566条3項は、売買目的物の種類・品質に関する契約不適合（瑕疵）を理由とする買主の権利行使について、買主が事実を知ってから1年という期間制限を加えていた。本条本文は、これを変更し、種類・品質に関する契約不適合を知った買主に対して1年以内に不適合の事実を売主に対して通知する義務を課し、この義務を怠った買主が契約不適合を

理由とする権利を失うという効果を定めたものである。これは、① 売買目的物の引渡し後は履行が終了したとの期待が売主に生じることから、このような売主の期待は保護する必要があること、② 種類・品質に関する契約不適合の有無は、目的物の使用や時間経過による劣化等により比較的短期間で判断が困難となることから、短期の期間制限を設けることにより法律関係を早期に安定化する必要があるからである。

もっとも、本条ただし書は、引渡し時にその不適合について悪意・重過失であった売主に対しては、このような失権効は生じないとしている。これは、平成29年改正前の570条、566条3項の下での有力説を採用したものであり、不適合を知っている売主を通知がないとの理由で免責するのは相当ではないとの考えによるものである（潮見・改正法の概要267頁、筒井＝村松・一問一答284頁）。

《条文・判例の位置付け》　要件・効果の変容

事実認定の対象等

意義

本条は、買主に引き渡された目的物が種類又は品質に関して契約の内容に適合しない場合において、買主がその不適合を知った時から1年以内にその旨を売主に通知しないときには、買主は、その不適合を理由として、履行の追完請求、代金減額請求、損害賠償請求及び契約の解除をすることができないとし、種類又は品質に関する契約不適合を理由とする買主の権利の期間制限を定めたものである。1年の期間の始期は、「不適合を知った時」である。買主が売主に対し契約不適合を理由とする責任を追及し得る程度に確実な事実関係を認識したことまでは必要ない。また、本条ただし書は、売主が目的物の引渡しの時にその不適合を知り、又は重大な過失によって知らなかったときは、前記期間制限は及ばないとしている。なお、「数量」と「権利」に関する契約不適合が本条の対象となっていないことに注意を要する（潮見・改正法の概要267頁、筒井＝村松・一問一答285頁）。

■■ 法律要件及び法律効果

1 法律要件

　売買契約の売主が買主から目的物の種類又は品質に関して契約内容に適合しないこと（瑕疵）を理由とした履行の追完請求、代金減額請求、損害賠償請求、契約の解除の請求を受けた場合において、売主が買主の権利の期間制限の抗弁を主張する場合の法律要件は、

① 買主が目的物の契約内容の不適合の事実を知ったこと及びその時期
② ①の時期から１年が経過したこと

である。

　本条の法律要件に該当する具体的な要件事実は、例えば、Ａから中古の本件パソコンを正常に稼働するものとして代金５万円で購入したＢが本件パソコンのハードディスクが壊れていて正常に稼働しないことから履行の追完（修理）の請求を受けた場合には、

① Ｂは、○年○月○日、本件パソコンのハードディスクが壊れていることを知った
② ○年○月○日（○年○月○日から１年後）は経過した

である。

　買主は、売主による買主の権利の期間制限の抗弁に対して、１年以内の不適合通知の再抗弁を主張することが考えられる。この通知においては、まさに不適合の通知をすることで足り、売主の契約不適合責任を問う意思を明確に告げて請求する損害額の算定の根拠までを示すことは必要でない。もっとも、この「通知」の趣旨は、引き渡した物の種類や品質に関する欠陥等は時間の経過とともに不分明となるため、不適合を知った買主から早期にその事実を売主に知らせ、売主にその存在を認識し把握する機会を与えることにあるから、単に契約との不適合がある旨を抽象的に伝えるのみでは足りず、細目にわたるまでの必要はないものの、不適合の内容を把握することが可能な程度に、不適合の種類・範囲を伝えることを要する（潮見・改正法の概要266頁、筒井＝村松・一問一答285頁）。この場合の法律要件は、

　買主が、目的物の契約内容の不適合の事実を知った時期から１年以内に、

買主に対し、目的物の契約内容の不適合の事実を通知したこと

である。

　この法律要件に該当する具体的な要件事実は、例えば、前記の事案においては、

Bは、○年○月○日（○年○月○日から１年以内）、Aに対し、本件パソコンのハードディスクが壊れていて正常に稼働しないことを通知した

である。

　また、買主は、売主による買主の権利の期間制限の抗弁に対して、悪意又は重過失の再抗弁を主張することが考えられる。なお、重過失は規範的要件であり、重過失に係る判断を基礎付ける評価根拠事実が要件事実となる。その場合の法律要件は、

① 　売主が目的物の引渡しの時にこの不適合を知っていたこと

　又は、

①′ 売主が目的物の引渡しの時にこの不適合を知らなかったことにつき重大な過失が存在することを根拠付ける具体的事実

である。

　この法律要件に該当する具体的な要件事実は、例えば、前記の事案においては、

① 　Aは、○年○月○日の本件パソコンの引渡しの時、本件パソコンのハードディスクが壊れていることを知っていた

　又は、

①′ Aは、○年○月○日の本件パソコンの引渡しの時、その当時まで本件パソコンを使用しており、本件パソコンのハードディスクが壊れていることを容易に知り得た

である。

2　法律効果

　売主が本条に基づき、買主が前記不適合を知った時から１年を経過したことを主張立証したときの法律効果は、買主は、契約内容の不適合を理由とし

て履行の追完請求、代金減額請求、損害賠償請求、契約の解除を主張することができないことになることである。

また、買主が前記不適合を知った時から1年以内に買主に対して前記不適合の事実を通知したことを主張立証したときの法律効果は、買主は期間制限を受けず、履行の追完請求、代金減額請求、損害賠償請求、契約の解除を主張することができることになることである。

さらに、買主が本条ただし書に基づき、目的物の引渡しの際、売主が前記不適合について悪意又は知らなかったことについて重大な過失が存在することを根拠付ける具体的事実を主張立証したときの法律効果は、買主は期間制限を受けず、履行の追完請求、代金減額請求、損害賠償請求、契約の解除を主張することができることになることである。

■■ 参考裁判例

平成29年改正前の566条3項に関して、目的物の瑕疵に係る担保責任についての買主の権利を保存するためには、売主の担保責任を問う意思を裁判外で明確に告げることをもって足り、裁判上の権利行使をするまでの必要はないが、同損害賠償請求権を保存するには、少なくとも、売主に対し、具体的に瑕疵の内容とそれに基づく損害賠償請求をする旨を表明し、請求する損害額の算定の根拠を示すなどして、売主の担保責任を問う意思を明確に告げる必要があるとされていた（最判平成4年10月20日民集46巻7号1129頁［27813262］）。改正後の566条本文は、買主の負担を軽減する観点から、買主は、目的物が契約の内容に適合しないことを知ったときから1年以内にその旨を売主に通知しなければ、履行の追完請求等をすることができないとした。

商人間の売買における買主による瑕疵の通知（旧商法526条）に関して、買主が売主に対して瑕疵の通知をすべき場合には、単に売買の目的物に瑕疵があることを通知するのみでは十分ではなく、瑕疵の種類及び瑕疵の代替の範囲を通知することを要するが、その細目を通知することは要しないとされていた（大判大正11年4月1日民集1巻155頁［27511094］）。

事実認定についての裁判例と解説

本条に関する事実認定が問題となった裁判例は見当たらない。

(桃崎　剛)

(目的物の滅失等についての危険の移転)　　　　　　　　　　【改正法】

第567条　売主が買主に目的物（売買の目的として特定したものに限る。以下この条において同じ。）を引き渡した場合において、その引渡しがあった時以後にその目的物が当事者双方の責めに帰することができない事由によって滅失し、又は損傷したときは、買主は、その滅失又は損傷を理由として、履行の追完の請求、代金の減額の請求、損害賠償の請求及び契約の解除をすることができない。この場合において、買主は、代金の支払を拒むことができない。

2　売主が契約の内容に適合する目的物をもって、その引渡しの債務の履行を提供したにもかかわらず、買主がその履行を受けることを拒み、又は受けることができない場合において、その履行の提供があった時以後に当事者双方の責めに帰することができない事由によってその目的物が滅失し、又は損傷したときも、前項と同様とする。

(抵当権等がある場合における売主の担保責任)　　　　　　　【現行法】

第567条　売買の目的である不動産について存した先取特権又は抵当権の行使により買主がその所有権を失ったときは、買主は、契約の解除をすることができる。

2　買主は、費用を支出してその所有権を保存したときは、売主に対し、その費用の償還を請求することができる。

3　前2項の場合において、買主は、損害を受けたときは、その賠償を請求することができる。

■ 改正の趣旨

平成29年改正前の民法には、売買契約締結後に当事者双方の責めに帰することができない事由によってその目的物が滅失又は損傷した場合に、買主が

滅失又は損傷を理由として担保責任の追及をすることができるかについて明文の規定はなかった。売主と買主の公平の観点からは、目的物の支配が売主から買主の下に移転したとき、すなわち、目的物が売主から買主に引き渡されたとき以降に生じた目的物の滅失又は損傷については、買主は担保責任の追及をすることができないと解する見解が有力であり、不動産売買の実務においても、これと同じ趣旨の特約を締結する運用が定着しているといわれていた。

　本条1項前段は、売主が買主に目的物（売買の目的物として特定したものに限る）を引き渡した場合には、それ以後に当事者双方の責めに帰することができない事由によって生じた目的物の滅失又は損傷については、買主はこれを理由とする担保責任の追及をすることができないとした。

　もっとも、買主に目的物が引き渡されたものの契約の内容には適合しない目的物の滅失又は損傷により履行不能となった場合には、危険負担に関する平成29年改正後の536条1項をそのまま適用すると、買主は代金支払を拒絶することができることとなってしまう。そこで、改正後の567条1項後段は、危険の移転後においては、買主は、代金の支払を拒むことができないことを併せて規定した。

　また、売主が契約の内容に適合した目的物の引渡しをしようとしたにもかかわらず、買主がそれを受領せず、その後当事者双方の責めに帰することができない事由によって目的物が滅失又は損傷し、これにより売主の債務の履行が不能となったときは、いまだ引渡しがされていないため、改正後の567条1項の適用はなく、危険は買主に移転しないこととなる。しかしながら、公平の観点からは、この場合に危険が買主に移転するとするのが相当である。そこで、改正後の567条2項は、買主の受領遅滞の場合において、それ以後に当事者双方の責めに帰することができない事由によって目的物が滅失又は損傷したときは、買主は、その滅失又は損傷を理由とする担保責任を追及することができず、代金の支払も拒むことができないとした。

　（以上、潮見・改正法の概要266頁、筒井＝村松・一問一答287頁）

《条文・判例の位置付け》　要件・効果の変容

事実認定の対象等

■■ 意義

　本条1項前段は、売主が買主に目的物（売買の目的物として特定したものに限る）を引き渡した場合には、それ以後に当事者双方の責めに帰することができない事由によって生じた目的物の滅失又は損傷については、買主はこれを理由とする追完請求、代金減額請求、損害賠償請求、契約の解除をすることができないとして、目的物の引渡し後は、目的物の滅失等の危険が売主から買主に移転することを定めたものである。また、1項後段は、危険の移転後においては、買主は、代金の支払を拒むことができないことを規定したものである。

　本条2項は、買主の受領遅滞以後に当事者双方の責めに帰することができない事由によって目的物が滅失等したときは、買主は、その滅失等を理由とする追完請求等をすることができず、代金の支払も拒むことができないことを規定したものである。

■■ 法律要件及び法律効果等

1　法律要件

　売買契約の売主が、買主から売買契約の目的物の滅失又は損傷を理由として担保責任の追及を受けたことから、本条1項に基づき引渡しによる危険移転の抗弁を主張する場合の法律要件は、
　目的物の引渡し以後にその目的物が当事者双方の責めに帰することができない事由によって滅失又は損傷したこと
である。

　本条1項の法律要件に該当する具体的な要件事実は、例えば、売主Ａが、中古の本件住宅を代金5000万円で購入した買主Ｂから、落雷により本件住宅のソーラーパネルが損壊したことを理由に履行の追完（修補）の請求を受けたことから、引渡しによる危険移転を主張する場合には、
　落雷による本件住宅のソーラーパネルの損壊は、○年○月○日（本件売買契

約に基づく本件住宅の引渡し後）に生じた。

である。

　売買契約の売主が、買主から売買契約の目的物の滅失又は損傷を理由として担保責任の追及を受けたことから、本条2項に基づき買主の受領遅滞による危険移転の抗弁を主張する場合の法律要件は、

① 売主が買主に対して引渡しの債務の履行を提供したにもかかわらず、買主がその履行を受けることを拒み、又は受けることができなかったこと
② ①の以後にその目的物が当事者双方の責めに帰することができない事由によって滅失又は損傷したこと

である。

　本条2項の法律要件に該当する具体的な要件事実は、例えば、前記の事案において受領遅滞による危険移転を主張する場合には、

① Aが○年○月○日、約定に従い、本件住宅の鍵を持参して、B宅を訪問したにもかかわらず、Bは、本件住宅の鍵の受領を拒んだ。
② 落雷による本件住宅のソーラーパネルの損壊は、○年○月○日（○年○月○日以後の日）に生じた。

である。

2　法律効果

　本条1項に基づく法律効果は、目的物の滅失等の危険が買主に移転することであり、売主は買主に目的物を引き渡した後にその目的物が当事者双方の責めに帰することができない事由によって滅失等したことを理由として、履行の追完請求、代金減額請求、損害賠償請求、契約の解除の担保責任を負わないこととなることである。

　本条2項に基づく法律効果は、目的物の滅失等の危険が買主に移転することであり、売主は買主の受領遅滞後にその目的物が当事者双方の責めに帰することができない事由によって滅失等したことを理由として、履行の追完請求、代金減額請求、損害賠償請求、契約の解除の担保責任を負わないこととなることである。

事実認定についての裁判例と解説

本条に関する事実認定が問題となった裁判例は見当たらない。

(桃崎　剛)

(競売における担保責任等)　　　　　　　　　　　　　【改正法】

第568条　民事執行法その他の法律の規定に基づく競売（以下この条において単に「競売」という。）における買受人は、第541条及び第542条の規定並びに第563条（第565条において準用する場合を含む。）の規定により、債務者に対し、契約の解除をし、又は代金の減額を請求することができる。

2　前項の場合において、債務者が無資力であるときは、買受人は、代金の配当を受けた債権者に対し、その代金の全部又は一部の返還を請求することができる。

3　前2項の場合において、債務者が物若しくは権利の不存在を知りながら申し出なかったとき、又は債権者がこれを知りながら競売を請求したときは、買受人は、これらの者に対し、損害賠償の請求をすることができる。

4　前3項の規定は、競売の目的物の種類又は品質に関する不適合については、適用しない。

(強制競売における担保責任)　　　　　　　　　　　　　【現行法】

第568条　強制競売における買受人は、第561条から前条までの規定により、債務者に対し、契約の解除をし、又は代金の減額を請求することができる。

2・3　(同上)

(新設)

■■ 改正の趣旨

　平成29年改正前の568条1項は、「強制競売」における担保責任について規定していたが、改正後の同項は、規定の対象を競売一般に広げた。また、改

正後の同条は新たに4項を設け、競売の目的物の契約不適合のうち、目的物の種類・品質に関する不適合については債務者が責任を負わない旨規定し、改正前の570条ただし書を実質的に維持した。
《条文・判例の位置付け》　1項につき要件・効果の変容、4項につき要件・効果の変更なし

事実認定の対象等

■■ 意義

　本条は、民事執行法その他の法律の規定に基づく競売の場合に、売買における権利の担保責任の規定を一部修正して、債務者又は代金の配当を受けた債権者に担保責任を課し、買受人が債務者に対して当該競売の解除又は代金減額請求をすることができるとするとともに、債務者が無資力であるときは代金の配当を受けた債権者に対して代金の全部又は一部の返還を請求することができるとする規定である。また、本条は、債務者が目的不動産の権利の不適合等を知りながら申し出なかった場合又は債権者がこのような不適合を知りながら競売を請求した場合には、買受人は、債務者又は債権者に対して損害賠償請求をすることができるとしている。また、競売の目的物の契約不適合のうち、目的物の種類・品質に関する不適合については債務者が責任を負わないとしている（柚木＝高木編・新版注釈民法(14)〔柚木馨＝高木多喜男〕254頁、我妻・民法講義Ⅴ　2　294頁、大江・要件事実(5)－1　329頁、潮見・改正法の概要272頁、筒井＝村松・一問一答　288頁）。

■■ 法律要件及び法律効果等

1　法律要件

(1)　本条1項に基づき競売手続の買受人が債務者に対して担保責任に基づき売買契約を解除又は代金減額の請求をするための法律要件は、

① 競売手続において買受人が売却許可決定に基づき目的不動産の代金を納付したこと

② 目的不動産について権利の不適合、目的不動産の数量不足又は一部滅失があること
③ 買受人が債務者に対して競売による売買契約の解除又は代金減額の意思表示をしたこと

である。

本条1項の法律要件に該当する具体的な要件事実は、例えば、Aを債務者とする甲土地の強制競売手続においてBが買受人となったが、甲土地につき第三者Cが地上権を有することを理由に本条1項に基づき契約を解除しAに対して競売代金800万円の返還を請求する場合には、

① Bは、○年○月○日、Aを債務者とする別紙物件目録記載の甲土地の強制競売手続において、売却許可決定に基づき、甲土地の代金800万円を納付した。
② AとCは、○年○月○日（①の代金納付以前）、甲土地につき以下の内容（省略）の地上権設定契約を締結した。
③ 甲土地につき②の地上権設定契約に基づく別紙登記目録記載の地上権設定登記が存在する。
④ Bは、Aに対し、○年○月○日、①の強制競売による売買契約を解除する旨の意思表示をした。

などと記載することになる。代金減額を請求する場合には、前記④に代えて、

④' Bは、Aに対し、○年○月○日、①の競売代金の代金減額請求をする旨の意思表示をした。
④'' 減額される代金額は○○円が相当である。

などと記載することになる。

(2) 本条2項に基づき競売手続の買受人が代金の配当を受けた債権者に対して代金の全部又は一部の返還を請求するための法律要件は、

① 競売手続において買受人が売却許可決定に基づき目的不動産の代金を納付したこと
② 目的不動産について権利の不適合、目的不動産の数量不足又は一部滅失があること

③　買受人が債務者に対して競売による売買契約の解除又は代金減額の意思表示をしたこと
④　債権者が配当を受けたこと及びその金額
⑤　債務者に代金を返還する資力がないこと

である。

　本条2項の法律要件に該当する具体的な要件事実は、例えば、Aを債務者とする甲土地の強制競売手続においてBが買受人となったが、甲土地につき第三者Cが地上権を有することを理由に本条1項に基づき契約を解除し、Aが無資力のため、配当を受けたDに対して競売代金800万円の返還を請求する場合には、

①　Bは、○年○月○日、Aを債務者とする別紙物件目録記載の甲土地の強制競売手続において、売却許可決定に基づき、甲土地の代金800万円を納付した。
②　AとCは、○年○月○日（①の代金納付以前）、甲土地につき以下の内容（省略）の地上権設定契約を締結した。
③　甲土地につき②の地上権設定契約に基づく別紙登記目録記載の地上権設定登記が存在する。
④　Bは、Aに対し、○年○月○日、①の強制競売による売買契約を解除する旨の意思表示をした。
⑤　Cは、○年○月○日、①の強制競売手続において、800万円の配当を受けた。
⑥　Aは、無資力であり、甲土地の代金800万円を返還する資力がない。

などと記載することになる。代金減額を請求する場合には、前記④に代えて、

④′　Bは、Aに対し、○年○月○日、①の競売代金の代金減額請求をする旨の意思表示をした。
④″　減額される代金額は○○円が相当である。

などと記載することになる。

　(3)　本条3項に基づき競売手続の買受人が債務者に対して損害賠償を請求するための法律要件は、

① 競売手続において買受人が売却許可決定に基づき目的不動産の代金を納付したこと
② 目的不動産について権利の不適合、目的不動産の数量不足又は一部滅失があること
③ 債務者が①の代金納付前に②の事由のあることを知っていたこと
④ 債務者が執行機関に対し②の事由があることを申し出なかったこと
⑤ 損害の発生及び数額

である（司研・要件事実(1)206頁、大江・要件事実(5)−1 334頁）。

　本条3項に基づく債務者に対する損害賠償請求の法律要件に該当する具体的な要件事実は、例えば、Aを債務者とする甲土地の強制競売手続においてBが買受人となったが、Aが甲土地につき第三者Cが地上権を有することを知りながら執行裁判所に告げず、Bが100万円の損害を被ったため、BがAに対してその損害賠償を請求する場合には、

① Bは、〇年〇月〇日、Aを債務者とする別紙物件目録記載の甲土地の強制競売手続において、売却許可決定に基づき、甲土地の代金800万円を納付した。
② AとCは、〇年〇月〇日（①の代金納付以前）、甲土地につき以下の内容（省略）の地上権設定契約を締結した。
③ 甲土地につき②の地上権設定契約に基づく別紙登記目録記載の地上権設定登記が存在する。
④ Aは、①より前に②、③の事実を知っていた。
⑤ Aは、①の強制競売手続の執行裁判所に対して、②、③の事実を告げなかった。
⑥ Bは、②、③により、100万円の損害を被った。

などと記載することになる。

　本条3項に基づき競売手続の買受人が債権者に対して損害賠償を請求するための法律要件は、

① 競売手続において買受人が売却許可決定に基づき目的不動産の代金を納付したこと

② 目的不動産について権利の不適合、目的不動産の数量不足又は一部滅失があること
③ 債権者は、①の競売を申し立てたこと
④ 債権者は、③の当時、②の事由のあることを知っていたこと
⑤ 損害の発生及び数額

である（司研・要件事実(1) 207頁、大江・要件事実(5)-1 334頁）。

　本条3項に基づく債権者に対する損害賠償請求の法律要件に該当する具体的な要件事実は、例えば、Aを債務者とする甲土地の強制競売手続においてBが買受人となったが、債権者Dは、Aが甲土地につき第三者Cが地上権を有することを知りながら前記競売の申立てをし、Bが100万円の損害を被ったため、BがDに対してその損害賠償を請求する場合には、

① Bは、○年○月○日、Aを債務者とする別紙物件目録記載の甲土地の強制競売手続において、売却許可決定に基づき、甲土地の代金800万円を納付した。
② AとCは、○年○月○日（①の代金納付以前）、甲土地につき以下の内容（省略）の地上権設定契約を締結した。
③ 甲土地につき②の地上権設定契約に基づく別紙登記目録記載の地上権設定契約が存在する。
④ Dは、○年○月○日、○○地方裁判所に対して、①の強制競売手続を申し立てた。
⑤ Dは、④の当時、②、③の事実を知っていた。
⑥ Bは、②、③により、100万円の損害を被った。

などと記載することになる。

　債権者は、前記損害賠償請求に対し、「D又はAが、執行裁判所に対し、②、③の事実を申し出たこと」を抗弁として主張することができる（司研・要件事実(1)207頁、大江・要件事実(5)-1 355頁）。

2 法律効果

　本条に基づく担保責任の法的効果は、強制競売における買主は、目的不動

産について目的不動産の一部滅失がある場合には売買契約の解除又は債務者に対して代金減額請求をすることができることである。また、この場合において債務者が無資力であるときは代金の配当を受けた債権者に対して代金の全部又は一部の返還を請求することができることである。また、債務者が目的不動産の権利の不適合等を知りながら申し出なかった場合又は債権者がこのような不適合を知りながら競売を請求した場合には、買受人は、債務者又は債権者に対して損害賠償請求をすることができることである。

■■ 参考裁判例

　平成29年改正前の568条2項に基づき代金の配当を受けた債権者に対して代金の返還を請求する場合において、配当を受けた債権者が数人あるときは、各債権者がそれぞれ独立して担保の責に任じ、自己が配当を受けた金額の限度において各自に買受人の代金返還請求権を満足せしむべき義務がある（大判昭和16年5月5日新聞4704号24頁［23000042］）。

事実認定についての裁判例と解説

　本条に関する事実認定が問題となった裁判例は見当たらない。

（桃崎　剛）

| (債権の売主の担保責任)

第569条 債権の売主が債務者の資力を担保したときは、契約の時における資力を担保したものと推定する。

2 弁済期に至らない債権の売主が債務者の将来の資力を担保したときは、弁済期における資力を担保したものと推定する。

事実認定の対象等

■■ 意義

本条は、債権の売買において、債務者が債務を完済するに足る資力を有するか否かは本来債権の瑕疵の問題ではなく、債権の売主はこの点について当然に担保責任を負うものではないが、債権の売主が債務者の資力を担保した場合には「契約の当時」における資力を担保したものと推定するとともに、弁済期未到来の債権の売主が将来の資力を担保した場合には「弁済期」における資力を担保したものと推定する解釈規定である（柚木＝高木編・新版注釈民法(14)〔柚木馨＝高木多喜男〕257頁、我妻・民法講義Ｖ２ 252頁、司研・要件事実(1)209頁、大江・要件事実(5)－１ 335頁）。

■■ 法律要件及び法律効果等

1 法律要件

本条に基づき債権の買主が売主に対して買受債権の債務者の資力を担保したことを理由に損害賠償請求するための法律要件は、

① 債権の発生原因事実
② ①の債権の売買契約
③ 売主が買主に対して債務者の資力を担保する旨約したこと
④ 損害の発生及び数額

である（司研・要件事実(1)209頁、大江・要件事実(5)－１ 336頁）。

本条の法律要件に該当する具体的な要件事実は、例えば、AのBに対する1000万円の貸付債権をAがCに対して売買した際、債務者Bの資力を担保したが、Bが資力を有しなかったため100万円の損害を被ったことを理由にCがAに対して100万円の損害賠償を請求する場合には、

① 　Aは、Bに対して、○年○月○日、弁済期を○年○月○日との約定で1000万円を貸し付けた。
② 　Aは、Cに対して、①の貸金債権を代金900万円で売った。
③ 　Aは、②の際、Cの資力を担保する旨約束した。
④ 　Cは、Cの無資力により100万円の損害を被った。

などと記載することになる。

　これに対して、債権の売主は、債権の売買契約の当時債務者は資力があったことを抗弁として主張立証することができる（大江・要件事実(5)－1　336頁）。

2　法律効果

　本条に基づく担保責任の法律効果は、債権の買主は、債権の売主が同債権の債務者の資力を担保したときは債務者の無資力により被った損害の賠償を請求することができることである（柚木＝高木編・新版注釈民法(14)〔柚木馨＝高木多喜男〕257頁、我妻・民法講義Ⅴ2　252頁）。

事実認定についての裁判例と解説

　本条に関する事実認定が問題となった裁判例は見当たらない。

（桃崎　剛）

(抵当権等がある場合の買主による費用の償還請求)　　　【改正法】

第570条　買い受けた不動産について契約の内容に適合しない先取特権、質権又は抵当権が存していた場合において、買主が費用を支出してその不動産の所有権を保存したときは、買主は、売主に対し、その費用の償還を請求することができる。

(売主の瑕疵担保責任)　　　【現行法】

第570条　売買の目的物に隠れた瑕疵があったときは、第566条の規定を準用する。ただし、強制競売の場合は、この限りでない。

■■ 改正の趣旨

　平成29年改正前の570条は、売買の目的物に「隠れた瑕疵」があり、その瑕疵により契約の目的を達することができない場合に、売主に担保責任を課するとするものであるが、改正後の570条は、改正前の567条2項の規定に質権を追加したものである。なお、「売買の目的である不動産について存した先取特権又は抵当権の行使により買主がその所有権を失ったときは、買主は、契約の解除をすることができる」とする改正前の567条1項と、「前2項の場合において、買主は、損害を受けたときは、その賠償を請求することができる」とする同条3項は削除された。売買の目的である不動産について存した先取特権又は抵当権の行使により買主がその所有権を失ったときは、権利移転の全部不能が生じているため、債務不履行の一般規定によって処理されるから、損害賠償と解除については特別の規定を必要としない。このため、平成29年改正後の民法は、改正前の567条2項のみを引き継いだ(潮見・改正法の概要273頁)。

《条文・判例の位置付け》　従前の判例を条文化

事実認定の対象等

■■ 意義

　本条は、売買の目的不動産の上に先取特権、質権又は抵当権が存在し、買主が出捐をしてその所有権を保存した場合に売主に担保責任を課し、買主に対して、前者の場合に出捐した費用の償還請求をすることができるとする規定である（柚木＝高木編・新版注釈民法(14)〔柚木馨＝高木多喜男〕244頁）。

■■ 法律要件及び法律効果等

1　法律要件

　本条に基づき売買契約の買主が売主に対して担保責任に基づき出捐した費用の償還を請求するための法律要件は、

① 　原告を買主、被告を売主とする売買契約の成立
② 　買主に対抗することができる担保権設定契約の成立
③ 　②の被担保債権の発生原因事実
④ 　買主による③の債務の弁済

である（司研・要件事実(1)203頁、大江・要件事実(5)－1　337頁）。なお、この場合、目的不動産の上に先取特権又は抵当権が存在することについて、買主の善意・悪意は問題とならない（柚木＝高木編・新版注釈民法(14)〔柚木馨＝高木多喜男〕245頁）。

　本条の法律要件に該当する具体的な要件事実は、例えば、売主Ａから甲土地を3000万円で購入した買主Ｂが甲土地の上に設定された抵当権の被担保債務1000万円についてその債権者Ｃに対して第三者弁済を行ったことを理由に、売主Ａに対して1000万円の償還を請求する場合には、

① 　Ａは、Ｂに対し、○年○月○日、別紙物件目録記載の甲土地を代金3000万円で売った。
② 　Ｃは、Ａに対し、○年○月○日、1000万円を、弁済期○年○月○日の約定で貸し付けた。
③ 　Ａは、Ｃとの間で、②の債務を担保するため、甲土地につき以下の内容

（省略）の抵当権設定契約を締結した。
④　Aは、③の抵当権設定契約に基づき、甲土地につき別紙登記目録記載の抵当権設定登記をした。
⑤　Bは、○年○月○日、②の債務につき、1000万円を支払った。
などと記載することになる。

2　法律効果

本条に基づく担保責任の法律効果は、目的不動産の買主が、滌除や第三者弁済などにより出捐をして所有権を保存した場合には、売主に対して出捐した費用の償還を請求することができることである（柚木＝高木編・新版注釈民法⑭〔柚木馨＝高木多喜男〕244頁）。

■■ 参考裁判例

本条の償還請求権について、買主が被担保債務を支払ってその所有権を保存したときは、買主は売主にその償還を請求できるのが原則であるが、「買主」が、区画整理による換地の競落人の場合には、前所有者の負担した換地清算金の債務を当然承継するから、これを支払い、換地の上に存する換地清算金の先取特権を消滅せしめても、本条所定の償還請求権を有しない（大判昭和15年3月12日民集19巻571頁〔27500202〕）。

事実認定についての裁判例と解説

本条に関する事実認定が問題となった裁判例は見当たらない。

（桃崎　剛）

【改正法】

第571条　削除

(売主の担保責任と同時履行)　　　　　　　　　　　　【現行法】

第571条　第533条の規定は、第563条から第566条まで及び前条の場合について準用する。

■■ 改正の趣旨

　本条は、平成29年改正後の533条にかっこ書が追加され、履行に代わる損害賠償・追完に代わる損害賠償請求権と対価の履行請求権との同時履行関係を扱うルールが、一般ルールとして同条に明記されることとなったことから、削除された（潮見・改正法の概要218頁）。

(桃崎　剛)

(担保責任を負わない旨の特約)　　　　　　　　　　　　　【改正法】

第572条　売主は、<u>第562条第１項本文又は第565条に規定する場合における</u>担保の責任を負わない旨の特約をしたときであっても、知りながら告げなかった事実及び自ら第三者のために設定し又は第三者に譲り渡した権利については、その責任を免れることができない。

(担保責任を負わない旨の特約)　　　　　　　　　　　　　【現行法】

第572条　売主は、<u>第560条から前条までの規定による</u>担保の責任を負わない旨の特約をしたときであっても、知りながら告げなかった事実及び自ら第三者のために設定し又は第三者に譲り渡した権利については、その責任を免れることができない。

■■ 改正の趣旨

本条は、引用する条番号に修正を加えただけであり、その内容は平成29年改正前の572条と同じである。なお、本条は、559条を介して、請負などの有償契約にも基本的に準用される（潮見・改正法の概要274頁）。

《条文・判例の位置付け》　要件・効果の変更なし

事実認定の対象等

■■ 意義

本条は、売主が担保責任を負わない旨の特約をしても、売主が権利の不適合や目的物の契約不適合を知りながら買主に告げなかった場合及び売主が自ら目的物の全部又は一部を第三者に譲渡したり目的物を制限する権利を設定したりした場合には、著しく信義に反することから、その特約の効力を否定したものである（柚木＝高木編・新版注釈民法(14)〔柚木馨＝高木多喜男〕

414頁、我妻・民法講義Ⅴ2 298頁)。

■■ 法律要件及び法律効果等
1 法律要件

買主から契約不適合を理由とする担保責任に基づく損害賠償請求を受けた売主が不担保特約の抗弁を主張するための法律要件は、

① 売主と買主は、売主としての担保責任を負わない旨の合意をしたこと

である(司研・要件事実(1)225頁、大江・要件事実(5)-1 346頁)。

本条の法律要件に該当する具体的な要件事実は、例えば、Bに対して建物建設を目的として甲土地を3000万円で売却したAが、Bから、甲土地の地中に建物建築に支障が生じる程度の廃材等が埋没していたため、その除去費用に500万円を要したとして、契約不適合を理由に500万円の損害賠償請求を受けたのに対して、不担保特約の抗弁を主張する場合、

① AとBは、Aが売主としての担保責任を負わない旨合意した。

などと記載することになる。

買主は、売主の不担保特約の抗弁に対して、再抗弁として、「売主が売買の目的物につき主張された権利の不適合又は契約不適合が存在することを不担保特約当時知っていたこと」又は「売主が売買契約締結以前に第三者に目的物を譲渡し又は第三者のために目的物を制限する権利を設定したこと」を主張立証することができる。

例えば、前記事案で不担保特約の抗弁を受けた買主Bが、売主Aが不担保特約の当時前記契約不適合を知っていた旨の再抗弁を主張する場合、

① Aは、前記不担保特約の際、甲土地の地中に建物建築に支障が生じる程度の廃材等が埋没していることを知っていた。

などと記載することになる。

売主は、前記悪意の再抗弁に対して、再々抗弁として、目的物に契約不適合があることを告げたことを主張立証することができる。本条の文言からすると、契約不適合を知りながら告げなかったという要件については、買主が主張立証すべきもののようであるが、売主が契約不適合の存在を知りながら

担保責任を負わない旨の特約をしたということだけで、売主に信義則違反があると一応いうことができるから、買主としては、売主が不担保特約の当時契約不適合について知っていたことを主張するだけで、不担保特約の効力を排斥することができ、これに対して、売主は、再々抗弁として、不担保特約の当時、目的物に契約不適合があることを告げたことを主張立証して不担保特約の効力を維持することができる（司研・要件事実(1)227頁）。

また、売主が契約不適合の存在を告げなくとも、買主がそれを知っているときは、不担保特約は有効であるとする見解（我妻・民法講義Ⅴ２ 299頁等）では、前記再抗弁に対して、再々抗弁として、「買主が不担保特約締結当時契約不適合の存在を知っていたこと」を主張立証することもできる（司研・要件事実(1)227頁）。

2　法律効果

本条の法律効果は、売主が不担保特約をしたことを主張立証すれば、売主は売主の担保責任を免れることができるのが原則であるが、その場合でも、売主がその特約の際、その権利の不適合又は契約不適合を知りながら告げなかった場合及び売主が自ら目的物の全部又は一部を第三者に譲渡したり目的物を制限する権利を設定したりした場合には、特約の効力は否定され、売主は担保責任を免れることはできないというものである（柚木＝高木編・新版注釈民法(14)〔柚木馨＝高木多喜男〕414頁、我妻・民法講義Ⅴ２ 298頁）。

事実認定についての裁判例と解説

本条に関する事実認定が問題となった裁判例は見当たらない。

（桃崎　剛）

(代金の支払期限)

第573条 売買の目的物の引渡しについて期限があるときは、代金の支払についても同一の期限を付したものと推定する。

事実認定の対象等

■■ 意義

　売買契約が締結されると、原則として、各当事者は、相手方に対して債務の履行を請求できるが、当事者は、合意により、債務の履行期を自由に定めることができる。目的物の引渡しについて履行期が合意された場合は、売主は、履行期が到来するまで目的物の引渡しを拒絶できるが、本条は、この場合に、代金の支払についても目的物の引渡しと同一の期限を定めたものと推定されるとする。その性質は、いわゆる解釈規定であり、当事者が代金の支払についてこれと異なる期限の合意をしたときは、それによるべきことになる（柚木＝高木編・新版注釈民法(14)〔柚木馨・高木多喜男〕416頁）。

■■ 法律要件及び法律効果等

1　法律要件

　本条の要件は、目的物引渡債務について、

① 　未到来の確定期限の合意のあること

　又は、

①′　不確定期限の合意のあること

であり、履行の請求を拒む買主が主張立証することになる。

2　法律効果

　目的物の引渡しについて期限があるときは、買主は、その期限が到来するまで代金の支払を拒絶できる。

参考裁判例

(1) 買主が目的物を引き取らない場合でも、売主は買主に対し代金を請求することができる（大判大正元年12月11日民録18輯1025頁［27521637］）。

第三者が売主の所有に属する売買の目的物を不法に買主に引き渡したときは、売主は第三者に対して損害賠償請求権を有し、この請求権は、売主が買主に対して代金請求権を有することによって影響を受けない（大判昭和7年6月4日新聞3447号14頁［27541542］）。

(2) 代金の支払について履行期が合意された場合に、目的物の引渡しについても本条を類推し、代金の支払と同一の期限を定めたものと推定してよいかどうかについては、代金の支払のみについて期限を定めることは極めて特殊であるため、この場合は代金の支払と同一の期限を定めたものと推定すべきではないとする類推否定説（我妻・民法講義Ⅴ2 310頁等）と、本条は双務契約上の債務は同時履行の関係に立たせるという趣旨に基づく以上、この場合も、代金の支払と同一の期限を定めたものと推定してよいとする類推肯定説（柚木＝高木編・新版注釈民法(14)〔柚木馨＝高木多喜男〕416頁等）の対立がある。

(3) 不動産の売買では、所有権移転登記手続の期限との関係が問題になる。この点については、本条の引渡しを所有権移転登記手続と読み替え、所有権移転登記手続の時に代金を支払うべきものと解する見解（大判昭和10年6月28日新聞3869号9頁［27543815］参照）と、不動産の引渡し又は所有権移転登記手続のうち、いずれか遅く行われる方の時期に代金を支払うべきものと解する見解（最判昭和34年6月25日裁判集民36号815頁［27401504］参照）とがある（司研・要件事実(1)231頁）が、後者によるのが相当と解される。

事実認定における問題点

これまでの裁判例では、本条に関する事実認定として、「代金支払の履行期について特段の合意がされたか否か」が問題となったものがある。

事実認定についての裁判例と解説

代金支払の履行期について特段の合意がされたか否か

[裁判例]

❶ 東京地判平成12年9月27日判タ1054号209頁 ［28060827］

売買契約を解除したことによる原状回復として、売買代金として支払った金員の返還を請求するに当たって、代金を支払ったか否かが争点となった事案において、被告の担当者が被告の社名と社印が押捺されている領収書を作成している以上、特段の事情がない限り、その記載どおりの現金が授受されたものと認めることが相当であるとした上で、多額の売買代金を商品と引換えでなく前払によりこれをする場合には、売主との間で継続的に取引を行っている等、商品の引渡しを信ずるに足りる関係の存することが経験則上通常であること、原告は被告の担当者が過去に商品代金を着服したことを知っており、信用できないと考えていたのであるから、高額の商品代金をその担当者に現金で交付することは考えられないこと、原告は被告の担当者が商品を横流しすることを前提に当該商品の販売を求めていること等の事情によれば、原告が代金を前払することはおよそ合理性が欠如しており、領収書の記載どおりの代金授受があったとは認められないとするもの

[解説]

判決❶では、代金の前払がなされたことを証する書証として、被告の社員の作成に係る領収書が存在している以上、特段の事情がない限り、その記載どおりの現金が授受されたものと認められるとした上で、高額の売買代金を前払する場合には、売主との継続的取引等、商品の引渡しがなされることを信ずるに足りる関係が存在するのが通常であるにもかかわらず、かかる関係が存在しないことや、代金交付先である被告担当者が過去に商品代金を着服しており、原告もそのことを認識していたこと等、原告が代金の前払をすることの合理性が欠如している場合には、領収書の記載どおりの代金授受があったとは認められない特段の事情があると判断されている。

（関根澄子）

（代金の支払場所）

第574条 売買の目的物の引渡しと同時に代金を支払うべきときは、その引渡しの場所において支払わなければならない。

事実認定の対象等

■■ 意義

　当事者が弁済の場所を特に定めなかった場合、特定物の引渡債務については債権発生の時にその物が存在した場所で弁済しなくてはならず、その他の債務については債権者の現在の住所で弁済しなければならない（484条１項）のが原則であるが、本条は、売買代金債務についての特則として、売買の目的物の引渡しと代金の支払が同時履行関係にあるときは（特約のない限り、売買契約はそうである）、目的物の引渡しの場所で代金を支払わなければならないとするものである。この規定も、いわゆる意思推測規定である（柚木＝高木編・新版注釈民法(14)〔柚木馨＝高木多喜男〕417頁）。

■■ 参考裁判例

　(1)　本条は一般取引上の観念に従って当事者の意思を推測して設けられた規定であるから、これと異なる慣習があり、当事者がその慣習による意思を有すると認められるときは、その慣習に従うとされる（大判大正３年１月20日民録20輯21頁［27521743］）。

　(2)　目的物の引渡しの場所につき特約がないときはもちろん、売買物件の引渡しと代金の支払とが同時であることの不明な場合も本条の適用はないとされる（大判大正14年４月25日新聞2465号12頁［27539741］）。また、本条は目的物の引渡しと同時に代金を支払うべき関係が現存する場合に限り適用があり、既に目的物の引渡しが終った後は、代金支払の場所は一般原則である484条（平成29年法律44号による改正後は同条１項）により決せられる（大

判昭和 2 年12月27日民集 6 巻743頁［27510744］)。

事実認定についての裁判例と解説

本条に関する事実認定が問題となった裁判例は見当たらない。

(関根澄子)

(果実の帰属及び代金の利息の支払)

第575条　まだ引き渡されていない売買の目的物が果実を生じたときは、その果実は、売主に帰属する。
2　買主は、引渡しの日から、代金の利息を支払う義務を負う。ただし、代金の支払について期限があるときは、その期限が到来するまでは、利息を支払うことを要しない。

事実認定の対象等

■■ 意義

売買の場合、目的物の所有権は原則として契約時に買主に移転するため、売主は目的物の果実を買主に引き渡さなければならない反面、買主は、売主に対して自己の所有物となった目的物の管理費用を償還するとともに、代金支払の履行期が経過した後の代金の利息を支払うことを要するため、当事者間に錯雑した関係を来すことになる。そこで、目的物の果実と代金の利息とは法的に等価値であるとして、簡易な決済を図るべく、売主は目的物を引き渡すまでに生じた果実を取得でき（本条1項）、他方、買主は、目的物が引き渡された日から代金の利息を支払う義務を負うが、代金の支払について期限があるときは、その期限が到来するまでは利息を支払う必要はない（本条2項）とされる（柚木＝高木編・新版注釈民法(14)〔柚木馨＝高木多喜男〕417頁）。

■■ 法律要件及び法律効果等

1　法律要件

(1)　果実の引渡請求

本条1項の適用があるというためには、目的物が引き渡されていないことを要する。その引渡しのないことが、当事者の遅滞に基づく場合であっても

適用を妨げられない。

(2) 利息の支払請求

　本条2項本文によれば、売主は買主に対し、目的物の引渡しの日から代金の利息の支払を請求できる。この「利息」の性質については、代金債務の履行遅滞に基づく遅延利息と解する見解（遅延損害金説。我妻・民法講義Ⅴ2 312頁、柚木＝高木編・新版注釈民法⒁〔柚木馨＝高木多喜男〕423頁等）と、代金債務の履行遅滞があるか否かに関わりなく認められた法定利息と解する見解（法定利息説。広中・債権各論講義87頁、大判昭和6年5月13日民集10巻252頁［27510412］等）との対立があり、いずれの見解に従うかによって利息を請求するための要件が異なってくる（山本・民法講義Ⅳ319頁、司研・要件事実⑴235頁、司研・類型別6頁、村田＝山野目・30講190頁）。

　遅延損害金説によれば、本条2項は、415条による履行遅滞に基づく損害賠償請求権の特則を定めたものと解され、遅延利息を支払うための要件事実として、売買契約を締結したことに加えて、415条の要件である代金債務の履行期の経過のほか、本条2項の要件である売買契約に基づく目的物の引渡し及びその時期がその要件事実となる。ただし、遅延損害金は、目的物の引渡時期と代金債務の履行遅滞が生じた時期が同一であればその時期から、その時期が異なればそのうちのより遅い時期から発生する（司研・類型別5頁）。

　これに対して、法定利息説では、本条2項は、履行遅滞に基づく損害賠償請求権とは別の権利・請求権について定めた規定と解し、法定利息を請求する場合には、売買契約の締結に加えて、前記本条2項の要件事実を主張すれば足りる（目的物が不動産の場合も、目的物の所有権移転登記手続をしたことは必要でない）ことになる。本条2項本文の利息請求権と損害賠償請求権の関係については、法条競合説と請求権競合説とが考えられ、前者によれば、同項の利息請求以外に遅延損害金請求を一切認めないことになるのに対し、後者によれば、遅延損害金請求の場合にも本条2項の趣旨に照らし目的物の引渡しもその要件とすべきであるとの見解と、法定利息請求と遅延損害金請求は全く別個の権利であるから遅延損害金請求の場合は目的物の引渡しは要件とならないとの見解とがさらに考えられる。

2 法律効果

本条1項により、売買の目的物の果実は、目的物の引渡しまでは売主に属し、目的物の引渡し以後は買主に属する。

本条2項本文により、買主は、売買の目的物の引渡しを受けた時から代金の利息を支払う義務を負う。本条2項ただし書により、買主は、売買の目的物の引渡しを受けたときでも、代金の支払について引渡し時よりも後に到来する期限の合意があるときは、引渡しを受けた時から支払期限までの利息の支払義務を負わない。

■■ 参考裁判例

(1) 買主が、期限に代金の支払をせず、又は同時履行の場合に目的物の受領を拒み遅滞に付せられたときでも、目的物の引渡しを受けるまでは代金の利息を支払うことを要せず（大判大正4年12月21日民録21輯2135頁［27819023］）、売主が目的物の引渡しを遅滞している場合でも、引渡しまでこれを使用し果実を取得し得ると同時に、買主は、遅滞にあるときでも目的物の引渡しを受けるまで代金の利息を支払うことを要しない（大判大正13年9月24日民集3巻440頁［27510980］）。なお、売主は、売買の目的物の引渡しをするまではその果実を収取することができるが、本条の趣旨に照らすと、買主は、売主に代金を支払えば、目的物の引渡し前でも果実の引渡しを請求できると解される（大判昭和7年3月3日民集11巻274頁［27510279］参照）。

(2) 目的物たる不動産の引渡し前に売主がこれを第三者に賃貸しているときは、その賃料は売主に属し、所有権が買主に移転され、その登記まで了した場合であっても、不動産の引渡しを受けていない以上、買主は賃料について不当利得返還請求権を有しない（大判昭和12年2月26日民集16巻176頁［27500480］）。

(3) 目的物が「果実」を生じたといえるかについて、抵当権の効力は抵当土地と一体をなす稲毛に及び、競落人への引渡し前に稲毛が成熟期に達していても妨げられず、抵当権の実行による差押えの効力は、当然土地の上の稲毛に及ぶため、競売手続における競落人が競落代金を支払うに及んだ以上、

土地の所有権とともに稲毛の所有権を取得するのは必然の結果であり、本条は適用されないとされ（大判昭和11年6月2日民集15巻1315頁［27500617］）、土地の小作人が土地所有者に対して買戻権を行使した場合には賃貸借は原則として消滅するから、その所有権取得の有無につき判断しないで、小作人が所有権を取得したとしても本条により田地の引渡しがない以上、小作米は果実として土地所有者に帰属すると判断するのは不法であるとされる（大判昭和11年12月11日法学6巻380頁［27544835］）。

事実認定における問題点

これまでの裁判例では、本条に関する事実認定として、「果実が売主、買主のいずれに帰属するか」が問題となったものがある。

事実認定についての裁判例と解説

果実が売主、買主のいずれに帰属するか

[裁判例]

❶　東京高判昭和33年5月27日東高民時報9巻5号83頁［27401299］

売買の目的物である建物の買主に対する所有権移転登記が既になされ、売主は登記後10日以内に同建物を明け渡すべきものであるものの、明渡しが代金の完済と同時になされるべきものである場合、売主は、残代金の支払を受けるまでは建物を明け渡す義務なくこれを使用することができるとしたもの

❷　福岡高判昭和38年4月30日判時369号26頁［27402243］

被告が、借地権者から借地権とともに未完成の地上建物を譲り受け、これを完成して第三者のために根抵当権を設定した後、土地所有者である原告から借地権譲渡の承諾をしないことを理由に建物収去土地明渡しを請求され、旧借地法10条（借地借家法14条）の建物買取請求権を行使した場合においても本条の適用があり、いまだ代金の支払を受けない売主は、目的物の引渡しをするまでは適法に果実を収取し、自ら占有する場合は無償でこれを使用す

ることができるから、被告の建物買取請求権行使の結果、原告の所有に帰した本件建物を被告が占有することにより、原告に賃料相当額の損害が生じることはないとするもの

❸　東京地判平成6年9月16日金融法務1437号53頁〔27828322〕

　原告がAに対し、目的物引渡時期を残代金支払時とする約定で不動産を売却し、Aが売買を原因とする所有権移転登記を経由し、被告が当該不動産に根抵当権を設定した後、原告が上記所有権移転登記を錯誤により抹消した上で当該不動産を賃貸した場合、原告は、Aとの売買契約における約定により、また、本条1項の規定から、Aに対しては当該不動産の賃料収受権を取得するが、これは債権的な権利にすぎない以上、根抵当権に対して優先権を主張することができず、被告の賃料債権に対する差押えの排除を求めることはできないとするもの

解説

　判決❶は、代金支払と同時に引き渡すべき目的物を占有している売主は、残代金の支払を受けるまでは、売買の目的物を使用することができるとし、判決❸も、目的物の引渡時期を残代金支払時とする約定で不動産を売却した場合に、残代金の支払がないときは、売主は当該不動産の賃料収受権を取得するとしており、いずれも、代金支払と目的物の引渡しが同時になされるべき場合は、代金の支払がない以上、目的物の引渡しもなく、果実は売主に帰属するとしている。

　判決❷は、借地権者から借地権とともに未完成の地上建物を譲り受け、これを完成して第三者のために根抵当権を設定した後、土地所有者である原告から借地権譲渡の承諾をしないことを理由に建物収去土地明渡しを請求され、旧借地法10条（借地借家法14条）の建物買取請求権を行使した場合においても本条の適用を肯定し、目的物の引渡しをするまでは果実は売主に帰属し、売主自らが占有する場合は無償で使用することができるとした。

（関根澄子）

（権利を<u>取得することができない等</u>のおそれがある場合の買主による代金の支払の拒絶）　　　　　　　　　　　　　　　　　　　　【改正法】

第576条　売買の目的について権利を主張する者がある<u>ことその他の事由</u><u>により</u>、買主がその買い受けた権利の全部<u>若しくは一部</u>を取得することができず、又は失うおそれがあるときは、買主は、その危険の<u>程度</u>に応じて、代金の全部又は一部の支払を拒むことができる。ただし、売主が相当の担保を供したときは、この限りでない。

（権利を<u>失う</u>おそれがある場合の買主による代金の支払の拒絶）【現行法】

第576条　売買の目的について権利を主張する者がある<u>ために</u>買主がその買い受けた権利の全部<u>又は一部</u>を失うおそれがあるときは、買主は、その危険の<u>限度</u>に応じて、代金の全部又は一部の支払を拒むことができる。ただし、売主が相当の担保を供したときは、この限りでない。

■ 改正の趣旨

　平成29年改正前の576条は、売買の目的について、「権利を主張する者がある」ために買主が買い受けた権利の「全部又は一部を失うおそれがある」ときに、買主保護の見地から、買主に代金支払拒絶権を認めていた。しかし、この代金支払拒絶権については、目的物の上に用益権を主張する第三者が存在する場合が含まれるとされるほか、債権売買において債務者が債務の存在を否定した場合にも類推適用されると解されていたため、「権利を主張する者がある」場合だけではなく、これらの場面においても、代金支払拒絶権があることを明文化する必要があった。また、この代金支払拒絶権は、買主が既に取得した権利を失うおそれがある場合だけでなく、買主が権利を取得することができないおそれがある場合にも適用があると解されていた。

　そこで、平成29年改正法においては、改正前の576条の「権利を主張する

者がある」という要件に、「その他の事由」という文言を付加するとともに、「失うおそれがある」場合のほか、「取得することができないおそれがある」場合も掲げて、買主は、権利の取得の前後を問わず、また、売買の目的について所有権のみならず用益物権があると主張する者がいる等の場合についても、代金支払を拒絶することができる旨を明確化した。

《条文・判例の位置付け》 要件・効果の変容

事実認定の対象等

■■ 意義

平成29年改正法においては、引き渡された売買の目的物が種類、品質又は数量に関して契約の内容に適合しない場合に、買主は、追完請求権（562条）、代金減額請求権（563条）、損害賠償請求権及び解除権（564条）を有し、売主からの代金支払請求に対し、これらに基づく抗弁権を主張することができるとされる。これらの規定は、売主が買主に移転した権利が契約の内容に適合しない場合（権利の一部が他人に属する場合においてその権利の一部を移転しないときも含む）にも準用される（565条）。

売買について権利を主張する者があることその他の事由により、買主がその買い受けた権利の全部又は一部を取得することができず、又は失うおそれがあるときは、その危険の程度に応じて買主に代金の全部又は一部の支払拒絶権を与え、その損害の発生を未然に防ぐことができるようにしたのが、本条本文である。

本条ただし書は、売主が相当の担保を提供し、買主に損害が生じてもその補填を可能にする手段を講じたときには、直ちに代金支払を受けることができるものと定め、契約当事者間の実質的公平を図っている（柚木＝高木編・新版注釈民法(14)〔柚木馨＝高木多喜男〕424頁）。

■■ 法律要件及び法律効果等

1 法律要件

本条本文により買主の代金支払拒絶権が認められるための要件は、

① 売買の目的とした財産権について、第三者が、その全部又は一部が自己に属する旨を主張していること、その他の事由があること

② 売主からの代金支払請求に対し、買主が、以上の危険の程度に応じて、代金の全部又は一部の支払を拒絶すること

である。

買主が権利を失う「おそれ」があるかどうかは、①において主張される権利の内容と主張の態様とを具体的に主張立証することで明らかになるものであり、いわば法的評価の問題といえるから、①以上の主張立証は要しない。①の事実があるにもかかわらず、買主が権利を喪失しないことが、売主の主張立証すべき再抗弁となると考えられる（山本・民法講義Ⅳ323頁、司研・要件事実(1)240頁〜242頁）。

買主の代金支払拒絶の抗弁に対し、売主は、本条ただし書に基づく再抗弁として、買主に対し、支払拒絶額に相当する担保を供与したことを主張立証することができる。

2 法律効果

本条本文により、買主は、売主からの代金支払請求に対し、代金支払を拒絶できる。もっとも、代金支払を拒絶できるのは、権利を失う危険の程度に応じてであるから、代金減額請求権又は損害賠償請求権が成立するときは、その減額又は賠償すべき額の限度となり、契約全部の解除権が成立するときは、代金全額の支払を拒絶することができる。

本条ただし書により、売主は、相当の担保を供したときには、代金支払拒絶権を消滅させることができる。

■■ 参考裁判例

(1) 本条本文の買主の権利は、売主の代金請求に対する抗弁権であるから、

その請求を俟ってはじめてこれを行使することができる（大判明治37年4月23日民録10輯525頁［27520621］）。

(2) 平成29年改正前の576条本文の「権利の全部又は一部を失うおそれがあるとき」の要件については、大審院の判例により、売買の目的地域内に他人の所有地が介在する場合は、買主は本条により代金の支払を拒むことができるとされる（大判昭和9年11月8日法学4巻490頁［27819106］）。

(3) 土地賃借権の無断譲渡又は無断転貸がなされ、当該土地上の建物の所有者が土地所有者から土地の明渡しや損害賠償を請求される場合に、559条により本条が準用されるか否かについて、大審院の判例は、賃貸人の承諾を得ない転借人が、賃貸人から明渡しと損害金支払との請求を受けた場合に、現実に明渡しをしない間は転貸借が履行不能により終了するものではないが、転借人は、改正前の576条、559条の趣旨により免責を得ない限り、転貸人に対し、転借料の支払を拒絶することができ（大判昭和15年9月11日民集19巻1578頁［27500249］）、土地賃借人がその地上に所有する建物を他人に賃貸した場合に、土地賃貸借が解除され建物賃借人がその土地を不法占拠する結果になり、土地所有者に損害賠償義務を負担するに至ったときは、改正前の576条の趣旨により、建物賃借人は建物賃貸人に対して賃料の支払を拒むことができる（大判昭和17年1月15日民集21巻1頁［27500077］）としていたが、最高裁判所も、所有権ないし賃貸権限を有しない者から不動産を賃借した者は、その不動産につき権利を有する者から権利を主張され不動産の明渡しを求められた場合には、賃借不動産を使用収益する権原を主張することができなくなるおそれが生じたものとして、559条で準用する改正前の576条により、明渡請求を受けた以後は、賃貸人に対する賃料の支払を拒絶することができる（最判昭和50年4月25日民集29巻4号556頁［27000374］）と判示した。

(4) 本条ただし書の「相当の担保を供した」との要件に関し、最高裁判所は、土地の売買契約において、買主が売買代金の中間金を支払い、仮登記手続を了したところ、その後に、目的物である土地につき別件訴訟の提起による予告登記があることを知って、残代金の支払を拒絶したため、売主が、親

族の所有地を担保提供することを申し込んだが、買主はこれを承諾しなかったという事案について、「担保供与とは担保を成立させることをいうものであつて、買主との間で、担保物権を設定し又は保証契約を締結したことを要し、買主の承諾を伴わない担保物権設定又は保証契約締結の単なる申込みは、……担保供与に当らない」とした控訴審判決（東京高判昭和55年7月30日高裁民集33巻2号114頁［27405338］）を支持し、担保の成立が必要であるとした（最判昭和58年3月25日裁判集民138号395頁［27490411］）。

事実認定における問題点

これまでの裁判例では、平成29年改正前の576条本文に関し、「権利の全部又は一部を失うおそれがあるとき」に該当するか否かが問題となったものがある。

事実認定についての裁判例と解説

「権利の全部又は一部を失うおそれがあるとき」に該当するか否か

[裁判例]

❶ 東京地判昭和54年4月26日判時942号62頁［27405068］

原告の経営する店舗の一部で食品販売の営業をしていた被告において、契約書に記載された契約の実態が建物賃貸借契約の内容と酷似しており、当該部分が原告の経営する店舗とは区分され、被告は当該部分で自己の雇い入れた従業員を使用して営業し、原告はこれに関与していない等の事情により、原被告間の契約は賃貸借であると認識していたところ、真の所有者から証拠書類を提示の上、原被告間の契約は無断転貸借であるから、真の所有者と転貸人との間の賃貸借契約を解除すると告知された場合には、原被告間の契約は無断転貸借である旨の告知を受けた時から、559条で準用する本条の趣旨に従い、原告に対し賃料とも判断され得る約定の金員の支払を拒絶できるとするもの

❷　大阪高判昭和56年9月22日下級民集32巻9＝12号873頁［27405602］

　所有権を有しない者から不動産を賃借した者は、その不動産につき所有権等の権利を有する者からその権利を主張され不動産の明渡しを求められた場合には、不動産を使用収益する権原を主張することができなくなるおそれが生じたものとして、559条で準用する本条により、明渡請求を受けた以後は、賃貸人に対する賃料の支払を拒絶することができると解すのが相当であるが（前掲最判昭和50年4月25日）、賃借人が不動産所有者から賃料支払拒絶権を主張されたからといって、直ちに賃貸人に対する賃料支払義務が絶対的に消滅するものではなく、賃借人の賃料支払拒絶権が継続している間における目的物の使用収益については、賃貸人から賃借人に対する賃料債権ないし賃料相当額の損害賠償債権（賃貸借契約が賃貸人の解除権行使によって終了した場合）と、所有者から賃借人に対する不当利得返還請求権ないし賃料相当額の損害賠償請求権とが併存しているものであり、賃貸人に賃貸権限がなく、当該不動産を所有者に明け渡すべきことが判決等によって確定した場合、賃借人においてその所有者に対する前記各請求権の義務を履行することにより、遡ってこれに対応する期間の賃貸人に対する賃料債務ないし賃料相当額の損害賠償義務が消滅し、なお、残余の債務があるときは、所有者に対する債務の内容が確定した時点で賃貸人にこれを支払うべき義務があり、控訴人は、控訴人の無断転貸を理由とする被控訴人からの賃貸借契約の解除権行使によって賃貸借契約が終了した後も控訴人が本件建物を利用したことについての賃料相当額の損害賠償義務を負うとするもの

❸　大阪高判昭和58年4月28日下級民集34巻1＝4号182頁［27405958］

　土地の賃貸人の承諾を得ないで土地賃借権と借地上の建物を譲り受けた者は、譲受建物に競売申立登記がなされた後であっても、旧借地法10条（借地借家法14条）の建物買取請求権を行使することができるが、既に競売開始決定がなされ、換価処分手続に入っている本件各建物について買取請求権が行使されてこれを買い取った賃貸人は、567条を準用して、競売申立てが、取り下げられるまで、あるいはその競売手続が完結するまでその売買代金の支払を拒絶できるとするもの

❹ 東京地判平成6年12月2日判時1551号96頁［27829026］

　建物賃借人は、賃借建物に対する権利に基づき自己に対して明渡しを請求することができる第三者からその明渡しを求められた場合には、それ以後、賃料の支払を拒絶することができるものと解すべきである（前掲最判昭和50年4月25日）から、転貸人の賃貸人に対する賃料不払により、賃貸人が賃貸借契約を解除し、転借人に対し保証金と賃料を支払わない限り、本件建物を明け渡すよう求めた場合には、被告は転貸人に対し、以後の本件賃貸借に基づく賃料支払を拒絶することができ、その後にこの賃料を差し押さえた原告に対しても、その支払を拒絶することができる。そして、被告が賃貸人から賃料相当損害金の支払を求められるなど、不当利得返還あるいは不法行為による損害賠償請求を受ける客観的な危険があり、転貸人の転借人に対する目的物の使用によって転借人が第三者に対する不当利得返還義務あるいは不法行為による損害賠償義務を負うことがないようにする義務が履行されないおそれが生じていた以上、転借人が建物を事実上使用収益していたとしても、この使用期間中の賃料支払を拒絶することができるとするもの

❺ 東京地判平成8年4月26日判時1584号121頁［28020100］

　不動産の売買契約が詐害行為に当たるとして第三者からその取消しを求められている場合には、買主はその買い受けた権利の全部又は一部を失うおそれがあるから、本条の類推により、代金の全部又は一部の支払を拒むことができるとするもの

❻ 東京高判平成8年7月31日判時1578号60頁［28011405］

　建物買取請求によって根抵当権の設定されている建物の所有権及びその敷地の借地権を、借地の譲受けにつき借地所有者の承諾を得ないで取得した者は、土地所有者に対し、建物買取請求権を行使することができるとした上で、既に競売開始決定のあった根抵当権については滌除をすることができず、競売が実施されると本件建物の所有権を失うことになる一方、競売申立てが取り下げられる可能性も可定できないし、買主が利害関係のある第三者として被担保債権を弁済することも可能であって、買主の置かれている地位が不安定であることに鑑み、買主は、本条の類推適用により、競売手続の継続中は

建物の代金の支払を拒絶することができるとするもの

解説

　判決❶は、原告と被告との間の契約が客観的に賃貸借契約に該当するか否かにかかわらず、被告において賃貸借契約と認識していた場合において、被告が真の所有者から、同人と原告との間の賃貸借を解除すると告知された場合について、賃借権の無断譲渡又は無断転貸がなされた場合と同様に、559条による平成29年改正前の576条の準用を肯定したものである。

　また、最判昭和50年4月25日民集29巻4号556頁［27000374］により、建物賃借人が、賃貸建物につき所有権等の権利を有する者から権利を主張され、明渡しを求められた場合に、賃料支払拒絶権を行使できるとされたことを踏まえ、かかる権利行使がされた場合の法律関係について、判決❷は、賃貸借契約が既に賃貸人からの解除権行使によって終了している場合に、賃借人の賃料支払拒絶権が継続している間における目的物の使用収益については、賃貸人から賃借人に対する賃料相当額の損害賠償債権と、所有者から賃借人に対する不当利得返還請求権ないし賃料相当額の損害賠償請求権とが併存し、賃貸人に賃貸権限がなく、当該不動産を所有者に明け渡すべきことが判決等によって確定した場合に、所有者に対する前記各請求権の義務を履行することにより、遡ってこれに対応する期間の賃貸人に対する賃料相当額の損害賠償義務が消滅し、なお残余の債務があるときは、所有者に対する債務の内容が確定した時点で賃貸人にこれを支払うべき義務があり、転貸人は、転貸人の無断転貸を理由とする賃貸人からの賃貸借契約の解除権行使によって賃貸借契約が終了した後も転貸人が建物を利用したことについての賃料相当額の損害賠償義務を負うとし、判決❹は、転借人が賃貸人から賃料相当損害金の支払を求められるなど、不当利得返還あるいは不法行為による損害賠償請求を受ける客観的な危険があり、転貸人の転借人に対する目的物の使用によって転借人が第三者に対する不当利得返還義務あるいは不法行為による損害賠償義務を負うことがないようにする義務が履行されないおそれが生じていた以上、転借人が建物を事実上使用収益していたとしても、この使用期間中の賃料支払を拒絶することができるとした。

判決❸、❻は、いずれも、土地の賃貸人の承諾を得ないで土地賃借権と借地上の建物を譲り受けた者が、土地所有者に対し、旧借地法10条（借地借家法14条）の建物買取請求権を行使した場合に関するものであり、判決❸は、建物について競売申立登記がなされた後に建物買取請求権が行使された場合に、買主は、改正前の576条を準用して、競売申立てが、取り下げられるまで、あるいはその競売手続が完結するまでその売買代金の支払を拒絶できるとし、また、判決❻は、建物に根抵当権が設定されており、既に競売開始決定があった場合に、買主は、改正前の576条の類推適用により、競売手続の継続中は建物の代金の支払を拒絶することができるとした。

　判決❺は、不動産の売買契約が詐害行為に当たるとして第三者からその取消しを求められている場合に、改正前の576条の類推適用を肯定した。

（関根澄子）

(抵当権等の登記がある場合の買主による代金の支払の拒絶)　【改正法】

第577条　買い受けた不動産について契約の内容に適合しない抵当権の登記があるときは、買主は、抵当権消滅請求の手続が終わるまで、その代金の支払を拒むことができる。この場合において、売主は、買主に対し、遅滞なく抵当権消滅請求をすべき旨を請求することができる。
2　前項の規定は、買い受けた不動産について契約の内容に適合しない先取特権又は質権の登記がある場合について準用する。

(抵当権等の登記がある場合の買主による代金の支払の拒絶)　【現行法】

第577条　買い受けた不動産について抵当権の登記があるときは、買主は、抵当権消滅請求の手続が終わるまで、その代金の支払を拒むことができる。この場合において、売主は、買主に対し、遅滞なく抵当権消滅請求をすべき旨を請求することができる。
2　前項の規定は、買い受けた不動産について先取特権又は質権の登記がある場合について準用する。

■■ 改正の趣旨

　平成29年改正前の577条においては、買い受けた不動産の上に抵当権、先取特権又は質権の登記があるときに、買主の代金支払拒絶権を認めていたが、抵当権等の登記があることを前提として売買契約が締結された場合には適用がないと解されていた。そこで、平成29年改正法においては、抵当権等の登記が「契約の内容に適合しない」ものであることを明記し、前記解釈を明確化した。
《条文・判例の位置付け》　要件・効果の変更なし

事実認定の対象等

■■ 意義

　本条1項は、前段において、買い受けた不動産について契約の内容に適合しない抵当権の登記があるときは、買主は、抵当権消滅請求の手続が終わるまで、代金の支払を拒絶することができるとし、本条2項は、買い受けた不動産について契約の内容に適合しない先取特権又は質権の登記がある場合についても契約の内容に適合しない抵当権の登記がある場合に準ずると定める。売買の目的物に担保物権の登記があるときは、必ず権利喪失の危険性が存在するものとみなして、その危険性が具体的に存在するかどうかを問わず、常に代金支払を拒絶することができるとしたものである（柚木＝高木編・新版注釈民法(14)〔柚木馨＝高木多喜男〕426頁）。

　また、買主が抵当権消滅手続を口実に支払を拒み、売主が長く代金支払を受けることができない事態が生じることが避けられないため、本条1項後段は、遅滞なく抵当権消滅請求をすべきことを買主に請求できるとする。

■■ 法律要件及び法律効果等

1　法律要件

　代金支払拒絶権が認められるための要件は、

① 売買の目的物である不動産に、抵当権、先取特権、質権の登記があること

② 買主が売主に対し、代金の支払を拒絶する旨の意思表示をする必要があること

である（山本・民法講義Ⅳ324頁、司研・要件事実(1)243頁）。

　なお、平成29年改正前の577条の下においても、売買契約の締結に当たって買主が抵当権等によって担保された債務を引き受けたことや、その債務額を控除した額をもって代金額としたこと等の事実を、買主の代金支払拒絶の抗弁に対する再抗弁として、売主が主張立証することができると解されており、「契約の内容に適合しない」ことについては、売主が主張立証すべき事

実であると考えられていた（司研・要件事実(1)243頁）。

また、売主は、再抗弁として、売主が買主に対し、担保権消滅請求をするよう催告したこと、催告後担保権消滅手続に着手するのに必要な期間が経過したことを、主張立証することができると考えられていたが（司研・要件事実(1)244頁）、この点は、改正後も同様に解されよう。

2 法律効果

本条1項前段により、買主は、売主からの代金支払請求に対し、担保権消滅請求手続が終わるまで、代金の支払を拒絶できる。

本条1項後段により、売主が担保権消滅請求をすべき旨を催告した場合には、担保権消滅請求をするのに必要な期間が経過するまでに買主が担保権消滅請求をしない限り、買主は代金の支払を拒絶できなくなる。

■■ 参考裁判例

平成29年改正前の577条が、旧借地法10条（借地借家法14条）による建物買取請求権の行使によって成立する建物の売買契約についても適用があるかについて、下級審では肯定されていたが（仙台高判昭和33年6月30日下級民集9巻6号1225頁［27401325］、東京高判昭和34年12月22日高裁民集12巻10号526頁［27401600］、東京高判昭和37年1月31日高裁民集15巻1号44頁［27401981］、福岡高判昭和38年4月30日判時369号26頁［27402243］、札幌高判昭和38年10月26日高裁民集16巻7号577頁［27402346］）、最高裁判所も、旧借地法10条に基づく建物買取請求権行使によって成立する売買については、同条の適用があり、根抵当権者に対する滌除の手続（平成15年法律134号による改正前の民法378条が規定していた手続）が終了するまで建物の代金の支払を拒絶することができると判断した（最判昭和39年2月4日民集18巻2号233頁［27001942］）。

なお、下級審の裁判例ではあるが、建物の区分所有等に関する法律63条4項所定の売渡請求によって成立した売買契約においては、原則として、区分所有権及び敷地利用権の所有権移転登記並びに建物（専有部分）の明渡しと

時価相当額の代金支払とは同時履行の関係にあるが、区分所有権及び敷地利用権について抵当権等の登記がなされている場合には、買主は、滌除（抵当権消滅請求）の手続が終了するまで代金の支払を拒絶することができるとされている（神戸地判平成11年6月21日判時1705号112頁［28051329］）。

事実認定における問題点

本条に関する事実認定が問題となった裁判例は見当たらない。

（関根澄子）

(売主による代金の供託の請求)

第578条 前2条の場合においては、売主は、買主に対して代金の供託を請求することができる。

事実認定の対象等

■■ 意義

買主が576条、577条の代金支払拒絶権を行使する場合に、売主は、買主に対し、代金の供託を請求できるとする。買主が代金支払を拒絶している間に無資力となって、売主が現実に代金の支払を受けられなくなる危険から売主を保護する趣旨である（柚木＝高木編・新版注釈民法(14)〔柚木馨＝高木多喜男〕428頁）。

■■ 法律要件及び法律効果等

1 法律要件

買主が代金支払拒絶権の行使を主張するのに対し、売主は、
① 売主が買主に売買代金の供託を請求したこと
② この請求の後、供託に必要な期間が経過したこと
を主張立証することができる。②の要件は、本条の規定上は明示されていないが、買主の代金支払拒絶権は、売主の供託請求によって直ちに行使できなくなるものではなく、②の期間が経過したときにはじめて行使できなくなるものと解される（司研・要件事実(1)246頁）。

2 法律効果

本条により売主が代金の供託を請求したときは、買主は供託をしない限り、代金の支払を拒絶できなくなる（大判昭和14年4月15日民集18巻429頁[27500296]）。もっとも、同時履行の抗弁権までも失うものではない。

買主は、売買代金を供託したことを主張立証すれば、代金支払拒絶権を行使し得ない拘束から解放されることになる。

事実認定についての裁判例と解説

本条に関する事実認定が問題となった裁判例は見当たらない。

（関根澄子）

第3款　買戻し

> **（買戻しの特約）**　　　　　　　　　　　　　　　　　　　　【改正法】
>
> 第579条　不動産の売主は、売買契約と同時にした買戻しの特約により、買主が支払った代金<u>（別段の合意をした場合にあっては、その合意により定めた金額。第583条第１項において同じ。）</u>及び契約の費用を返還して、売買の解除をすることができる。この場合において、当事者が別段の意思を表示しなかったときは、不動産の果実と代金の利息とは相殺したものとみなす。

> **（買戻しの特約）**　　　　　　　　　　　　　　　　　　　　【現行法】
>
> 第579条　不動産の売主は、売買契約と同時にした買戻しの特約により、買主が支払った代金及び契約の費用を返還して、売買の解除をすることができる。この場合において、当事者が別段の意思を表示しなかったときは、不動産の果実と代金の利息とは相殺したものとみなす。

■■ 改正の趣旨

改正前の579条には本条前段のかっこ書がなかった。しかし、売主が提供すべき金額に関するルールが任意法規であること、すなわち、合意により代金額と異なる額を返還すべき額とすることができることを明記するため、本改正により本条前段にかっこ書が付された（潮見・改正法の概要275頁）。

《条文・判例の位置付け》　要件・効果の変容

事実認定の対象等

■■ 意義

　本条前段は、不動産の買戻しの特約について定める。買戻しの特約とは、売主が、買主が支払った代金（ただし、別段の合意をした場合にあっては、その合意により定めた金額）及び契約の費用を返還して売買契約の解除をすることができる特約のことをいう。民法は、不動産についてのみ買戻しの特約を認めたので、以下、買戻しの特約とは、不動産についての買戻しの特約を意味する。買戻しの特約は、売買契約と同時になされる必要がある。

　買戻しの特約は、例えば、土地の分譲等に際して買主が一定期間内に建物を建築する義務を負い、これに違反した場合に備えて締結されることがある（新都市基盤整備法52条、新住宅市街地開発法33条等）。しかし、多くの場合は債権担保の目的、すなわち、不動産の売主（債務者）が買主（債権者）から不動産の代金相当額の融資を受け、これを売主（債務者）が買主（債権者）に返済した場合に備えて締結される。

　本条後段は、代金の利息と不動産の果実との関係について別段の意思表示がない場合の解釈規定である。

■■ 法律要件及び法律効果

1　法律要件

　例えば、自己が所有する甲土地をYに買戻しの特約を付けて売ったと主張するXが、同特約に基づいて売買契約を解除したとして、甲土地を占有するYに対し、所有権に基づいて甲土地の明渡しを求める場合、請求原因は次のとおりとなる。

　訴訟物は、所有権に基づく返還請求権であるから、請求原因は、
① 　Xが甲土地を所有していること
② 　Yが甲土地を占有していること
となる。そして、現在のX所有について権利自白が成立しない場合、Xは、甲土地の所有権取得原因事実を主張する必要があるから、①として、（i）自

己が所有する甲土地をYに買戻しの特約を付けて売ったこと、(ⅱ) 同特約に基づいて売買契約を解除したこと、を主張する必要がある。

そこで、(ⅰ)として、(a) XとYが甲土地について売買契約を締結したこと、(b) (a)の当時、Xが甲土地を所有していたこと、を主張する必要があり、(ⅱ)として、(c) XとYが(a)の売買契約と同時に買戻しの特約を締結したこと、(d) XがYに対して580条に規定する買戻しの期間内に代金及び契約の費用を提供して、買戻権を行使する旨の意思表示をしたこと、を主張する必要がある。(c)が必要となるのは、買戻しの特約は売買契約と同時になされる必要があるからであり（本条前段）、(d)が必要となるのは、買戻権を行使するためには580条に規定する買戻しの期間内に代金及び契約の費用を提供する必要があり（583条1項）、また、買戻権は解除権であるから、相手方に対する意思表示によってなされる必要がある（540条）からである。

2　法律効果

不動産の売主は、買戻しの特約により、買主が支払った代金（ただし、別段の合意をした場合にあっては、その合意により定めた金額）及び契約費用を返還して、売買の解除をすることができ、不動産の所有権を取り戻すことができる。また、本条の買戻しでは、特段の意思表示がない限り、代金の利息と不動産の果実は相殺したものとみなされる。

事実認定における問題点

これまでの裁判例には、本条に関する事実認定として、買戻特約付売買契約と譲渡担保契約との関係が問題となったものがある。

事実認定についての裁判例と解説

買戻特約付売買契約と譲渡担保契約との関係
(1) 債権担保の目的で締結された買戻特約付売買契約

　買戻しの特約が債権担保の目的で締結された場合、これを民法が規定する買戻特約付売買契約として扱うのか、それとも民法に規定がない譲渡担保契約として扱うのかが問題となる。この点について最判平成18年2月7日民集60巻2号480頁［28110352］（以下「平成18年最判」という）は次のように述べた。

　「真正な買戻特約付売買契約においては、売主は、買戻しの期間内に買主が支払った代金及び契約の費用を返還することができなければ、目的不動産を取り戻すことができなくなり、目的不動産の価額（目的不動産を適正に評価した金額）が買主が支払った代金及び契約の費用を上回る場合も、買主は、譲渡担保契約であれば認められる清算金の支払義務（最高裁昭和42年(オ)第1279号同46年3月25日第一小法廷判決・民集25巻2号208頁参照）を負わない（民法579条前段、580条、583条1項）。このような効果は、当該契約が債権担保の目的を有する場合には認めることができず、買戻特約付売買契約の形式が採られていても、目的不動産を何らかの債権の担保とする目的で締結された契約は、譲渡担保契約と解するのが相当である」。

　この平成18年最判により、債権担保の目的で締結された買戻特約付売買契約は、譲渡担保契約として扱われることになった。

(2) 債権担保の目的の認定

　次に問題となるのは、どのような場合に債権担保の目的で締結されたと認められるかである。平成18年最判が言い渡されるまで、下級審は、① 契約締結の動機、② 売買代金額と目的物件の価格との均衡、③ 買戻期間の長さ、④ 契約後の目的物件の占有・使用状況等を総合考慮して、当該契約が真正な買戻特約付売買契約か譲渡担保契約かを判断していた（東京高判平成元年7月25日判時1320号99頁［27804833］、福岡高判平成元年10月30日判タ713号181頁［27805350］、東京地判平成2年8月24日判時1385号70頁［27808854］、

浦和地川越支判平成2年9月6日判タ737号155頁［27807275］、浦和地判平成4年5月20日判タ796号179頁［27813769］、高知地判平成7年7月14日判タ902号106頁［28010328］、東京高判平成10年7月29日判タ1042号156頁［28052705］等）。しかし、この問題について平成18年最判は、次のように述べた。

「真正な買戻特約付売買契約であれば、売主から買主への目的不動産の占有の移転を伴うのが通常であり、民法も、これを前提に、売主が売買契約を解除した場合、当事者が別段の意思を表示しなかったときは、不動産の果実と代金の利息とは相殺したものとみなしている（579条後段）。そうすると、買戻特約付売買契約の形式が採られていても、目的不動産の占有の移転を伴わない契約は、特段の事情のない限り、債権担保の目的で締結されたものと推認され、その性質は譲渡担保契約と解するのが相当である」。

この平成18年最判により、今後は占有の移転の有無あるいは特段の事情の有無を中心に、当該契約が債権担保の目的で締結されたかどうか、すなわち当該契約が譲渡担保契約か真正な買戻特約付売買契約かが判断されることになった。

(3) 平成18年最判の概要

ア 事案の内容

株式会社Y_1の代表者Y_2に対して貸金債権を有していた有限会社X（原告）が、Y_1との間でY_1所有の土地建物（以下「本件土地建物」という）について買戻特約付売買契約（以下「本件契約」という）を締結し、その買戻期間が経過したとして、本件建物を占有しているY_1・Y_2（被告ら）に対し、所有権に基づきその明渡しを求めた。被告らは、本件契約は真正な買戻特約付売買契約ではなく譲渡担保契約であるから、原告は真正な買戻特約付売買契約によって所有権を取得したことを理由として本件建物の明渡しを求めることはできないとして、原告の請求を争った。

イ 原審の判断

原審は、① 契約書の標題が「買戻約款付土地建物売買契約書」となっていること、② 被告らは、原告が控除した67万5000円は本件契約による貸付

けに係る3か月分の利息であると主張するが、現に利息として支払われた270万円の領収証には「利息」と明記されているのに、67万5000円の領収証にはその記載がないこと、③ 被告らは、Y_1は原告から371万5000円しか受け取っておらず、このような少額の代金でY_1が時価1800万円を下らない本件土地建物を売却するはずはないと主張するが、Y_1が371万5000円しか受け取ることができなかったのは、買戻権付与の対価等が控除されたからであり、本件土地建物の時価が1800万円を下らないと認めるに足りる証拠もないこと、を理由に、本件契約は譲渡担保契約ではなく真正な買戻特約付売買契約であると認めた。

ウ 最高裁の判断

原判決破棄、被上告人（1審原告）の請求を認容した第1審判決取消し、被上告人の請求棄却。

最高裁が示した規範は前記(1)ア及びイのとおりである。

その上で、最高裁は、「本件契約は、目的不動産である本件建物の占有の移転を伴わないことが明らかであり、しかも、債権担保の目的を有することの推認を覆すような特段の事情の存在がうかがわれないだけでなく、かえって、① 被上告人が本件契約を締結した主たる動機は、別件貸付けの利息を回収することにあり、実際にも、別件貸付けの元金1000万円に対する月3分の利息9か月分に相当する270万円を代金から控除していること、② 真正な買戻特約付売買契約においては、買戻しの代金は、買主の支払った代金及び契約の費用を超えることが許されないが（民法579条前段）、被上告人は、買戻権付与の対価として、67万5000円（代金額750万円に対する買戻期間3か月分の月3分の利息金額と一致する。）を代金から控除しており、上告会社はこの金額も支払わなければ買戻しができないことになることなど、本件契約が債権担保の目的を有することをうかがわせる事情が存在することが明らかである。したがって、本件契約は、真正な買戻特約付売買契約ではなく、譲渡担保契約と解すべきである」として、真正な買戻特約付売買契約を本件建物の所有権取得原因とする被上告人の請求は理由がないと判断した。

(4) 残された問題点

平成18年最判がいう占有の移転とは、現実の占有の移転に限られるのか、占有改定の方法による占有の移転も含まれるのか。平成18年最判の文言からは不明であるが、平成18年最判の調査官解説によれば、現実の占有の移転に限られると解するのが相当とされている（福田剛久・最判解説〈平成18年度〉（上）252頁）。その理由は、真正な買戻特約付売買契約でありながら占有改定をして賃貸借をするというのは極めて例外的な場合であるから、そのような事情は債権担保の目的を有することの推認を覆す特段の事情として買主が立証すべきという点にある。

　債権担保の目的を有することの推認を覆す特段の事情とはどのような事情をいうのか。平成18年最判の調査官解説によれば、例えば、「従前から信頼関係のある当事者間の契約などで、契約締結後しばらくの間は買主に目的不動産の使用予定がなく、使用の必要が生じるときまで売主にその管理をゆだねる意味で占有を移転しないままにしている場合等が考えられようが、いずれにしても事例の集積を待つしかない」とされている（福田・前掲252頁）。

(5) **平成18年最判後の裁判例**

　買戻特約付売買契約が、その目的建物の賃貸借契約と同時に締結され、両契約の締結前後を通じて外観上売主（賃借人）による目的建物の使用態様に変化がみられず、目的建物の占有移転を伴わない場合は、その売買契約の法的性質は譲渡担保契約であるとした裁判例がある（東京地判平成27年7月14日判時2294号78頁［28242593］）。

（村主隆行）

（買戻しの期間）

第580条　買戻しの期間は、10年を超えることができない。特約でこれより長い期間を定めたときは、その期間は、10年とする。
2　買戻しについて期間を定めたときは、その後にこれを伸長することができない。
3　買戻しについて期間を定めなかったときは、5年以内に買戻しをしなければならない。

事実認定の対象等

■■ 意義

本条は、買戻しの期間について定める。民法は、買戻しの期間を制限した。買戻権が長期間にわたって存続すると、権利関係が不安定になるからである。この趣旨からすると、買戻しの期間の始期を契約締結時から10年以上先と定めた契約は、無効になる（大判昭和3年11月30日民集7巻1036頁[27819074]）。

■■ 法律要件及び法律効果等

1　法律要件

自己が所有する甲土地をYに買戻しの特約を付けて売ったと主張するXが、同特約に基づいて売買契約を解除したとして、甲土地を占有するYに対し、所有権に基づいて甲土地の明渡しを求める場合、Xは、請求原因として、XがYに対して580条に規定する買戻しの期間内に代金及び契約の費用を提供して、買戻権を行使する旨の意思表示をしたことを主張する必要がある（579条の解説参照）。

このとき、XがYに対して代金及び契約の費用の提供並びに買戻権行使の意思表示をした日（以下「買戻権行使日」という）が、XとYが甲土地につ

いて売買契約を締結した日（以下「売買契約締結日」という）から5年以内である場合は、Xは、買戻しの期間の合意について何も主張する必要はないと考えられる（本条3項）。そして、Xの買戻権行使の有効性を争うYが、買戻しの期間を合意したこと、Xの買戻権行使が買戻しの期間経過後になされたことを主張する必要があると考えられる。

　他方、買戻権行使日が売買契約締結日から5年を超えている場合は、Xが、買戻しの期間について5年を超える合意をしたことを主張する必要がある。そして、その期間が10年以上である場合は、Xは、売買契約締結日から10年以内に買戻権を行使したことを主張すればよいが（本条1項）、その期間が10年未満である場合は、その期間を伸長することができない以上（本条2項）、Xは、その期間内に買戻権を行使したことを主張しなければならない。

2　法律効果

　買戻しの期間は、10年以内に限定され、これより長期の期間を定めた場合でも、10年に短縮される（本条1項）。買戻しの期間の延長は、無効である（本条2項）。買戻期間の定めがないときは、5年以内に買戻権を行使する必要がある（本条3項）。

事実認定についての裁判例と解説

本条に関する事実認定が問題となった裁判例は見当たらない。

（村主隆行）

（買戻しの特約の対抗力）　　　　　　　　　　　　　　【改正法】

第581条　売買契約と同時に買戻しの特約を登記したときは、買戻しは、第三者に対抗することができる。

2　前項の登記がされた後に第605条の2第1項に規定する対抗要件を備えた賃借人の権利は、その残存期間中1年を超えない期間に限り、売主に対抗することができる。ただし、売主を害する目的で賃貸借をしたときは、この限りでない。

（買戻しの特約の対抗力）　　　　　　　　　　　　　　【現行法】

第581条　売買契約と同時に買戻しの特約を登記したときは、買戻しは、第三者に対しても、その効力を生ずる。

2　登記をした賃借人の権利は、その残存期間中1年を超えない期間に限り、売主に対抗することができる。ただし、売主を害する目的で賃貸借をしたときは、この限りでない。

■■ 改正の趣旨

　本条は、買戻しの特約の対抗力に関する平成29年改正前の581条の考え方を基本的に維持し（売買契約と買戻しの特約の登記の同時性）、そのルールを明確化したものである（潮見・改正法の概要277頁）。
《条文・判例の位置付け》　要件・効果の変更なし

事実認定の対象等

■■ 意義、法律要件及び法律効果等

　本条1項の趣旨等は、次のとおりである。
　買戻しの特約は、契約当事者間において効力を有するのが原則であるが、

買戻権の財産的価値を確保・強化するため、買戻しの特約を登記したときは、これを第三者に対抗することができることとした。なお、買戻しの特約の登記は、売買を原因とする所有権移転登記と同時になされる必要がある（大判大正7年4月30日民録24輯570頁［27522616］）。

本条2項の趣旨等は、次のとおりである。

売主が買戻権を行使すると、買主から目的不動産を賃借した者の賃借権は、その基礎を失って消滅するのが原則である。しかし、そうすると買主の目的不動産の利用が著しく制限されることになるため、登記をした賃借権（特別法による対抗要件を備えた賃借権を含む）は、残存期間があれば1年を限度として売主に賃借権を対抗することができることとした（抵当権設定後の賃借権に関する395条と同趣旨の規定である）。ただし、売主を害する目的の賃貸借の場合は、その賃借権を対抗できない（本条2項ただし書）。

事実認定についての裁判例と解説

本条に関する事実認定が問題となった裁判例は見当たらない。

（村主隆行）

（買戻権の代位行使）

第582条 売主の債権者が第423条の規定により売主に代わって買戻しをしようとするときは、買主は、裁判所において選任した鑑定人の評価に従い、不動産の現在の価額から売主が返還すべき金額を控除した残額に達するまで売主の債務を弁済し、なお残余があるときはこれを売主に返還して、買戻権を消滅させることができる。

事実認定の対象等

■■ 意義、法律要件及び法律効果等

　本条は、買戻権が債権者代位権の対象となった場合、買主が不動産の時価と売主が返還すべき金額の差額を弁済等することによって買戻権を消滅させることができる旨を定める。その趣旨等は、次のとおりである。

　例えば、AがBに対して甲不動産を買戻しの特約付きで300万円で売ったが、甲不動産の現在の価額は500万円であるとする。この場合、Aの債権者Cは、Aの買戻権を代位行使できるところ（423条）、その目的は、甲不動産自体を取得することになく、甲不動産を売却して売却代金500万円から自己の債権について弁済を受けることにある。

　すなわち、Cの目的は、甲不動産の現在の価額500万円と買戻特約付売買契約の売買代金300万円の差額200万円を取得することにある。

　そこで、本条は、Bが200万円の限度でCの債権を弁済すれば、Aの買戻権を消滅させることができることとした（仮にCの債権が150万円であれば、Bは、Cに150万円を弁済し、残余の50万円をAに返還すればよい）。これによって、買主Bは甲不動産の所有権を保有することができ、他方、Aの債権者Cは競売の費用と手数を節約することができる。

事実認定についての裁判例と解説

本条に関する事実認定が問題となった裁判例は見当たらない。

(村主隆行)

(買戻しの実行)

第583条　売主は、第580条に規定する期間内に代金及び契約の費用を提供しなければ、買戻しをすることができない。
2　買主又は転得者が不動産について費用を支出したときは、売主は、第196条の規定に従い、その償還をしなければならない。ただし、有益費については、裁判所は、売主の請求により、その償還について相当の期限を許与することができる。

事実認定の対象等

■■ 意義、法律要件及び法律効果等

　本条１項は、買戻権の実行方法を定める。その趣旨等は、次のとおりである。

　買戻権を行使するためには、買戻しの期間内に代金及び契約の費用を提供しなければならない。もっとも、代金のみを返還して買い戻し得る旨を特約したときは、売主は代金のみを提供すれば足りる（大判大正10年９月21日民録27輯1539頁［27523309］）。

　代金及び契約の費用の提供については、弁済の提供の方法を定めた493条の適用がある（大判大正７年11月11日民録24輯2164頁［27522746］）。したがって、買主があらかじめ代金及び契約の費用の受領を拒んだときは、売主は弁済の準備をしたことを通知してその受領の催告をすれば足りる。

　なお、買主が不動産を返還した後に売主が代金を支払うとの特約がある買戻特約付売買契約は、強行法規である本条１項に反するから、買戻特約付売買契約の効力は認められないとした裁判例（新潟地判昭和42年12月26日判時524号64頁［27403123］）がある（同裁判例は、同売買契約を再売買の一方の予約と認めた）。

　本条２項は、買主又は転得者が不動産について必要費又は有益費を支出し

たときの規定である。必要費については、売主は、全額償還しなければならないのが原則であるが（196条1項本文）、買主又は転得者が果実を取得したときは、通常の必要費は買主又は転得者の負担となる（同項ただし書）。有益費については、売主は、買主若しくは転得者が支出した金額又は増加額のうち売主が選択した額を償還しなければならない。有益費の償還については、売主は、占有者の善意、悪意を問わず、相当の期限が許与される。なお、必要費又は有益費の償還は買戻権の行使要件ではないことから、必要費又は有益費を支払わなければ買戻しをなし得ない旨の特約は無効となる（大判大正15年1月28日民集5巻30頁［27510750］）。

事実認定についての裁判例と解説

本条に関する事実認定が問題となった裁判例は見当たらない。

（村主隆行）

(共有持分の買戻特約付売買)

第584条　不動産の共有者の一人が買戻しの特約を付してその持分を売却した後に、その不動産の分割又は競売があったときは、売主は、買主が受け、若しくは受けるべき部分又は代金について、買戻しをすることができる。ただし、売主に通知をしないでした分割及び競売は、売主に対抗することができない。

第585条　前条の場合において、買主が不動産の競売における買受人となったときは、売主は、競売の代金及び第583条に規定する費用を支払って買戻しをすることができる。この場合において、売主は、その不動産の全部の所有権を取得する。

2　他の共有者が分割を請求したことにより買主が競売における買受人となったときは、売主は、その持分のみについて買戻しをすることはできない。

事実認定の対象等

意義、法律要件及び法律効果等

　不動産の共有持分についても買戻特約付売買契約を締結することができるが、同売買契約締結後買戻権行使前にその共有不動産の分割又は競売があった場合、買戻権がどのような影響を受けるか疑義が生じるため、民法は、584条と585条を設けた。

　前記のような場合、売主は、買主が受け、若しくは受けるべき部分又は代金について、買戻しをすることができる（584条本文）。売主に通知をしないでした分割又は競売は、売主に対抗することができないが（同条ただし書）、その趣旨は売主を保護することにあるから、売主から分割又は競売があったと主張することはできる（大判大正10年9月21日民録27輯1539頁[27523309]）。

225

買主が不動産の競売における買受人となったときは、売主は、競売の代金及び583条に規定する費用を支払って共有不動産全部の所有権を取得することもできるし（585条1項）、共有持分のみについて買戻しをすることもできる（585条2項の反対解釈。この場合は再び共有状態となる）。もっとも、他の共有者が分割を請求したことにより買主が競売における買受人となったときは、売主は、共有持分のみについて買戻しをすることができない（585条2項）。この場合は、単独所有権を取得した買主を保護するのが妥当だからである。

事実認定についての裁判例と解説

584条と585条に関する事実認定が問題となった裁判例は見当たらない。

(村主隆行)

第4節　交　換

第586条　交換は、当事者が互いに金銭の所有権以外の財産権を移転することを約することによって、その効力を生ずる。
2　当事者の一方が他の権利とともに金銭の所有権を移転することを約した場合におけるその金銭については、売買の代金に関する規定を準用する。

事実認定の対象等

■■ 意義

　本条1項は、交換（契約）は、当事者が互いに金銭の所有権以外の財産権を移転することを合意することによって成立することを定めるものである。交換（契約）は、双務、諾成、有償、不要式の契約であり、これが成立すると、その法律効果として、当事者双方が相手方に対し、契約の対象となった財産権の移転を請求する権利（引渡し等）を取得する。

　2項は、いわゆる交換差金（交換の対価関係を補足する金銭。「補足金」ともいう）付きの交換において、交換差金については、売買の代金に関する規定が準用されることをそれぞれ定めるものである。準用される条文としては、代金支払の拒絶等に関する576条～578条、売主の義務に関する561条、買主の代金減額請求権に関する563条、代金の先取特権に関する322条、328条等があろう（東京高判昭和25年2月18日高裁民集3巻1号5頁［27400052］は、交換差金付き交換契約において、財産権が他人に属しているためこれを取得して移転することができないときは、平成29年改正前の563条ではなく、同561条を準用すべきであるとする）。

なお、交換は、本条のみが規定されているが有償契約であるから、559条により「第3節　売買」の規定が準用されることになる。

■■ 法律要件及び法律効果等

　交換の法律要件（本条1項）は、当事者が互いに金銭以外の財産権（特定物に限らない）を移転することを約することである。交換の法律効果は、前記のとおり、当事者双方が相手方に対し、交換の対象となった財産権の移転を請求する権利を取得することであり、当事者は相互に、引渡し・登記手続等の対抗要件具備のために必要な行為も求めることができる。なお、民法の意思主義（176条）から、交換が成立すると、契約の対象となった財産権は、それが特定されている限り、即座に相手方に移転することになる（大判大正6年6月16日民録23輯1147頁［275222458］。なお、大判大正12年3月6日新聞2120号21頁［27539032］は、一筆の土地の一部分が交換された場合には、分割手続未了の間は所有権が移転しないとする）。

　交換差金付き交換（本条2項）は、① 当事者が互いに金銭以外の財産権を移転することを約すること、② その際に当事者の一方が金銭の所有権を移転することを併せて約することで成立し、その法律効果として、対象となっている財産権の移転請求権とともに、金銭（交換差金）の支払請求権が生ずる。

■■ 参考裁判例

　当事者が互いに金銭以外の財産権を移転する効果をもつ契約関係は、交換の他にも、例えば、売買契約とともに、売買代金について代物弁済契約が締結される場合、2つの売買契約が締結され、それぞれの代金債務が相殺される場合などがあり得るが、これらをどのように規律すべきかは、基本的に契約内容あるいは当事者の意思解釈の問題といえる。ただし、交換に該当するというべきかどうかは、2つの給付の密接関係性などが考慮されることになろう。この点について参考となる裁判例として、当事者の一方が建物の所有権を一定金額の代金で相手方に移転することを約し、相手方がこの金額に相

当する木材を給付することを約したときは、売買であって交換ではないとして、宅地建物等価格統制令を適用したもの（東京高判昭和28年6月8日東高民時報4巻2号47頁［27400408］）のほか、所得税更正処分等取消請求事件における判断ではあるが、課税原因となる私法上の契約の内容は、当事者の合理的意思、経過、前提事情等を総合して解釈すべきであり、当事者の選択した相互売買と精算の合意が、売買契約ではなく、交換契約であるとしたもの（東京地判平成10年5月13日訟務月報47巻1号199頁［28040185］）、譲渡所得に対する課税は、原則として、当事者の自由な意思によって成立した契約内容、契約類型等を前提として、これに即して行われるべきものであり、租税法律主義の下においては、当事者が選択した売買契約を交換契約に引き直して、これを前提として課税することは、特に法律の根拠がない限り許されないとしたもの（東京高判平成14年3月20日訟務月報49巻6号1808頁［28080338］）がある。

なお、両替は、金額の等しい種類の異なる金銭の所有権を移転するものであり、交換ではなく、一種特別な契約であると解されている。

事実認定についての裁判例と解説

本条に関する事実認定が問題となった裁判例は見当たらない。

（村田　渉）

第5節　消費貸借

> **（消費貸借）**
>
> 第587条　消費貸借は、当事者の一方が種類、品質及び数量の同じ物をもって返還をすることを約して相手方から金銭その他の物を受け取ることによって、その効力を生ずる。

事実認定の対象等

■■ 意義

本条は、消費貸借の成立要件を定める。消費貸借は、当事者の一方（借主）が、相手方（貸主）から金銭その他の代替物を借り受け、それと同種・同等・同量の物を返還するという、要物・片務・不要式の契約である。

■■ 法律要件及び法律効果等

1　法律要件

消費貸借が成立するための法律要件は、

① 　同種・同等・同量の物を返還するという合意をしたこと

② 　目的物を交付したこと

である。

本条の法律要件に該当する具体的な要件事実は、実務上、「原告は、被告に対し、〇年〇月〇日、100万円を貸し付けた」などと表現される。ここで「貸し付けた」という文言は、返還合意と目的物の交付という、前記①、②の各要件に該当する事実を併せて表現するものとして用いられている。

2 法律効果

　消費貸借は要物契約であり、目的物の交付は契約の成立要件に位置付けられる。したがって、貸主が消費貸借に基づき目的物を貸す義務を負うことはない。一方、借主は貸主から借りた物と同種・同等・同量の物を返還する義務を負う。消費貸借が片務契約といわれるゆえんである。

■■ 参考裁判例

　(1)　民法は消費貸借を要物契約と規定しているが、これはローマ法以来の沿革に由来する。しかしながら、現在これを維持すべき積極的な理由はなく、要物性の要件をできる限り緩和することが試みられている。

　㋐　目的物の交付は、必ずしも金銭等の返還合意と同時に行われる必要はない（大判大正15年3月5日判例拾遺⑴民44頁〔27550018〕）。

　目的物が交付される前に消費貸借契約に基づく返還請求権を被担保債権として抵当権を設定した場合、その抵当権は有効である（大判明治38年12月6日民録11輯1653頁〔27520886〕、大判大正2年5月8日民録19輯312頁〔27521676〕、大判昭和10年10月11日新聞3904号7頁〔27543972〕）。

　目的物が交付される前に消費貸借公正証書が作成された場合も、そのために公正証書が効力を失うことはない（大判昭和5年12月24日民集9巻1197頁〔27820359〕、大決昭和8年3月6日民集12巻325頁〔27510140〕、大判昭和11年6月16日民集15巻1125頁〔27500623〕、大判昭和14年5月6日新聞4444号7頁〔27546230〕）。

　㋑　消費貸借が有効に成立するには、必ずしも現実に金銭その他の物が借主に交付される必要はなく、現実の交付と同一の経済的利益を借主が受ける場合には、消費貸借の成立を認めてよい（大判明治40年5月17日民録13輯560頁〔27521101〕）。

　貸主が借主に対して貸付額の一部を交付し、残額を借主に対する既存の債務と差引計算した場合には、全額について消費貸借が成立する（大判大正7年5月6日民録24輯890頁〔27522646〕）。貸付金の一部が借主の別債務を貸主が立て替えて支払ったものであった場合も、同様である（大判昭和6年5

月16日新聞3279号10頁［27540731］)。

　貸主が借主のために、借主の第三者に対する債務を弁済供託した場合には、その供託が弁済の効力を生じたときか、供託金の受領が第三者により拒絶され、借主が供託金を取り戻して自ら利用し得たときに限り、これを金銭授受と同視すべきである（大判昭和15年3月8日判決全集7輯12号6頁［27546560］)。

　借主が取引銀行から手形割引の方法により借入れをし、即時これを同一銀行に対する自己又は第三者の預金に振り替えた場合（大判昭和9年9月15日法学4巻74頁［27819103］)、銀行からの貸付金が借主名義の別段預金口座に入金された場合（最判昭和49年10月14日金融法務739号37頁［27404256］)、甲が乙に100万円を貸し付けるとともに、乙が甲に対しこれと同額の定期預金をする旨を約し、同日甲から乙に定期預金証書が交付された場合（最判昭和48年2月27日裁判集民108号233頁［27404015］）には、いずれも消費貸借の成立を認めてよい。

　経済的利益を受ける者は必ずしも借主自身であることを要しない（大判昭和14年9月22日評論28巻民法877頁［27546373］)。

　貸主自身が交付者である必要もなく、貸主が第三者に指示し、借主に対し自らの所有物を消費貸借の目的物として交付させ、借主がその所有権を取得した場合、貸主・借主間に消費貸借が成立する（大判昭和8年9月15日民集12巻2347頁［27510226］)。

　AがBに、BがCにいずれも貸金として、CがDに債務の履行として、それぞれ順次交付すべき金員を、関係者が合意しAからDに直接交付した場合、A・B間及びB・C間に消費貸借が成立する（大判昭和12年7月21日法学6巻1433頁［27545301］)。

　㈦　金銭に代えて国庫債券が授受された場合（大判明治44年11月9日民録17輯648頁［27521521］)、通帳や預金通帳が授受された場合（大判大正11年10月25日民集1巻621頁［27511152］)、約束手形や小切手が授受された場合（大判昭和11年9月7日法学6巻82頁［27548298］、大判昭和16年11月29日法学11巻711頁［27547384］、最判昭和39年7月7日民集18巻6号1049頁

［27001392］）のいずれについても、消費貸借の成立が認められる。一方、融通手形が振り出された場合に、振出人と受取人間で、受取人が事実上その支払の責に任じ、振出人は責任を負わないことが合意されたときは、このような融通手形の授受のみによって消費貸借が成立したとはいえない（最判昭和40年6月17日裁判集民79号401頁［27402723］）。

　消費貸借の目的物として約束手形や小切手が授受された場合に、消費貸借はどの時点で成立するか。裁判例は分かれており、① 手形等が交付された時点で成立すると解したもの（大阪地判昭和46年7月14日判タ269号278頁［27403707］）、東京高判昭和51年4月27日判時816号53頁［27404559］、大阪高判昭和58年3月23日判タ504号106頁［27405937］、大阪高判平成10年6月3日判時1670号28頁［28041126］、② 手形金等が支払われた時に成立すると解したもの（大判大正14年9月24日民集4巻470頁［27510892］、東京高判昭和43年7月31日判時536号56頁［27403213］）、福岡高判昭和48年2月20日判タ294号349頁［27404009］がある。

　(2)　原告が資源開発事業のために他の4社とともに被告事業協同組合を設立し、出資金を支払い、かつ、被告に対して貸付けをしたが、約3年後に被告から脱退した上、被告に対し、前記貸付金等は弁済期の定めがない貸付けであると主張して返還を請求した場合に、原告ら組合員と被告との間で、前記貸付金等は被告に利益が出た後に返済する旨の合意があるときは、前記貸付金等につき不確定期限の合意がされたものと認められる（東京地判平成18年1月17日判時1954号75頁［28130495］）。

事実認定における問題点

　これまでの裁判例では、本条に関する事実認定として、1　消費貸借の当事者、2　金員交付の有無、3　返還合意の有無、4　消費貸借と他の法律関係が問題となっている。

事実認定についての裁判例と解説

1 消費貸借の当事者

[裁判例]

(1) **借主が争われた事例**

❶ 東京地判昭和33年6月27日判時158号12頁［27401323］

　原告は、知人である被告から、自分が取締役をしている会社（A）に融資をすれば有利な利殖を図ることができると勧誘され、以後十数回にわたって融資目的で被告に金員を交付したところ、裁判所は、被告に交付された金員はすべてAに交付され、被告の用途には費消されなかったこと、原告が受領証の代わりとしてA振出しの約束手形を受け取っていたこと、被告もAの事業が有利確実であると信じ、自分でAに多額の金員を貸し付けていたことなどから、原告が被告に交付した金員の借主はAであって、原被告間に消費貸借が成立したとは認められないとしたもの

❷ 東京地判昭和37年5月22日金融法務311号8頁［27402050］

　Aの取締役経理部長である被告が、Aの事業資金として使用するために、個人名義で500万円を借り受けたところ、裁判所は、本件金員はAのために使用されるものであるが、貸主は被告を当面の借主とする意思を有していたのであり、被告が債務を負担する意思のないことを貸主が了知していたか、これを了知し得たなどの事情がない限り、被告は債務を免れないとしたもの

❸ 最判昭和38年6月4日裁判集民66号355頁［28198725］

　原告が被告に対し貸金の返還を求めたところ、原告に差し入れられた借用書には、被告と妻Aの連名による簡単な借用文言が記載され、なかには両名につき借主との一括肩書をしたものも含まれていたという事案について、裁判所は、被告は当時、貸金業を営んでいたが、Aにはみるべき資産もなかったこと、原告は本件貸金が被告の貸金業の資金として運用され、高利を確実に回収できるとの見込みから金員を貸し付けたものであること、原告は、一部の貸付けにつきAから借入れの申込みを受け、被告に確かめたところ、被告から同申込みは承知しているとの回答を受けたので貸与したという経緯が

あること、原告が被告から本件訴訟前、本件金員は自分が借り受けているとの確認を受けていたことなどからすれば、一方で、融資の申込みや金員の授受等の一切につき、Aが直接の衝に当たっていたとしても、被告とAの共同借受けを認定することはできないとしたもの

❹　東京高判昭和51年3月29日判タ339号275頁［27411689］

　原告が被告に対し貸金の返還を求めた事案について、裁判所は、被告の代表取締役社長であったAが、借入れに際し、代表取締役の肩書を表示した自分の名刺に金員を借用する旨と借用年月日を記載した借用書を差し入れていること、本件融資は被告の営業に関する行為であって、原告・A間に別段の意思表示がない限り、被告が借主であると認められることなどからすれば、一方で、Aが本件融資の理由について、被告のレストランチェーン設置構想に反対の役員がいるので、マーケットリサーチ等の事前工作のために資金が必要と説明していたこと、原告とAが私的な旧知の間柄であり、金員の授受も原告の自宅で行われたこと、本件融資に際し担保の趣旨でA個人が振り出した約束手形が交付されたこと、被告では金銭の出納は経理部を経由する仕組みであったが、本件ではこのような手続がとられていなかったことがあっても、借主をA個人とする原告・A間の別段の意思表示があったとは推認できないとしたもの

　なお、上告審（最判昭和51年11月26日裁判集民119号265頁［27411722］）は、本件融資がAの個人的利益のために行われたものであり、かつ、原告も当然これを知り得たものと認める余地があるとして、原判決を破棄して本件を原審に差し戻した。

❺　東京高判昭和59年3月22日金融商事708号37頁［27407002］

　Aが原告から金員を借り受けるに際し、未成年の子らが前妻とともに共有する不動産を担保に供しようとしたところ、司法書士から、借主をAにすると不動産の担保提供が利益相反行為に当たるおそれがあると助言され、Aに代わって借主となることを承諾した被告は、その旨の記載がある金銭消費貸借契約書に署名押印したという事案について、裁判所は、消費貸借の法律効果をAでなく被告に帰属させることによって、不動産の担保提供が利益相反

行為に当たると判断される可能性を回避しようとした経緯に照らし、被告に消費貸借の法律効果を帰属させようというのが関係者の意思であり、被告が借主と認められるとしたもの

❻　東京高判平成12年4月11日金融商事1095号14頁［28051600］

　原告（銀行）が総会屋Ａの事務手伝いをしていた被告（社会保険労務士）名義で本件融資を行ったところ、裁判所は、原告はＡへの融資はできないと明確に断った上で、融資を受けるにはＡ経営のＢ会構成員以外の者が借主でなければならないと言明していたこと、被告は前記の事情を承知の上で迂回融資に協力することを承諾したこと、被告は本件融資の約束手形に署名押印し、有価証券担保差入書及び銀行取引約定書等にも署名押印したこと、被告の預金通帳の届出印には被告の実印が使用され、同実印は被告自身が管理していたこと、原告はＡが自分の名義で弁済提供した金員について、Ａに貸付けをしたことはないとして受領を拒絶していたことなどから、本件融資の借主は被告と認められるとしたもの

❼　東京高判平成12年5月24日金融商事1095号18頁［28051601］

　原告（銀行）が総会屋Ａの妻である被告名義で本件融資を行ったところ、裁判所は、被告の署名がある文書は有価証券担保差入証書及び普通預金払戻請求書のみであって、本件融資の約束手形に被告が署名した事実を認めるべき証拠はなく、被告が本件融資の実行を認識していたかどうか疑問を払拭できないこと、被告は専業主婦であって、Ａが経営するＢ会の活動には全く関与していなかったこと、原告は総会屋として活動していたＡと良好な関係を保つために、Ａの融資申込みを断ることができなかったものの、Ａに対して直接融資することを憚り、実質的にはＡへの融資であると認識しつつ、その妻である被告名義で本件融資をしたものと推認されること、原告は、本件融資の真の債務者はＡであって、被告は単なる名義人にすぎず、被告に真に債務を負担する意思がないことを認識していたことなどから、本件融資の借主はＡであって、被告とは認められないとしたもの

❽　東京高判平成15年6月25日公刊物未登載（司研・事実認定309頁）

　原告が被告に対し貸金の返還を求めたところ、被告は、借主はＡ（被告が

代表取締役を務める会社の専務取締役）であると主張したという事案について、裁判所は、Aの給料を支払うことができなかった被告が、知人である原告に対して200万円を融通するように依頼したところ、原告は県信用組合と交渉の上、Aを借主とし、自らが連帯保証人となる方法で200万円の融資を受ける約束を取り付け、これを本件融資の原資としたという経緯があること、原告は、本件融資実行の前日、被告から同作成の「金200万円也をA名で借用するにつき、原告保証にて借用いたしました。支払については、現在商談中の土地代金より決済時に全額をお支払いいたします」と記載された支払書を受領したこと、被告が、弁済期後、原告に対し借用した金員の支払猶予を求めたことなどから、本件融資の借主は被告と認められるとしたもの

❾ 大阪高判平成16年12月17日公刊物未登載（司研・事実認定309頁）

原告は、被告（A社の代表取締役）に対しては消費貸借契約に基づき、A社に対しては連帯保証契約に基づき、各自1億1000万円の支払を求めたところ、裁判所は、原告は金員交付に際しA社が不動産の売買や仲介等を目的とする会社であり、かつ、本件借入金が不動産転売の資金であることを知っていたこと、不動産を転売して利益を上げる主体はA社であったこと、原告はA社振出しの約束手形を受領していること、原告は後日作成された債務承認弁済契約書の「債務者A社、連帯保証人被告」という記載に異議を申し立てることなく、同契約書の当事者欄に署名押印したこと、同契約書に基づく合意内容を前提として、A社所有の不動産に根抵当権設定登記が経由されたことなどから、本件の借主はA社と認められるとしたもの

(2) **貸主が争われた事例**

❿ 大阪高判平成15年6月20日判時1842号65頁 [28090519]

原告が被告に対し貸金の返還を求めたところ、被告は、貸主は義兄が実質的オーナーである個人企業Aであると主張したという事案について、裁判所は、被告はその当時、競売物件を買い戻すために1億円程度を緊急に必要としていたが、貸金業を手広く営んでいた義兄から融資を断られ、なおも知人等に融資の照会方を懇請していたこと、被告は、貸主欄が空白のままであった借用証書に、特に異議を述べることなく署名押印したこと、被告は、担保

提供に際し、司法書士から、根抵当権設定登記の権利者は原告であるとの説明を受けたのに、特に異議を述べなかったこと、本件融資の契約締結や金銭の授受については、Aの貸付担当者がこれらの手続を行ったが、同人は原告の代理人の立場で行動したものであること、Aや義兄は融資手続のどこにも現れず、被告もこのことを認識した上で、契約に臨んだことなどから、貸主は原告と認められるとしたもの

> 解説

(1) 消費貸借の当事者の認定に当たっては、当事者間で借用書や領収書等が作成されていれば、まずもって関係書類に記載された当事者の表示に着目すべきである。判決❶(約束手形)、❷(手形取引約定書、約束手形)、❺(金銭消費貸借契約書)、❾(債務承認弁済契約書)、❿(借用証書)では、いずれも関係書類上の当事者の表示に従って当事者が認定されており、一般的な経験則上もそのような認定になることが多いといえるだろう。これに対し、判決❸では、借用書には被告と妻Aの連名による借用文言が記載されていたものの、融資に至る経緯や被告の事後的な言動が被告の単独借入れをうかがわせるものであったことから、被告を単独の借主と認定しており、先の経験則に対する特段の事情が認められた一事例とすることができる。

判決❹(借用証)については、やや微妙である。被告の代表取締役の肩書を表示した借用書が差し入れられてはいるが、それはAの名刺の裏に借用文言を記載したものにすぎず、形式の整った被告名義の借用書は作成されていない。A個人振出しの約束手形が担保として差し入れられていることや、貸付金がAの自宅で交付され、被告の経理部を経由していないことからすれば、A個人を借主と認める余地もあったように思われる。

実務上、関係書類において借主と表示された者から、貸付金はすべて第三者に交付されており、自らは形式上の名義人にすぎない旨の主張(いわゆる名義貸しの主張)がされることがある。この場合、当人が名義を貸すことを承諾した動機や経緯、貸付け等への関与の有無や程度等を総合的に考慮し、当事者の意思が当該契約の法律効果をいずれに帰属させようとしていたのかを探求すべきであるが、このような者は自己が消費貸借の借主として表示さ

れることを承諾しているのであって、一般的には関係書類上の当事者の表示に従って認定されることが多いであろう。自らの意思に基づき名義を貸与していながら、そのような者を契約当事者と認定すべきでないような場合は、かなり例外的な事案に限られると思われる。判決❷、❺は、借主が消費貸借の経済的利益を享受していないとしても、そのような事情があるというのみでは特段の事情を認めるに足りないと判断したものである。

(2) 判決❻、❼は、同一背景の銀行融資の事案に関する裁判例であるが、借主の認定につき判断を異にしている。両判決はいずれも総会屋Aを実質的な相手方とみている点で共通するが、判決❻が被告を借主と認定したのに対し、判決❼はAを借主と認定している。両判決における結論の相違は、主として、被告が本件融資の手続に実質的に関与したといえるかどうかにあったと考えられる。すなわち、判決❻では、被告（Aの事務手伝いをしていた社会保険労務士）は、Aに対する迂回融資に協力することを承諾し、本件融資の約束手形等に自ら署名押印したと認定されている。これに対し、判決❼では、被告（専業主婦）の署名がされた文書は有価証券担保差入証書及び普通預金払戻請求書のみであって、被告が本件融資の約束手形に署名した事実は認められず、また、本件融資の手続に用いられた被告名義の実印は、Aがこれを管理しており、関係書類に押印したのもAであったと認定されているのであり、このような融資手続への関与の度合いが結論を左右したのであろう。

(3) 判決❽は、原告に融資を依頼したのが被告であること、被告が自らの支払義務を前提とするかのような支払書を原告に差し入れたことや、被告が弁済期後に支払猶予を原告に求めたことから、被告が借主であると認定している。消費貸借の当事者の認定に当たっては、こうした事前の経緯や事後の経緯についても詳細に検討する必要があることを示唆しているといえよう。

2　金員交付の有無

裁判例

❶　東京高判昭和50年9月29日判時800号56頁〔27404438〕

原告が被告に対し90万円を貸し付けたとする90万円について、被告の署名

押印がある借用証が存在するものの、貸付日とされる昭和45年10月1日、原告が被告方を訪れて既存債務の弁済を強く要求した際、同席した被告の娘の夫Ａが全債務の額を尋ねたのに対し、原告は、合計71万4500円であると答えるのみで、本件貸付けについては何も言わなかったこと、その後、Ａ及び被告が金融機関からの借入れ等によって原告に対する既存債務を弁済した際、Ａが原告に対し、被告の債務は他にないかと尋ねたところ、原告は、他に債務はないと答えたこと、前記借用書に記載された弁済期から2年余を経過した昭和48年10月中旬まで、被告らが原告から本件貸付けの請求を受けたことはなかったことなどから、原告から被告に対し前記90万円が交付されたとは認められないとしたもの

❷ 東京高判昭和54年3月8日判時929号80頁［27405029］

　原被告間において、被告が原告に対し昭和45年3月28日に300万円を貸し付けたとする公正証書が作成されているが、原告は、本件貸付けを否定し、同公正証書の執行力の排除を求めて請求異議の訴えを提起したところ、原被告間には、前記公正証書のほかにも、原告の署名等がある委任状及び領収書が存在し、被告の貸付元帳にも前記貸付けに関する記載があるという事実について、裁判所は、① 原告が、被告から同月16日に80万円を弁済期同年4月16日とする約定で借り受けた際、被告から、根抵当権の設定があれば極度額の範囲内でいつでも融資が得られるとして、根抵当権の設定を勧められ、同年3月28日に被告との間で極度額300万円の根抵当権を設定したこと、② 仮に本件貸付けが行われたとすれば、根抵当権設定と同時に元本極度額に相当する金員の全額が貸与されたことになり、不自然であること、③ 被告は原告とは同月16日付け80万円の貸付けまでほとんど面識すらなく、原告の営業形態や資産関係について十分信を措くべき事情があったとはみられないこと、④ 本件貸付けの300万円という金額は当時の原告の営業状態からみて相当多額であり、原告が既存貸付けの80万円に加え、このような多額の金員を必要とするに至った具体的事情が明らかでないこと、⑤ 本件貸付けに際し貸付金の使途や原告の営業ないし資産状況について原告から詳細に事情聴取するのが普通であるのに、この点に関する被告の供述が具体性に乏しく

変遷していること、⑥ 被告は本件貸付けの後も少なくとも3回にわたって合計92万5000円を被告に貸し付けているが、本件貸付けの弁済がないのに、このような追加貸付けを行うのは不自然であること、⑦ 委任状及び領収書に記載された300万円という金額は、根抵当権の元本極度額と同一の金額として書類上の記載を統一するためのものにすぎないと考えられること、⑧ 被告の貸付元帳の記載についても、公正証書等の記載に基づいてされたものであって、かつ、本訴提起後に記載がされた疑いを拭えないことなどから、消費貸借の成立は否定されるとしたもの

❸ 仙台高秋田支判昭和59年10月31日判タ541号159頁 [27490198]

原告（貸金業者）が被告（借主）名義の借用証書、委任状、権利証及び印鑑証明書等を所持しているものの、本件貸付けの原資について、原告が農協から借り受けた金員は合計530万円であり、うち125万円は銀行に預け入れており、原告の手元にあったのは405万円のみであって、原告が被告に貸し付けたという700万円とは金額にかなり差があること、原告が貸金業務において利用していた銀行の普通預金口座の入出金状況と、本件貸付けの原資に関する原告の説明が符合しないこと、原告は被告の代理人であるAに対し現金700万円を一括交付したというが、本件当時、Aが大金を入手ないし費消した形跡もないことなどから、被告に対する現金交付があったとは認められないとしたもの

❹ 東京高判平成6年11月21日判時1531号33頁 [27827451]

被告（借主）名義の領収証が存在するものの、原告（貸主）の代理人は被告の事業規模や経営内容を調べておらず、貸付金の使途につき事業資金に充てると聞いたのみで、それ以上の具体的な使途や返済計画等といった借主の信用力に関する諸事情について全く調査せず、関心を持っていなかったこと、貸付金の原資に関する証人の供述が変遷しており、かつ裏付けに乏しいこと、現金授受に関する客観的裏付けに乏しい上、これに関する証人の証言も不合理な内容を含むことなどから、被告に対する現金交付があったとは認められないとしたもの

❺ 大阪高判平成15年6月20日判時1842号65頁［28090519］（前掲1(2)判決❿）

　被告が、借用証書に記載された貸付金2億円の一部（3回に分けて交付された金員のうち、1回目に交付された金員の一部である3060万円）しか受領していないと主張した事案について、裁判所は、被告の代表者Aが、1回目の金員交付に際し、借用証書の金額欄に自ら2億円と記載して被告の社判を押捺するなどし、これを原告に交付したこと、その後、借用証書の返還や金額欄の訂正を求めるなどの行動をとっていないこと、被告は担保不動産に極度額4億円の根抵当権設定登記を設定しているところ、仮にAが3060万円しか受領していなかったとすれば、4億円の極度額は明らかに過大であるが、Aが減額を申し入れるなどの行動をとっていないことなどから、2億円の交付があったと認められるとしたもの

❻ 大阪高判平成16年11月16日公刊物未登載（司研・事実認定292頁）

　原告は、Aに対して3500万円を貸し付けたと主張し、相続人である被告らに対し貸金の返還を求めたところ、裁判所は、本件当時、原告は夫を亡くしたばかりで、小学生の子や姑を抱えて今後の生活に不安を覚える状況にあり、加えて、亡夫の数年間に及ぶ闘病生活によって経済的に困窮し、親戚等から合計3000万円近くの借金をしていたこと、原告が受給した死亡共済金のうち少なくとも一部は、親戚等からの借金の返済に充てられたこと、原告は、死亡共済金の受給後も、義妹に対し新たな借金を申し込んでおり、本件当時には、他の借金の弁済が困難となって弟から経済的援助を受けたことなどから、Aに対する貸付けがあったとは認められないとしたもの

　解説

　金員交付が争われる事案のほとんどは、貸主が借主に現金を手渡しで交付したと主張するようなケースである。この場合、貸主にそのような金員を交付するだけの資力があったかどうか（原資の有無）が問題になることがあるが、判決❻では、その当時、貸主自身に多額の債務があったこと、判決❸では、当時の貸主の預金残高に加え、他の金融機関からの借入金等を考慮しても、手持ち資金が貸付額に達しないことなどを挙げて金員交付を否定してい

る。また、判決❹では、貸付けの原資に関する貸主側の説明が客観的裏付けを欠くものであり、供述の変遷がみられることなどを挙げて金員交付を否定している。判決❸、❹は借主名義の借用証書や領収証が作成されていた事案であるが、こうした有力な書証が存在する場合であっても、貸付けの原資に関する裏付けがないことを理由に金員交付が否定される場合が存することに留意すべきであろう。

また、金員交付の認定に当たっては、貸付けに至る事前の経緯や当事者が事後にとった行動等を詳細に認定し、これらを重要な間接事実とすることが多い。

事前の経緯についてみると、判決❷、❹では、貸主は貸付けに際し借主の信用力に関する調査を行うのが通常であるところ、貸主がそのような行動をとっていないことの不自然さが指摘されている。また、判決❷は、貸主と借主が直前までほとんど面識がなかったことを挙げているが、従前から取引が継続していたような場合と異なり、当事者が初対面に近いような場合には、より入念に借主の信用をチェックするのが通常と思われ、貸主の行動の不自然さを加重する事由ととらえたものと理解できる。さらに、判決❷では、借主が多額の金銭を借り受けるべき必要性が明らかでないことを指摘しているが、金銭借用の動機が明らかでないことは、一般に消費貸借の成立を否定する方向に働く間接事実であるといえる。

当事者の事後の行動についてみると、判決❺では、借主側が自ら貸付額を２億円とする借用証書を作成したことに加え、事後的にも借用証書の記載の訂正等を求めていないことが指摘されている。また、消費貸借に伴って担保設定がされることがあるが、そのような担保設定行為と消費貸借との整合性の有無は、消費貸借の認定に当たり重要な間接事実になると考えられる。例えば、判決❺では、借主において、貸付額が２億円であることに沿う行動（極度額４億円の根抵当権設定）をとっていることが挙げられており、一方で、判決❷は、本件貸付けと根抵当権設定が整合しないこと（根抵当権の設定があれば極度額の限度内でいつでも融資が得られると勧められて極度額300万円の根抵当権を設定したのに、それと同時に極度額と同額の300万円が

貸し付けられたというのは不自然である）を指摘して、消費貸借を否定する重要な間接事実としている。その他、判決❶では、借主が既存債務を弁済した際、貸主において他に債務はないと答えたこと、弁済期を2年余経過するまで貸金の返済を請求していないこと、判決❷では、本件貸付けが弁済されていないのに、貸主が追加貸付けを行っていること、判決❸では、本件貸付けにより相当額が借主側の手に渡ったはずであるのに、借主側で大金が費消された形跡がないこと、が挙げられている。

3　返還合意の有無

[裁判例]

❶　最判昭和45年10月30日裁判集民101号313頁［27650052］

原告は、被告との間で700万円の債務を目的とする準消費貸借契約を締結した上、同契約上の債務の不履行を停止条件として、被告所有の土地につき代物弁済契約を締結したと主張したところ、前記準消費貸借契約については金銭借用証書が作成されており、被告名下の印影は被告の印章によって押捺されたものと認められるという事案について、裁判所は、同証書が原審ではじめて提出されたものであること、それ以前に、原告の主張や原告本人の供述等を通じてそのような書面の存在に言及したものはなく、原告も各契約は口頭で締結されたものであると述べていたこと、契約締結に至る経緯について、原告は、被告との間で、昭和39年7月初旬頃、被告の訴外Aに対する250万円の借入債務を引き受けるとともに、被告に対し新たに100万円を貸し付けるとの合意をし、その結果、原告の被告に対する総債権額を700万円と定めて準消費貸借契約が成立したと供述するところ、前記金銭借用証書の作成日付である昭和39年6月16日当時には、その表示の700万円という債権額が定まるはずがないこと、準消費貸借契約については契約書が存在しながら、停止条件付代物弁済契約に関する契約書が作成されていないことなどを指摘し、前記金銭借用証書について被告に反証の機会を与えて審理すべきであるのに、これを許さなかった原判決には、審理不尽の違法があるとしたもの

❷　東京高判昭和51年12月20日金融商事523号27頁［27404652］

原告が被告に交付した300万円について、原告に対し被告自筆の借用証と題する書面が交付されていたところ、裁判所は、原告において前記貸付けが無利息、無担保の約束であって、弁済期の定めも明確にしていなかったなどと供述するものの、商人である原告が利息前払の条件で金融機関から金員を調達していながら、それを特段の事情もなく無利息で貸し付けるというのは不自然であること、被告は甲土地をＡから代金498万円で買い受けた上、原告に代金562万円で売却したが、その際、原告との間で内金250万円を契約時に支払い、残金312万円を所有権移転登記手続と引換えに支払うと約し、原告から250万円を受領したこと、その後、被告が刑事事件の被疑者として逮捕され、Ａから甲土地の売買契約を白紙に戻すと言われる心配が生じたため、原告は被告に対し、残代金の支払は貸金名目にしてほしいと伝え、被告は300万円の借用証を作成して原告に差し入れ、原告から300万円を受領したこと、同借用証には、「本件土地の登記を行う金として」とのただし書が記載されていたことなどから、前記金員は貸金ではなく、売買残代金の支払として交付されたものであるとしたもの

❸ 大阪地判昭和58年7月15日判夕509号183頁［27405992］

原告が被告から交付を受けた6100万円について、原告が、前記金員は農地造成及び農場経営の共同事業の出資金であると主張したところ、裁判所は、原告は大規模な農場経営の計画を持ち、被告の協力を得て土地を購入し農場造成工事を発注したこと、土地代や工事代は主に被告から交付を受けた金員によって支払われたこと、原告は被告に対し仮借用証等を差し入れるなど、前記事業の事業主であり、かつ被告に対して多額の債務を負担していることを前提とした行動をとっており、原告の妻の親戚も原告が事業主であることを前提として前記工事代を代払したこと、被告はこれまで農業をしたことがなく、高齢者で都市部に生活していたこと、仮に被告が遠隔地の農場の共同経営に魅力を感じて参加したものであれば、共同事業の合意に際し、代表者や各人の出資割合及びその内容、農場経営の内容、利益分配の方法等について、文書等により取決めがされるべきであるのに、そのような文書が作成されていないことなどから、前記金員は貸金と認められるとしたもの

❹ 最判昭和59年3月13日裁判集民141号295頁［27651301］

　原告が被告に対して額面128万円の小切手1通を振り出したところ、原告はこれをもって被告に同額の金員を貸し付けたものと主張したのに対し、被告は、自分が代表者を務める訴外Sが、原告に対し、荷為替3通を銀行買取の方法で換金することを委託していたところ、前記小切手は、原告が換金した金員のうち128万円の支払としてS宛てに振り出されたものと主張したという事案について、裁判所は、原告とSとの間で、おおむね被告の主張に添う内容の書面が作成されているところ、これを排斥するに足りる特段の事情のない限り、前記小切手の趣旨について被告の主張を認めるべき筋合いにあるが、原審は、前記書面は為替手形についての取引が通常の商取引であることを示すために作成されたものにすぎないと判示するにとどまり、なぜことさらこのような前記書面の作成を必要としたかの実質的理由が明らかでないことなどから、原判決には審理不尽、採証法則違背、ひいては理由不備の違法があるとしたもの

❺ 東京地判平成4年11月18日判夕843号232頁［27819856］

　原告の元社長であるAが女優兼歌手である被告に対し現金で交付した1億3000万円について、被告は前記金員は原告から贈与されたものであると主張したところ、裁判所は、被告が原告の元会長であるBに会った際、主催したディナーショーの赤字で困っており、当面1億3000万円くらい必要であると話したところ、Bから、Aに連絡しておくのでAに会うようにと言われ、その後原告の本店でAと会った際に、Aから現金1億3000万円を手渡されたこと、その後、原被告間で金銭消費貸借契約証書が作成されていること、被告が、原告の貸付金回収を担当したC弁護士から、前記金員の貸付けを受けているかを確認され、その旨間違いないと回答の上で、分割弁済の条件についてC弁護士と協議し、特に異論も述べることなく、分割弁済に関する確認書に署名していることなどから、前記金員は貸金と認められるとしたもの

❻ 東京地判平成10年4月22日判夕995号190頁［28040881］

　原告が被告に交付した2億5000万円について、被告は、前記金員は貸金でなく、業務提携契約に基づく利息の負担金であると主張したところ、裁判所

は、原告と被告は、要町物件の地上げをめぐって協議した上で合意書を取り交わしたこと、同合意書の骨子は、原告が南側土地を取得できたときは、被告から北側土地の譲渡を受けて、両土地を合わせて他に売却し、売却代金から双方の経費を控除した残額を平等に分配すること、それまでは互いの経費負担を、少ない方が多い方に一定の金員を支払うという方法で調整することを内容とするものであったこと、前記金員についても、要町物件の地上げと転売という共同事業を遂行する上での必要経費として、当事者双方が既に投下した資金を調達した際の金利負担額を概算し、当事者間で負担が均等になるように調整した結果として、原告から拠出されたものであったことなどから、原被告間の合意は、単純な売買契約や消費貸借契約ではなく、両者が共同で要町物件の地上げをし、転売利益を折半するための業務提携契約であったと認められるとしたもの

❼ 東京地判平成10年12月11日労経速報1695号15頁〔28041006〕

原告が被告に対し運営資金として交付した100万円について、被告は、金員交付の実体は出資であり、返還義務を負わないと主張したところ、裁判所は、原告が被告代表者との間で、将来、被告が株式会社に組織変更される場合には、前記金員を株式購入資金に充当する旨の合意をしたとしても、前記金員を出資金と認めることはできないとしたもの

❽ 東京高判平成11年6月16日判時1692号68頁〔28050127〕

原告（男性）は、伝言ダイヤルで知り合った被告（女性）に対し、その求めに応じて現金300万円を交付したところ、裁判所は、原告は被告が登録した、援助交際の相手方を求める旨の伝言ダイヤルを聞いて被告に接触をとったこと、原告は被告に対して自己の住所を明らかにせず、互いに携帯電話の番号やポケットベルの番号を教え合うことで両者の連絡方法としたこと、原告は、金員交付に際し、被告に対して前記金員を無利息で貸すことも提案したが、被告は返済の見込みがないとして拒絶した上、「愛人契約」にしてほしいと述べ、原告もこれを受け容れた経緯があることなどから、前記金員は貸金とは認められず、継続的に男女関係を結ぶことを内容とする契約の対価、ないし継続的男女関係を前提とした経済上の援助として交付されたと認めら

れるとしたもの

❾　奈良地判平成15年３月19日判例地方自治260号64頁［28100383］

　町が施行した農業公園建設事業の事業費のうち２億5368万6000円について、前記農業公園を管理運営する有限会社と町との間で、これを有限会社の負担とする旨の覚書が取り交わされたところ、裁判所は、同覚書に「償還」、「返済」及び「利息」といった文言が用いられてはいるが、前記事業の内容や過去の経緯、覚書の内容等に照らし、前記覚書に記載された前記金員は、有限会社が町に対して任意に負担する寄付金としての性質を有するものと解されるとしたもの

❿　東京地判平成16年１月26日労働判例872号46頁［28091697］

　被告は、原告に勤務中、職員留学制度を利用して留学し、帰国から約１年後に自己都合により退職したところ、裁判所は、被告が前記制度の利用に際して作成した誓約書中の「留学終了後、５年以内に、万一自己都合により退職する場合は、留学費用（ただし、人件費相当分を除く）を全額返還いたします」という文言を社会通念に従って判断すれば、被告は原告との間で留学費用につき返還約束をしたと認められるとしたもの

⓫　大阪高判平成16年９月３日公刊物未登載（司研・事実認定295頁）

　原告が実子である被告に交付した150万円について、被告は、これを結婚資金として贈与を受けたものであると主張したところ、裁判所は、その当時、原告と被告の仲が良好でなかったこと、原告が被告に前記金員の弁済を催告し、簡易裁判所に支払督促の申立てをした際に、被告はこれに異議を申し立て、月額１万円の分割払を希望すると記載した異議申立書を提出したことなどから、前記金員は貸金と認められるとしたもの

⓬　大阪高判平成16年12月17日公刊物未登載（司研・事実認定297頁）

　原告が被告に交付した１億1000万円について、被告は、これを出資契約又は匿名組合契約に基づき交付されたものであると主張したところ、被告の主張に添う間接事実として、前記金員の交付に先立ち、被告が原告に対し、不動産の転売により多額の利益が得られるとして、倍額を返すと説明していたこと、現に前記金員の交付に際し、被告が原告に対して多額の礼金を支払っ

たことが認められ、原告の主張に添う間接事実としては、転売不動産の手付金２億円のうち、原告が交付した前記金員を除く9000万円については被告がこれを工面したが、被告は原告に対し、一方的に担保の趣旨で約束手形を交付したこと、被告が原告に対し継続的に一定額の利息を支払ったこと、原告と被告が、利益分配や損失負担、あるいは出資金の清算方法等について、何らの交渉も合意もしていないこと、被告が、原告に対して１億1000万円の借入債務を負担し、支払義務があることを認める旨の債務承認弁済契約書の作成に応じていることが認められるという事案について、裁判所は、仮に前記金員が出資契約等に基づいて交付されたものであるとすれば、一方の出資者が他方の出資者に対し、その出資分を確認するのはともかく、約束手形を交付するようなことは一般にあり得ないし、出資者各人に対し利益分配をすることはあっても、利息を支払うことも考え難いとして、前記金員は貸金と認められるとしたもの

> 解説

(1) 金員が交付されたこと自体には争いがないものの、受領者の側から、当該金員は自己に贈与されたものであるという主張がされることがある。贈与は無償契約であり、相手方に対し一方的に利益を与える行為であるから、当事者間にそのような利他的行為がされるにふさわしい人間関係が存していたとか、贈与者が従前、相手方から利益を受けていたり、あるいは将来の利益享受を期待するなど、何らかの報酬的意味合いを伴う場合が少なくないと思われる。事実認定に当たっては、当事者間の人間関係や金員交付に至る経緯、動機等に照らし、交付された金員の多寡に応じそれなりに首肯し得る動機や目的をうかがうことができるかが重要なポイントであろう。

この点、判決⓫は、親子間で金員交付がされた事案であるが、その当時、両者の関係が良好でなかったことが、贈与でなく貸金と認定すべき根拠の１つに挙げられている。また、判決❽は、男女間で金員交付がされた事案であるが、男性が伝言ダイヤルを聞いて女性に接触をとったことが交際の契機であり、両者の連絡方法が携帯電話の番号やポケットベルの番号の交換に限られていたことなど両者の人間関係は希薄といってよく、その限りでは、一般

論としてそのような間柄の相手に対し300万円もの金員を贈与するはずはないといってもよさそうである。しかしながら、一方では、その当時、当事者間で婚姻外の性的関係を継続することが前提とされていたのであるから、そのような男女関係の維持を期して、一方が相応の金員を交付することも、あり得るところといわねばならない。加えて、男性からはいったん、金員を無利息で貸す旨の提案がされたが、女性がこれを断り、「愛人契約」にしてほしいと述べ、男性もこれを受け容れたという経緯があること、借用証等が作成されていないこと（貸金であるとすれば、男性は、自らの住所も明かさず、かつ、相手方への連絡方法がポケットベルの呼出に限られているような女性に対し、借用証等もなしに金員を貸し付けたことになり、いかにも不自然である）が指摘されており、そのような金員交付に至る経緯を踏まえて、贈与の認定に至ったものと思われる。これに対し、判決❺は、女優兼歌手に1億3000万円が交付された事案であるが、会社の元会長ないし元社長と女性との間には特に親密な関係がうかがわれず、これに対して交付された金員は1億3000万円という高額な金銭であって、贈与の趣旨を首肯させるべき動機、目的が見当たらないことが、それを貸金とする認定に至った重要なポイントになったといってよかろう。

(2) 次に、受領者の側から、当該金員は貸金でなく、出資等であると主張された場合をみる。この種の事案においては、当事者の職業及び地位等、金員交付に至る経緯に加え、当事者間において利益分配や損失負担等に関する取決めがされていたか、それに関する交渉経過等が重要な間接事実になっている。

この点、判決❻は、被告に交付された2億5000万円について、業務提携契約に基づく利息の負担金であると主張された事案であるが、原被告間で交わされた合意書に基づき、地上げ転売という共同事業を遂行するための必要経費として、当事者双方が既に投下した資金の調達に関する金利負担の金額を概算し、その負担が当事者間で均等になるよう調整した結果として前記金員が拠出された経緯を重視し、これを貸金ではないとしている。一方で、判決⓬は、原告と被告が、利益分配や損失負担、あるいは出資金の清算方法等に

ついて何らの交渉も合意もしていないこと、判決❸は、農業経験がなく、高齢で、かつ、都市部に生活していた被告において、仮に遠隔地の農場の共同経営に参加したものであれば、代表者や各人の出資割合及びその内容、農場経営の内容、利益分配の方法等に関する合意が文書等により明確にされてしかるべきなのに、そのような文書が作成されていないことを挙げて、交付された金員は貸金であるとしている。また、判決❼では、原告が被告に対し運営資金として100万円を交付した事案において、交付に際し、将来、被告が株式会社に組織変更される場合には、前記金員を株式購入資金に充当する旨の合意がされたというのみでは、前記金員が出資金であるとは認められないとされている。

(3) そのほか、判決❿（職員留学制度による留学費用）は、被告が差し入れた誓約書中の文言等に照らし返還合意が認められるとしたもの、判決❾（町への寄付金）は、対象事業の内容や過去の経緯、覚書の内容等に照らし、覚書において有限会社の負担とされた金員は、有限会社が町に対して任意に負担する寄付金としての性質を有するものであるとしたもの、判決❹（荷為替の換金依頼）は、被告の主張に添う書面が作成されていることなどから消費貸借の成立は認められないとしたもの、判決❷（売買代金）は、金員交付に至る経緯や、受領者が差し入れた借用証に「本件土地の登記を行う金として」とのただし書が記載されていたことなどから、交付された金員は貸金ではなく、売買残代金の支払として交付されたものであるとしたものである。

(4) 当事者の事後的行動が重要な間接事実になることがある。例えば、交付者が交付した金員の返還を長期間、請求していなかったことは返還合意を否定すべき事実の1つになるだろうし、受領者が一部弁済をしたり、返済義務を認めて分割弁済を交渉するなどしていたときは、貸金と認定すべき一事情になろう。

判決❺では、当事者間で事後的に金銭消費貸借契約証書が作成されていることや、女性が弁護士に対して、本件貸付けにつき間違いないと回答の上、分割弁済の条件について協議し、分割弁済に関する確認書に署名していることが挙げられており、貸金の認定をほぼ決定的とした事情といえよう。これ

に対し、判決⓫では、父が簡易裁判所に支払督促の申立てをした際、子がこれに異議を申し立てた上で、月額 1 万円の分割払を希望すると記載した異議申立書を提出したことが指摘されているが、子において、父との紛争を望まず、事柄を穏便に収めるためにそのような記載をしたとも考えられ、どの程度貸金の認定を補強する事情ととらえるべきかについては、なお慎重に検討すべきものと思われる。

(5) 判決❶は、貸付けに至る経緯に関する原告の供述が客観的事実関係に整合しないことに加え、重要な書証であるはずの金銭借用証書が控訴審になってはじめて提出されたことや、それ以前に原告側でそのような金銭借用証書の存在に言及した主張等がなかったという訴訟経過の不自然さをも踏まえ、原判決には審理不尽の違法があるとしたものである。

4　消費貸借と他の法律関係

裁判例

❶　最判平成 5 年 7 月20日裁判集民169号291頁［27826712］

原告（リース会社）・被告・Aは、被告に金融を得させることを目的として、被告所有の冷凍冷蔵庫をAが買い受けて原告に売り渡し、原告がこれを被告に割賦販売するという名目で、原告が売買代金として1744万円をAに交付し、Aが同金員を被告に交付することを合意した上、原告が、被告から物件受領書の交付を受けて、Aに1744万円を支払ったが、原告の出捐した金員が被告に支払われることはなかったという事案について、裁判所は、原告・被告・Aの 3 者間で前記冷凍冷蔵庫につき売買契約締結の形式があるとしても、各当事者間で真に目的物件の所有権を移転する意思があったとはみられないこと、原告は被告に融資をする意思であったが、その営業目的がリース及びこれに付随する割賦販売と定められており、金融業は認められていなかったため、割賦販売契約の形式を借りて、前記契約を締結したものであること、Aは原告から受領した売買代金と同額の金員を被告に交付する旨同意したにすぎず、転売利益を取得する余地がないこと、 3 者間の契約で実質的意味があるのは原被告間の契約のみであって、同契約においては、被告がAを

通じて原告から融資金の交付を受け、その返済として元本と特定期間の利息を原告に支払うことが明確に合意されていることなどから、本件契約の実質は金銭消費貸借契約又は諾成的金銭消費貸借契約であり、原告の営業目的に合致させるために割賦販売契約を仮装したものであるとして、被告が融資金の交付を受けていない以上、その返還義務はないと判断したもの

> 解説

　消費貸借と他の法律関係との区別については、重要な間接事実として、契約の外形を示す契約書・領収書の記載のほか、契約締結の経緯や契約内容、特に利息及び弁済期の定めの有無等を考慮すべきである。判決❶では、3者間で売買契約締結の形式があるとの指摘がされており、おそらく原被告間で割賦販売契約書が作成されていたと思われる上、被告から原告に対して物件受領書が差し入れられており、これらは一般に、本件契約が割賦販売であることを支持する事情といえる。これに対し、本件契約を締結するに至る経緯（原告は被告に融資をする意思であったが、その営業目的がリース及びこれに付随する割賦販売と定められていたため、割賦販売契約の形式を借りて本件契約を締結したこと）、本件契約の内容（中間者であるAに転売利益を取得する余地がないこと、原被告間の契約において、被告がAを通じて原告から融資金の交付を受け、その返済として元本と特定期間の利息を原告に支払うことが明確に合意されていること）を重視して、本件契約が消費貸借であるとしたものである。

（高島義行）

(書面でする消費貸借等)　　　　　　　　　　　　　　【改正法】

第587条の2　前条の規定にかかわらず、書面でする消費貸借は、当事者の一方が金銭その他の物を引き渡すことを約し、相手方がその受け取った物と種類、品質及び数量の同じ物をもって返還をすることを約することによって、その効力を生ずる。

2　書面でする消費貸借の借主は、貸主から金銭その他の物を受け取るまで、契約の解除をすることができる。この場合において、貸主は、その契約の解除によって損害を受けたときは、借主に対し、その賠償を請求することができる。

3　書面でする消費貸借は、借主が貸主から金銭その他の物を受け取る前に当事者の一方が破産手続開始の決定を受けたときは、その効力を失う。

4　消費貸借がその内容を記録した電磁的記録によってされたときは、その消費貸借は、書面によってされたものとみなして、前3項の規定を適用する。

(新設)　　　　　　　　　　　　　　　　　　　　　【現行法】

■■ 改正の趣旨

　消費貸借は要物契約とされているが、その合理性についてはかねてから批判があり、判例・学説上、要物性の要件をできる限り緩和する試みが重ねられてきた。平成29年民法改正に当たり、要物性の見直しが検討課題となったが、一方で、消費貸借を諾成契約化すると、確たる資金需要が存在しないにもかかわらず、軽率に金銭を借りる約束をしてしまった場合など、金融業者から個人に対する押貸し等の事態を招きかねないこと等の危険性も指摘された。そのため、金銭交付前の諾成的な合意に拘束力を認める実務上のニーズを踏まえつつ、安易に消費貸借の合意をすることを防ぐべく(部会資料70

A・50頁)、本条においては、要物契約である消費貸借（587条）の例外として諾成的消費貸借を位置付けた上、書面性を要求する要式契約とした。
《条文・判例の位置付け》　従前の判例を条文化

事実認定の対象等

■■ 意義

判例は、従前から諾成的消費貸借が有効であることを認めており（最判昭和48年3月16日金融法務683号25頁［27404026］、最判平成5年7月20日裁判集民169号291頁［27826712］）、学説も、これを認める見解が一般的であった。本条は、要物契約である消費貸借（587条）の例外として、諾成的消費貸借の要件・効果を定めるものである。

■■ 法律要件及び法律効果等

1　諾成的消費貸借の成立（本条1項、4項）

(1)　諾成的消費貸借が成立するための法律要件は、
① 　一方が金銭その他の物を引き渡し、相手方がその受け取った物と同種・同等・同量の物を返還するという合意をしたこと
② 　当事者が①の合意を書面によってしたこと
　又は、
②´　①の合意の内容を記録した電磁的記録によってしたこと
である。

前記②の要件について、書面性が要求されるのは、当事者の合意が要物契約の前提としての合意ではなく、直ちに債権債務を発生させる契約であることを明確にするとともに、軽率な契約を防止することが目的であるが、問題の本質は前者にあるといえるから、前記合意が認定できるのであれば、書面性の要件は厳格に解する必要はないという見解もある（中田・契約法350頁）。保証や贈与のように、保護されるべき一方当事者が想定されないこと、他の典型契約では、給付の内容が重大なものであっても書面性が要求されていな

いこと、従来から認められてきた諾成的消費貸借においても書面性は要求されていなかったことが理由として挙げられている。もっとも、本条が、解釈上認められていた従来の諾成的消費貸借と異なり、文言上書面による合意を要件とした趣旨は相応に重んじられるべきであって、具体的事案において、どのような場合であれば書面性が充足されていると認定できるかについては、慎重な判断を要するものと思われる。

(2) 諾成的消費貸借の成立により、貸主に対する借主の金銭等の引渡請求権が発生するが、借主の借りる債務が発生するものではなく（潮見・改正法の概要280頁）、この点は、従来の多数説の考え方と変わるところがない。

(3) 借主に対する貸主の金銭等の返還請求権の発生には、前記①、②の要件に加え、

③ 一方が相手方に対して前記①の合意に基づき金銭等を引き渡したことが必要である。以上のとおり、借主の金銭等の返還債務は、借主が貸主から金銭等を受領したことを要件とするから、貸主は、借主に対する返還請求権によって自らの引渡債務と相殺をすることはできない（部会資料70A・51頁）。

2 借主による解除（本条2項）

(1) 本条2項前段は、諾成的消費貸借について、借主が金銭等を受領するまでは、契約の解除をすることができる旨を定める。これは、借主に金銭等の受領義務がないことを裏面から定めたものとされる（潮見・改正法の概要280頁）。

(2) 貸主は、前記解除によって損害を受けた場合に、借主に対してその賠償を請求することができる（本条2項後段）。この損害賠償請求権は、債務不履行による損害賠償ではなく、641条、651条2項等と同様に、当事者の一方に解除権を付与しつつ、解除による相手方の損害を賠償させるという制度の1つである。損害賠償を請求しようとする貸主の側で、損害の発生及び額、損害と前記解除との相当因果関係を主張立証する必要があり、641条、651条2項等と異なる本条2項後段の規定ぶりも、そのことの現れであるとされる

（中田・契約法352頁）。

　貸主が請求できる損害としては、貸主が当該消費貸借のために融資資金を調達する際に要したコスト等が想定されており、諾成的消費貸借に利息の定めがあったからといって、貸主が弁済期限までに得られたであろう利息等が当然に損害になるものではない（潮見・改正法の概要280頁）。また、貸主が金融業者等の場合、当該消費貸借のために調達した融資資金を他の消費貸借に充てることが可能なのだから、仮に一定の調達コストを要したからといって、それを損害とみることは通常困難であろう（部会資料70Ａ・51頁）。

3　借主が貸主から金銭等を受領する前の破産手続開始の決定（本条３項）

　諾成的消費貸借の成立後、借主が金銭等を受領する前に、当事者の一方が破産手続開始決定を受けたときは、契約の効力は失われる。消費貸借の予約について定めた平成29年改正前の589条と同趣旨の定めである。破産手続以外の法的倒産処理手続である再生手続や更生手続との関係については、解釈に委ねられることになる（筒井＝村松・一問一答294頁）。

　なお、当事者の一方が破産手続開始の決定を受けた場合に消費貸借の予約が効力を失う旨を定めた改正前の589条は削除されたが、これは、借主の解除等の規律を明記しないまま、破産手続開始の決定の際の規律のみを維持するのが相当でないことから規定を削除したにすぎず、平成29年改正法が消費貸借の予約の存在それ自体を否定しているわけではない。改正法の下では、消費貸借の予約には、諾成的消費貸借の規定が類推適用されることになると思われる（筒井＝村松・一問一答294頁）。

事実認定における問題点

　平成29年改正前には、諾成的消費貸借の成否について事実認定上の問題点があったが、改正後には、諾成的消費貸借を成立させるには、消費貸借の合意を書面ですることが必要となったため（本条１項）、この問題は生じないことになった。

もっとも、契約書や公正証書によって諾成的消費貸借がされるなど書面性の充足が明らかな場合ばかりでなく、書面性の要件を充足するか否かが微妙な事案も生じ得ると思われ、今後は、この点が事実認定上の問題点となるであろう。

事実認定についての裁判例と解説

本条に関する事実認定が問題となった裁判例は見当たらない。

（高島義行）

(準消費貸借)　　　　　　　　　　　　　　　　　　　　　　　【改正法】

第588条　金銭その他の物を給付する義務を負う者がある場合において、当事者がその物を消費貸借の目的とすることを約したときは、消費貸借は、これによって成立したものとみなす。

(準消費貸借)　　　　　　　　　　　　　　　　　　　　　　　【現行法】

第588条　<u>消費貸借によらないで</u>金銭その他の物を給付する義務を負う者がある場合において、当事者がその物を消費貸借の目的とすることを約したときは、消費貸借は、これによって成立したものとみなす。

■■ 改正の趣旨

平成29年改正前の「消費貸借によらないで」との文言にかかわらず、既存の貸借上の債務についても準消費貸借の目的とすることは可能であると解されてきた（大判明治41年5月4日民録14輯519頁［27521217］、大判大正2年1月24日民録19輯11頁［27521648］、大判昭和3年5月26日新聞2891号9頁［27551011］）。本条は、「消費貸借によらないで」との文言を削除することにより、前記解釈との整合性を確保したものである（部会資料70Ａ・54頁、潮見・改正法の概要281頁）。

《条文・判例の位置付け》　従前の判例を条文化

事実認定の対象等

■■ 意義

本条は、準消費貸借の成立要件を定める。準消費貸借とは、金銭その他の物を給付する義務を負う者がある場合に、当事者の合意によりその物を消費貸借の目的とすることをいう。

諾成的消費貸借契約と異なり（587条の2）、準消費貸借契約には書面性は要求されていない。これは、準消費貸借契約では、契約に基づいて金銭等を相手方に引き渡すことが予定されておらず、目的物の引渡しに替わるものとして書面性を要求するまでもないと考えられたためである（部会資料70A・54頁）。

■■ 法律要件及び法律効果等

1　法律要件

準消費貸借が成立するための法律要件は、

① 従前の債務の目的物と同種・同等・同量の金銭その他の代替物を返還するという合意をしたこと

である。

したがって、準消費貸借の合意の内容を明らかにするため、目的となった金銭その他の代替物を給付すべき旧債務を、特定できるように主張しなければならないが（司研・要件事実について 53頁）、その旧債務についての主張立証責任の所在については争いがある。

判例は、旧債務の不存在を理由に準消費貸借の効力を争う相手方が、抗弁としてこれを主張立証しなければならないと解している（大判大正9年5月18日民録26輯823頁［27523068］、最判昭和43年2月16日民集22巻2号217頁［27000996］）。これに対し、準消費貸借の効力を主張する者が、旧債務の存在について主張立証責任を負うと解する見解もある（村上博巳『証明責任の研究〈新版〉』有斐閣（1986年）252頁、倉田卓次『民事実務と証明論』日本評論社（1987年）207頁）。

2　法律効果

消費貸借と異なるところはない。すなわち、借主は、貸主から借りた物と同種・同等・同量の物を返還する義務を負う。

■ **参考裁判例**

(1) 旧債務は、金銭その他の代替物の給付を目的とするものであればよく、特に制限はない。

(ア) 売買代金（大判大正9年12月27日民録26輯2096頁［27523182］）、立替金（大判昭和12年11月26日新聞4221号15頁［27545480］）等を目的として準消費貸借を成立させることのほか、保証人が将来主たる債務を履行した場合の求償権を担保する趣旨で、求償権を目的として準消費貸借を成立させること（大決昭和12年9月11日裁判例11巻民240頁［27545347］）、連帯債務者の1人が求償権を確保するため、他の連帯債務者から借用証書を徴求し、後日求償権が発生した場合にその求償権を目的として準消費貸借を成立させること（大判大正7年2月28日民録24輯300頁［27522588］）、同棲相手と別居する際に金員を支払うことを約し、これを目的として準消費貸借を成立させること（大判昭和12年11月29日判決全集5輯3号11頁［27545486］）ができる。

(イ) 消滅時効にかかった債務についても、債務者が時効を援用せずに、これを目的として準消費貸借を成立させることは可能である（東京控判大正7年1月25日新聞1378号21頁［28224930］）。

(ウ) 2個の債務を併せて準消費貸借の目的とすること（東京控判大正3年6月16日新聞960号25頁［28224928］）、旧債務の一部についてのみ準消費貸借を成立させること（大判大正4年2月27日民録21輯191頁［27521882］）も差し支えない。

(2) 旧債務が存在しなければ準消費貸借は成立しない（大判大正3年2月21日新聞930号21頁［27534879］、大判昭和10年2月23日法学4巻1181頁［27543525］）。強行法規や公序良俗に違反するなど、無効な債務を旧債務とした場合も同様である（大判大正15年4月21日民集5巻271頁［27510777］、大判昭和14年11月6日民集18巻1224頁［27500328］、大判昭和20年11月12日民集24巻115頁［27500035］）。

利息制限法の制限を超過する利息を目的とする準消費貸借は、制限内の金額についてのみ成立する（大判大正6年4月16日民録23輯644頁［27522403］、大判昭和5年5月19日評論19巻民法863頁［27551821］、大判昭和5年9月27

日評論19巻民法146頁［27540191］、大判昭和5年12月27日評論20巻民法127頁［27540408］、大判昭和11年5月2日法学5巻1360頁［27544600］、大判昭和12年2月13日民集16巻100頁［27500474］、最判昭和55年1月24日裁判集民129号81頁［27405204］）。

(3) 新旧両債務の同一性について、一般に説かれるところをみると、以下のとおりである。

旧債務に付された担保（質権、抵当権、保証など）は、原則として新債務の担保として存続する。なお、不動産売買の売主が、買主から売買代金の一部を受領した時点で目的不動産の所有権移転登記に応じ、売主の残代金債権につきいったんは留置権が成立した場合でも、買主の残代金債務を目的とする準消費貸借契約が締結され、準消費貸借上の債務を担保するため、新たに目的不動産上に抵当権が設定され、その後に目的不動産の競売が行われたときは、売買契約上の残代金債務は消滅し、これを担保していた留置権も消滅するとした事例がある（東京高決平成26年2月28日判タ1402号123頁［28223111］）。

債務者による詐害行為当時、債権者であった者は、その後その債権を目的とする準消費貸借を成立させた場合でも、詐害行為を取り消すことができる（最判昭和50年7月17日民集29巻6号1119頁［27000363］）。

旧債務について存在した同時履行の抗弁権が新債務についても存続するかは、当事者の意思によるが（大判昭和8年2月24日民集12巻265頁［27510136］、大判昭和14年3月23日評論28巻民法729頁［27546160］）、原則として新債務についても存続すると解すべきである。例外として、売買代金の支払を猶予する趣旨で準消費貸借を成立させた場合には、新債務について同時履行の抗弁権を認めるべきではない。

判例は、新債務の時効期間は準消費貸借そのものが商行為かどうかによるとしている（大判昭和8年6月13日民集12巻1484頁［27510194］、大判昭和17年7月7日法学12巻247頁［27548415］）。

事実認定についての裁判例と解説

　本条に関する事実認定が問題となった裁判例は、587条「事実認定についての裁判例と解説」に併せて摘示した。

（高島義行）

(利息)　　　　　　　　　　　　　　　　　　　　　　　【改正法】

第589条　貸主は、特約がなければ、借主に対して利息を請求することができない。
2　前項の特約があるときは、貸主は、借主が金銭その他の物を受け取った日以後の利息を請求することができる。

(消費貸借の予約と破産手続の開始)　　　　　　　　　　　　　　【現行法】

第589条　消費貸借の予約は、その後に当事者の一方が破産手続開始の決定を受けたときは、その効力を失う。

■■ 改正の趣旨

　一般に利息は消費貸借の合意とは区別される利息の合意がある場合に限り発生するものと解されている。平成29年改正前の民法には利息の発生に関する規定が設けられていないが、実務上現実に締結される消費貸借の大半が利息付き消費貸借であることから、利息の発生に関する明文規定を設けるのが相当であり、消費貸借の利息について従来の解釈等を明文化した本条が規定されたものである。

《条文・判例の位置付け》　従前の判例を条文化

事実認定の対象等

■■ 意義

　本条は、当事者間の特約がなければ利息が発生しないこと(1項)、利息が付されるべき期間(2項)について規定したものである。

■■ 法律要件及び法律効果等

(1) 利息の請求には、
① 利息を付するとの合意をしたこと
が必要である。

また、前記①の合意に加え、
② 利率の合意をしたこと
が主張立証された場合には、前記②の約定利率による利息を請求でき（ただし、利息制限法等による利率の制限がある）、前記①の合意のみの場合には、法定利率による利息を請求することができる。

(2) 利息が付されるのは、借主が金銭等を受領した日から弁済期までの期間である。利息は借主が元本を利用することの対価であり、借主が受領の当日から金銭等を利用できる以上、金銭等を受領した当日から利息が発生するものと解するのが合理的だからである。この点は、従来の判例上も同様に解されていた（最判昭和33年6月6日民集12巻9号1373頁［27002665］）。

(3) したがって、貸主が借主に対して利息を請求するには、前記①、②の要件に加え、要物契約としての消費貸借（587条）においては、
③ 消費貸借の成立から弁済期までの期間（弁済期の到来）
を主張立証すべきであり、要式契約としての諾成的消費貸借（587条の2〔新設〕）においては、さらに、
④ 貸主が借主に対して諾成的消費貸借の合意に基づき金銭等を引き渡したこと
を主張立証する必要がある。すなわち、諾成的消費貸借において利息を請求するには、貸金返還請求と同様に、諾成的消費貸借の合意及び書面性の要件のほか、金銭等の交付も法律要件となる。

■■ 参考裁判例

(1) 消費貸借で利息制限法の制限を超過する利息を天引した場合、消費貸借は天引利息のうち制限範囲内の金額と現実交付額とを合算した金額の限度で成立する（最判昭和29年4月13日民集8巻4号840頁［27003178］）。借主

が制限超過利息を任意に支払った場合には、制限超過部分は残存元本に充当される（最判昭和39年11月18日民集18巻9号1868頁［27001351］）。借主が制限超過利息を任意に支払い、制限超過部分の充当により計算上元本が完済となった場合、借主はその後に債務の存在しないことを知らないで支払った金額の返還を請求できる（最判昭和43年11月13日民集22巻12号2526頁［27000898］）。

(2) いわゆる過払金請求事件については、近時、最高裁判所で重要な判決が相次いで出されている。

(ア) 同一の貸主と借主との間で基本契約に基づき継続的に貸付けが繰り返される金銭消費貸借取引において、借主が1つの借入金債務につき制限超過利息を任意に支払い、制限超過部分を元本に充当してもなお過払金が存する場合には、この過払金は、当事者間に充当に関する特約が存在するなど特段の事情のない限り、弁済当時存在する他の借入金債務に充当され、貸主は当該他の債務の充当されるべき元本部分に対する約定利息を取得できない（最判平成15年7月18日民集57巻7号895頁［28081865］）。

(イ) 制限超過利息とともに元本を分割返済するとの約定がある金銭消費貸借取引において、債務者が元本又は約定利息の支払を遅滞したときは当然に期限の利益を喪失するとの特約の下に債務者が制限超過利息を支払った場合、特段の事情のない限り、制限超過部分の支払は旧貸金業法43条1項の「債務者が任意に支払つた」ものと認めることができない（最判平成18年1月13日民集60巻1号1頁［28110244］）。

(ウ) 同一の貸主と借主との間でカードを利用して継続的に金銭の貸付けとその返済が繰り返されることを予定した基本契約が締結され、毎月の返済額は前月における借入金債務の残額の合計を基準とする一定額に定められ、利息については前月の支払日における返済後の残元本の合計に対する当該支払日の翌日から当月の支払日までの期間に応じて計算するなどの条項がある場合、この基本契約には、制限超過利息の弁済によって生じた過払金を弁済当時存在する他の借入金債務だけではなく、その後に発生する新たな借入金債務にも充当する旨の合意が含まれているものと解すべきである（最判平成19

年6月7日民集61巻4号1537頁［28131418］)。

㈡　同一の貸主と借主との間で基本契約を締結せずに行われた多数回の金銭の貸付けが、1度の貸付けを除き、従前の貸付けの切替え及び貸増しとして長年にわたり反復継続して行われており、その1度の貸付けについても前回の返済から期間的に接着し、前後の貸付けと同様の方法と貸付条件で行われたものであって、前記各貸付けをもって一個の連続した貸付取引と解すべき場合には、各貸付けについての金銭消費貸借は、各貸付けに基づく借入金債務につき制限超過利息の弁済により過払金が発生したときは当該過払金をその後に発生する新たな借入金債務に充当する旨の合意を含んでいるものと解すべきである（最判平成19年7月19日民集61巻5号2175頁［28131793］)。

㈢　同一の貸主と借主との間で継続的に貸付けとその返済が繰り返されることを予定した基本契約が締結され、この基本契約に基づく取引についての債務の各弁済金のうち制限超過部分を元本に充当すると過払金が発生するに至ったが、過払金が発生することとなった弁済がされた時点では両者間に他の債務が存在せず、その後、両者間で改めて金銭消費貸借に関する基本契約が締結され、この基本契約に基づく取引についての債務が発生した場合には、第1の基本契約に基づく取引により発生した過払金を新たな借入金債務に充当する旨の合意が存在するなど特段の事情のない限り、第1の基本契約に基づく取引についての過払金は第2の基本契約に基づく取引についての債務に充当されないが、第1の基本契約に基づく債務が完済されてもこれが終了せず、第1の基本契約に基づく取引と第2の基本契約に基づく取引が事実上一個の連続した貸付取引であると評価できるときは、第1の基本契約に基づく取引により発生した過払金を新たな借入金債務に充当する旨の合意が存在するものと解すべきである（最判平成20年1月18日民集62巻1号28頁［28140214］)。

㈣　継続的な金銭消費貸借取引に関する基本契約に基づいて金銭の借入れと弁済が繰り返され、同契約に基づく債務の弁済がその借入金全体に対して行われる場合において、利息制限法1条1項にいう元本の額は各借入れの時点における従前の借入金残元本と新たな借入金との合計額をいい、従前の借

入金残元本の額は、弁済金のうち制限超過部分があるときはこれを前記基本契約に基づく借入金債務の元本に充当して計算すべきであり、また、前記取引の過程におけるある借入れの時点で、従前の借入金残元本と新たな借入金との合計額が利息制限法1条1項所定の各区分における下限額を下回るに至ったとしても、前記取引に適用される制限利率は変更されないものと解すべきである（最判平成22年4月20日民集64巻3号921頁［28160979］）。

事実認定についての裁判例と解説

本条に関する事実認定が問題となった裁判例は見当たらない。

（高島義行）

| (貸主の引渡義務等) 【改正法】

<u>第590条　第551条の規定は、前条第１項の特約のない消費貸借について準用する。</u>
<u>２　前条第１項の特約の有無にかかわらず、貸主から引き渡された物が種類又は品質に関して契約の内容に適合しないものであるときは、借主は、その物の価額を返還することができる。</u>

| (貸主の担保責任) 【現行法】

第590条　利息付きの消費貸借において、物に隠れた瑕疵があったときは、貸主は、瑕疵がない物をもってこれに代えなければならない。この場合においては、損害賠償の請求を妨げない。
２　無利息の消費貸借においては、借主は、瑕疵がある物の価額を返還することができる。この場合において、貸主がその瑕疵を知りながら借主に告げなかったときは、前項の規定を準用する。

■■ 改正の趣旨

　平成29年改正前は590条において貸主の担保責任を定めていたが、売主等の担保責任の規律の改正に伴い、消費貸借における貸主の責任を整備した。
《条文・判例の位置付け》　要件・効果の変容

事実認定の対象等

■■ 意義

　本条１項は、無利息の消費貸借における貸主の責任について、無償契約としての贈与との共通性に着眼し、これに規律を合わせたものである。
　本条２項は、無利息の消費貸借に関する平成29年改正前の590条２項前段

が、借主が瑕疵ある目的物の返還に代えてその価額を返還することができる旨を定めていたところを、利息付き消費貸借を含めて一般化したものである。

■■ 法律要件及び法律効果等

(1) 無利息の消費貸借契約について消費貸借の目的物に契約不適合がある場合には、贈与者の引渡義務等を定めた551条の規定が準用される（本条1項）。すなわち、貸主は、目的物を消費貸借の目的として特定した時の状態で引き渡すことを約したものと推定される（551条1項）。

(2) 利息付き消費貸借については、売買に関する規定が準用される（559条）。消費貸借の目的物に契約不適合がある場合には、借主は、代替物の引渡し等の履行の追完を請求でき（562条1項）、損害賠償の請求ないし解除権の行使ができる（564条）。平成29年改正前の590条1項は、利息付き消費貸借について貸主の代替物引渡義務及び損害賠償義務を定めた規定であるが、前記のとおり売買に関する規定の準用をもって足りるため、削除された（部会資料70A・56頁）。

(3) 平成29年改正前の590条2項前段は、無利息の消費貸借について、借主が瑕疵ある目的物の返還に代えてその価額を返還することができる旨を定めていたが、本条2項は、この規律を利息付き消費貸借にも広げ、利息付きであるか無利息であるかを問わず、貸主から交付された目的物が種類・品質に関して契約不適合である場合に、借主がその価額を返還できることとしたものである（潮見・改正法の概要284頁）。

事実認定についての裁判例と解説

本条に関する事実認定が問題となった裁判例は見当たらない。

（高島義行）

| （返還の時期） | 【改正法】 |

第591条　当事者が返還の時期を定めなかったときは、貸主は、相当の期間を定めて返還の催告をすることができる。
2　借主は、<u>返還の時期の定めの有無にかかわらず</u>、いつでも返還をすることができる。
<u>3　当事者が返還の時期を定めた場合において、貸主は、借主がその時期の前に返還をしたことによって損害を受けたときは、借主に対し、その賠償を請求することができる。</u>

| （返還の時期） | 【現行法】 |

第591条　（同上）
2　借主は、いつでも返還をすることができる。
（新設）

■■ 改正の趣旨

　平成29年改正前の本条は、返還時期の定めのない場合における消費貸借の目的物の返還について定めていたが、本条は、返還時期の定めがある場合とない場合を含め、貸主・借主に対する目的物の返還に関する規律を整備したものである。
《条文・判例の位置付け》　1項・2項につき要件・効果の変更なし、3項につき要件・効果の変容

事実認定の対象等

■■ 意義

　本条1項は、平成29年改正前の本条1項と同一の規定であり、返還時期の

定めのない場合における消費貸借の目的物の返還について定めたものである。

　平成29年改正前の民法では、返還時期の定めがある場合の借主の期限前の返還について明示の定めがなかったが、学説上は、これを期限の利益の放棄の問題と解し（136条2項本文）、無利息の消費貸借については借主が任意に返還できること、利息付き消費貸借については、期限前の返還も可能だが、原則として期限までの利息を付さなければならない（136条2項ただし書）とする見解が有力であった（我妻・民法講義Ｖ２　372頁、中田・契約法363頁）。これに対し、本条2項は、返還時期の定めがある場合でも借主がいつでも返還できることを定め、本条3項では、返還時期の定めがある消費貸借において、借主が期限前に目的物を返還したことにより、貸主に損害が生じた場合に、貸主が借主に損害賠償を請求できることを定めている。返還時期の定めがある利息付きの消費貸借において、借主が期限前に目的物を返還したことにより、貸主が利息相当額の賠償を請求できるかについては、貸主において、返済を受けた資金を他へ転用する可能性を考慮すべきであり、期限前に返済を受けたとしても金銭を再運用することが実際上困難であり、他方で、返済期限までの利息相当額を支払ってもらうことの代わりとして利率が低く抑えられていたようなケースに限られるという見解がある（筒井＝村松・一問一答299頁）。

■■ 法律要件及び法律効果等

1　法律要件

　(1)　判例は、借主の返還義務は消費貸借の成立と同時に発生し、期限が到来し又は催告があるまでその履行を猶予されているものと考え、期限の未到来又は催告期限の未到来を借主が抗弁として主張立証すべきものとしている（大判大正2年2月19日民録19輯87頁［27521653］、大判大正3年3月18日民録20輯191頁［27521755］、大判昭和5年6月4日民集9巻595頁［27510505］）。

　(2)　これに対し、貸主は、期間が満了し又は告知によって契約を終了させたときに、はじめて目的物の返還を請求できるとする見解が有力である（我

妻・民法講義Ⅴ2 353頁、司研・要件事実⑴275頁等）。この見解によれば、貸主は、請求原因として、期限の到来又は催告期限の到来を主張立証することになる。

ところで、返還時期の定めのない消費貸借に関し、本条をどのように位置付けるかについては争いがある。このうち、消費貸借で常に弁済期の合意があるとは限らないとの前提にたち、本条を文字どおり当事者間に弁済期の合意がない場合の補充規定であると解する説によれば、貸主は
① 催告をしたこと
② 催告後相当期間の末日の到来
を主張立証すべきであるが、消費貸借において弁済期の合意がない場合が存することを否定し、返還の時期を定めなかったときとは弁済期を貸主が催告した時とする合意がある場合をいうと解する説によれば、
① 弁済期を貸主が催告した時とする合意があること（実務上は、「弁済期の定めなし」などと摘示される）
② 催告をしたこと
③ 催告後相当期間の末日の到来
となる。

⑶　催告に一定の時期や期間を明示しなくても、その催告から返還を準備するのに相当な期間が経過した後は、借主は履行遅滞の責めを負うとするのが判例である（大判昭和5年1月29日民集9巻97頁［27510480］）。

⑷　返還の時期の定めがあるか否かにかかわらず、借主は、いつでも返還をすることができる（本条2項）。従来、返還時期の定めがある場合に借主が期限前に返還することができるかについては、期限の利益を放棄できるか否かの問題であり、無利息の消費貸借では常に可能であり、利息付消費貸借については、期限までの利息を付すことにより返還できると解する見解が有力であったが、本条2項の改正により立法的に解決された。

2　法律効果

前記「1　法律要件」⑴の見解によれば、本条の法律要件を充足しないこ

とが、貸主からの目的物返還請求権の効果を覆滅させる効果を生じさせることになる。これに対し、同(2)の見解によれば、本条の法律要件を充足することにより、貸主に目的物返還請求権が発生する。

3　期限前返還における借主の損害賠償

返還時期の定めがある消費貸借において、借主が期限前に目的物を返還したことにより、貸主に損害が生じた場合には、貸主は、借主に損害賠償を請求できる（本条3項）。本条3項の規定は、本条2項とともに、136条2項の特則として位置付けられるが、その内容については、諾成的消費貸借が金銭等の受領前に解除された場合の損害賠償を定める587条の2第2項後段〔新設〕と整合的に解釈すべきとされる（中田・契約法364頁）。貸主が本条3項の損害賠償をするに当たっては、損害の発生及び額、期限前返還と損害との相当因果関係を主張立証する必要があり、返還時期までの得べかりし利息が当然に損害になるものではない（潮見・改正法の概要285頁、中田・契約法364頁）。

事実認定についての裁判例と解説

本条に関する事実認定が問題となった裁判例は見当たらない。

（高島義行）

（価額の償還）

第592条 借主が貸主から受け取った物と種類、品質及び数量の同じ物をもって返還をすることができなくなったときは、その時における物の価額を償還しなければならない。ただし、第402条第2項に規定する場合は、この限りでない。

事実認定の対象等

■ 意義

本条は、借主が消費貸借の目的物と同種・同等・同量の物を返還することが不能になった場合について定める。借主の目的物返還債務は履行不能により消滅するが、借主は履行不能時の目的物の価額を返還しなければならない。

ただし、金銭の消費貸借において、特定の種類の通貨で返還する旨の合意があり、その通貨が強制通用力を失ったときは、借主は他の通貨で返還する必要がある（本条ただし書、402条2項）。

■ 法律要件及び法律効果等

1 法律要件

目的物の返還不能により価額償還を請求する場合、貸主は、

① 履行不能の事実
② 履行不能時における物の価額

を主張立証しなければならない。

なお、債務者は、帰責事由なく履行不能となった債務については、一切の責任を免れるのが通則であるが（415条）、本条は、消費貸借の特殊性を考え、借主にそのような免責を与えないという理由から設けられた規定である。したがって、目的物の返還不能により価額償還を求められた借主は、不可抗力をもって抗弁とすることができない。

2 法律効果

本条の法律要件を充足することにより、貸主に目的物の返還不能による価額償還請求権が発生する。

事実認定についての裁判例と解説

本条に関する事実認定が問題となった裁判例は見当たらない。

（高島義行）

第6節　使用貸借

（使用貸借）　　　　　　　　　　　　　　　　　　　　　　【改正法】

第593条　使用貸借は、当事者の一方が<u>ある物を引き渡すことを約し、相手方がその受け取った物について</u>無償で使用及び収益をして<u>契約が終了したときに返還をすることを約する</u>ことによって、その効力を生ずる。

（使用貸借）　　　　　　　　　　　　　　　　　　　　　　【現行法】

第593条　使用貸借は、当事者の一方が無償で使用及び収益を<u>した後に返還をすることを約して相手方からある物を受け取る</u>ことによって、その効力を生ずる。

■■ 改正の趣旨

　従前、要物契約とされていた使用貸借を、諾成契約に改めるものである。もともと、使用貸借は、親族等の情義的な関係によるものが多かったと考えられるが、現代社会においては、そのような関係によるものだけではなく、経済的な取引の一環として行われることも多くなってきており、借用物の引渡し前においても、合意の拘束力を認める必要があると考えられたことによる（部会資料70A・60頁）。

《条文・判例の位置付け》　要件・効果の変容

事実認定の対象等

■■ 意義

　本条は、使用貸借の成立要件を定めるものである。使用貸借は、無償・諾

成・不要式の契約である。

法律要件及び法律効果等

1 法律要件

使用貸借が成立する要件は、

① 当事者の一方（貸主）が相手方（借主）に無償である物（借用物）を引き渡す旨約したこと

② 相手方（借主）がその受け取った物（借用物）を無償で使用収益して契約が終了したときに当事者の一方（貸主）にそれを返還する旨約したことである。すなわち、当事者間における、借用物を引き渡すこと・借用物を使用収益させること・契約終了時に借用物を返還すること・借用物の使用収益を無償とすることの各合意が必要となる。

本条の法律要件に該当する具体的な要件事実としては、「原告は、○年○月○日、被告に対し、別紙物件目録記載の建物を無償で貸すとの合意をした」などと表現されることになろう。この表現により、貸主及び借主のそれぞれの意思表示が相手方に到達したことを含むことになる（97条1項）。

2 法律効果

使用貸借の成立により、借主には、借用物引渡請求権及び借用物使用収益請求権が発生し、貸主は借用物引渡義務及び借用物使用収益許容義務を負う。

また、使用貸借の終了に伴い、貸主は借用物返還請求権を行使することができるようになり、借主は借用物返還義務を負う。

参考裁判例

(1) 使用貸借は無償契約であるが、「無償」とは、借主が借用物の使用収益の対価を支払わないということを意味する。したがって、借主が借用物の使用収益に関して一定の金銭を負担したとしても、それが使用収益の「対価」と認められないようなものであれば、使用貸借であるとの認定が妨げられることにはならないのであって、借主が借用物である土地の公租公課を負

担したからといって、使用貸借契約でないとは断言できない（大判昭和8年11月11日法律新報347号9頁［27547952］）。また、使用収益の対価は金銭とは限られないため、当事者が交換的にその所有土地を返還時期の定めなく無償で貸し付ける契約は、無償契約ではないから使用貸借契約ではない（大判昭和10年3月28日裁判例9巻民84頁［27543616］）。どのような場合に、無償性の要件を充足すると認められるか（あるいは認められないか）については、「事実認定についての裁判例と解説」1を参照されたい。

（2）　なお、家屋の賃貸借の場合には、特別の事情のない限り、家屋の賃貸借と同時にこれに付随して、敷地及び敷地上の附属施設について使用貸借関係が成立するものと認められる（東京地判昭和32年11月20日下級民集8巻11号2144頁［27401205］）。

事実認定における問題点

これまでの裁判例では、平成29年改正前の593条に関する事実認定として、1　無償性の要件を充足しているか、2　親族間における無償使用関係をどのようにみるかが問題となったものがあった。これらは、改正後の本条においても同様に問題となるものである。

事実認定についての裁判例と解説

1　無償性の要件を充足しているか

無償性の要件の関係では、(1) 借主が金銭の支払をしている場合に、それが使用収益の対価と認められるかが問題となったもの、(2) 借主が金銭の支払以外の負担をしている場合（金銭の支払が全くない場合と金銭の支払に加えて負担をしている場合とがある）に、それが使用収益の対価と認められるかが問題となったものがある。

> 裁判例

(1) **借主が金銭の支払をしている場合**

無償性を肯定した裁判例には、次のものがある。

❶ 東京地判昭和27年4月23日下級民集3巻4号541頁〔27400276〕

知人との偶然の路上の立話でその境遇に同情し、使用面積や位置、地代を定めずに宅地を貸した場合には、その知人の差し迫った境遇を打開するためにされた期間の定めのない使用貸借と認めるべきで、たとえ後に若干の金員が借主から支払われても儀礼的な贈与にすぎないとみるべきであるとしたもの

（昭和20年11月頃に貸借され、借主が昭和21年7月に100円を、同年12月・昭和22年7月・同年12月・昭和23年7月に各500円を支払ったというものであり、その金額が双方の合意により決定されたものではなく、借主が適当に見積もったものであって、当時の地代相当額等を考慮に入れたものではないこと、その支払時期等の事情から、盆暮の儀礼的贈与であると判断された事例）

❷ 大阪地判昭和30年7月14日判時58号21頁〔27400739〕

通勤従業員に対し社宅使用の利益に相当する何らの支給もされていないこと、社宅使用を現物給与等として所得税の源泉徴収をしていないこと、社宅の適正家賃額が入居当時〔昭和26年8月当時〕は300円であり現在は600〜700円であること、社宅規則に従業員に対し福利施設としての社宅を入居使用させたうえ、従業員としての資格を失ったときは会社から要求を受けた日後30日以内に社宅を退去することが定められていることなどの事情があれば、1か月10円の社宅料は浴場の維持・電気料金など社宅を維持する費用の一部として名目上徴収しているにすぎないから、社宅使用と対価関係に立つといえない（従業員である期間に限って社宅を使用することができ、従業員の資格を失えば30日以内に退去するという特殊の使用貸借関係であって、賃貸借ではない）としたもの

❸ 東京地判昭和31年11月14日判夕74号57頁〔27400992〕

貸主が借主から保証金名義の金員を受領したからといって、使用貸借であることに影響を与えるものではないとしたもの

(貸主は借主から昭和23年5月に保証金として3000円を受領したが、明渡しの際に返還が予定されているものであり、その性質は敷金であって、使用貸借契約においても、その存続中担保すべき債権が存在し得る以上は、その債権担保のために敷金が授受されることは使用貸借の性質と相いれないものではないなどとの判断がされた事例)

❹ 最判昭和35年4月12日民集14巻5号817頁［27002473］

家主とその妻の伯父との間の部屋の貸借関係において、一般的にみて、1畳分に相当する金員を支払っている場合には、その金員は室使用の対価というよりはその関係に基づく謝礼とみるのが相当であり、その使用契約は使用貸借であるとしたもの

(借主は6畳及び7畳の2室を借り受けて使用していたが、1畳分に相当する月額1000円を支払っていたという事例)

❺ 最判昭和41年10月27日民集20巻8号1649頁［27001155］

建物の借主が、当該建物を含む貸主所有の不動産に賦課された固定資産税等の支払を負担する等の事実があるとしても、その負担が建物の使用収益に対する対価の意味を持つものと認めるに足りる特段の事情のない限り、当該貸借関係は使用貸借であると認めるのが相当であるとしたもの

(借主は、借用物以外の不動産の固定資産税や市民税等も負担していたが、借主が昭和25年頃から昭和32年頃までの間に支払った固定資産税等の総額は15万円弱である一方、昭和33年6月頃の本件建物の適正賃料は年額12万円弱であるという事例)

❻ 大阪高判平成4年11月10日判夕812号217頁［27814926］

寺院が明治時代から建物を貸借していた関係は賃貸借であるが、昭和27年の借主との調停上の合意によって、従前冥加金名目で支払っていた賃料の支払はされなくなったのであるから、その後は使用貸借に変更されたと認定されたもの

❼ 東京高決平成10年12月10日判夕999号291頁［28040838］

JR西荻窪駅から徒歩約5分の場所にある鉄筋コンクリート造3階建マンションの1階部分にある約30m^{2}の車庫の使用権について、150万円を借主が

貸主に支払い、明渡し時に同額を返還する契約は、貸主が150万円の金利相当額の経済的利益を得るにすぎないものであり、前記車庫の利便性や広さに照らして、借主の給付をもって賃料と認めることはできず、また契約書に賃貸借であるとの明示もないことからすると、この契約は使用貸借契約であって、賃貸借契約と解することはできないとしたもの

　一方、無償性を否定した裁判例には、次のものがある。
❽　最判昭和31年11月16日民集10巻11号1453頁［27002866］
　寮の使用関係において、世間並の家賃相当額を支払っている場合には、借家法の適用があるとしたもの
　（昭和19年暮れ又は昭和20年1月、従業員寮の1室6畳の使用料として月額18円を支払うとの約束がされており、これが世間並の家賃相当額であると認定された事例）
❾　神戸地判昭和62年6月24日判夕655号172頁［27801202］
　土地の使用貸借につき、途中から近隣の地代に見合う金員が継続的に支払われてきたことなどの事情から黙示的に賃貸借契約に変更されたと認められたもの
　（昭和35年に建物所有目的で締結された土地の使用貸借につき、昭和42年からは半年ごとに近隣の地代に相当する金額が支払われるようになり、また、昭和44年頃同土地上に建築された建物につき借主が改造をしたところ、昭和47年に借主が事実上同改造を黙認したと認められることなどから、昭和47年には黙示的に建物所有目的とする賃貸借契約が成立したと判断された事例）
(2)　**借主が金銭の支払以外の負担をしている場合**
　無償性を肯定したものには、次のものがある。
❿　東京高判昭和28年11月5日下級民集4巻11号1589頁［27400459］
　アパートの管理人がその2室（5畳半と4畳半）を居住使用するほか、別段の報酬を受けずにアパートを管理する場合でも、管理人にほかに本業があり、また、アパートが比較的小さなアパート（前記2室のほか8室）であるため管理事務に専従しなければならない状態でないときは、その使用関係は

一種の負担付きの使用貸借であるとしたもの

⓫　東京地判昭和41年4月19日判時453号48頁［27402874］

　土地の使用契約が、借主夫婦が他に移転先を見つけるまでの一時使用を目的としたものであり、将来立ち退く場合には地上建物を無償で貸主に譲渡するという約束は、借主らにとって同建物が不必要となる上、貸主の好意に対する謝意の表明にもなるところなどから約したものであり、借主の労務提供〔貸主の営む下宿業の手伝い及び貸主所有建物の修理修繕〕もこれまた謝意の表明などに基づくものである場合には、いずれも土地使用の対価とならず、別に対価支払の約束もない以上、前記貸借は使用貸借であるとしたもの

⓬　神戸地伊丹支判昭和43年12月26日判タ230号279頁［27403278］

　借主の支払った金額が一般社会の基準に比べて著しく低廉で、当該家屋の維持費の一部程度にしか当たらない場合には、建物使用の対価としての賃料の支払とみることはできないし（単なる負担付きの使用貸借関係にすぎない）、借主が当該家屋の敷地に連なる広大な貸主所有の土地を管理していても、管理費用が同家屋使用の対価的意義を有しない場合には使用貸借であるし、貸主との間で顧問となるべき契約が結ばれていても、仕事の性質から考えて、家屋を現物給与として貸与すべきものでない場合には、使用貸借であるとしたもの

　（借主は固定資産税相当分として、昭和25年4月から昭和40年頃まで、月額500円を支払っているところ、その金額は、昭和26年頃までは当該家屋及びその敷地部分の固定資産税額を若干上回るが、昭和28年以降はかなり不足していたという事例）

　解説

　(1)の「借主が金銭の支払をしている場合」に、それが使用収益の対価と認められるかが問題となったものをみてみると、判決❶、❹、❺は、いずれも、適正賃料と支払額との比較をもって、金員支払が使用収益の対価とは認められないと判断しているものである。判決❼は、適正賃料がいくらかは不明であるものの、目的不動産の広さや地理的状況及び借主から差し入れられた金員が明渡し時に返還を約しているものであって貸主が得るのは差入額の金利

相当分の利益にすぎないことから、無償性を肯定しているものである。判決❸は、借主から保証金名目の金員（敷金の性質）が支払われている以上、賃貸借であるとの主張がされた事案において、これを否定したものである。当事者間で締結された契約が当初は賃貸借であったが、対価の支払がされなくなった時点から、使用貸借に変更されたと判断されたものが判決❻であり、その逆の事例が判決❾である。従業員寮・社宅の使用関係に関する事例においても、そのような形式面にとらわれるのではなく、適正賃料との比較をするなどした実質的な判断がされており、使用貸借であると認められたものが判決❷であり、賃貸借であると認められたものが判決❽である。

ところで、当事者間で契約書が交わされている場合には、当該契約書の文言が、当事者間において締結された契約の性質がどのようなものかを判断するに当たって非常に重要になってくる（ただし、契約書の文言を形式的にとらえるのではなく、契約の趣旨・内容・背景等を踏まえて、実質的に判断することを要する）。

この点、最判昭和39年1月23日裁判集民71号237頁［28199273］は、当事者間において「土地使用貸借契約書」（金銭的負担に関しては、公租公課が借主の負担である旨の条項あり）と「土地使用貸借更新契約書」（経済事情激変により昭和27年7月以降借主は月額3000円の礼金を支払う旨の条項あり）という書面が交わされている事例であり、その他の条項をみても、前者においては、使用貸借の目的（臨時的バラック建物を建築し、飲食店営業をする）に照らし、これを超えるような建物を建築しないこと、期間は5年間とするが、期間満了前でも貸主にやむを得ない必要を生じたときは指定期間内に明け渡すこと、期間満了6か月前に更新の申出をして貸主の書面による同意がなければ更新しないこと、土地を転貸したり、地上建物を第三者に貸与したりしないことなどといった条項が設けられており、後者においては、更新は1回限りとすること、その他の契約条項は変更しないことなどといった条項が設けられており、しかも、これら契約書は貸主が弁護士に依頼して作ってもらったものである。最高裁判所は、契約について契約書が作成されている場合はその文面上の文言が契約条項の有力な意思解釈の材料となるも

のであることは多言をまたないところであり、まして当該契約条項が想定される各種の場合を慮って記載されているような場合においてはなおさらのことであるから、前記のような契約書のある以上、（原判決認定のように）本件借地契約が口頭の契約であるとか、謝礼名義の対価が賃料であるとか、あるいは、賃貸期間や建物の構造の制限等について何らの定めがなかったものであるなどとすることは、納得できる特段な事情の説明がない限りは、到底首肯し得る筋合いのものではないと判断している。

一方、秋田地判昭和50年6月20日判タ327号255頁［27404374］は、土地貸借契約書中に「無償貸借」という文言が使用されていた事例であるが、その条項をみると、「迷惑代」名義で月額5000円を支払う旨の合意がされ、貸借期限を建物撤去の時までとし、貸主の承諾の下に建物の譲渡等ができる旨及び契約の更新を想定したものが設けられていることから、賃貸借契約と認定された事例である。

(2)の「借主が金銭の支払以外の負担をしている場合」（金銭の支払が全くない場合と、金銭の支払に加えて負担をしている場合とがある）の事例が判決❿～⓬であるが、いずれも、借主の負っている負担を使用収益の対価とみることまではできない（無償であると評価できる）と判断したものである。

2　親族間における無償使用関係をどのようにみるか

使用貸借は、無償で借用物を使用収益させる契約であるから、無償で使用収益させることを許容する人間関係があることがほとんどで、特に親族間においてこれが認定される場合が多いが、親族間であるがために、書面が取り交わされることは極めてまれであるばかりか、明示的に口頭で合意される場合も少ない。そこで、(1) 使用貸借が成立したのか（いつの時点で成立したのか）が問題となったものがある。また、地上権の設定は無償の場合があり得ることから、(2) 地上権の設定と使用貸借の区別が問題となったものもある。

裁判例

(1)　**使用貸借が成立したのか**

使用貸借の成立を認めた裁判例としては、次のものがある。

❶ 最判昭和38年9月17日裁判集民67号567頁［28198997］

本件使用貸借は、親子間の情誼に基づき、親が、子に対し、子の建築したその一家の住居として使用される建物の敷地として、宅地を貸与する契約であるとしたもの

（A（上告人はその訴訟承継人）は、大正7年、兄Bと相前後して結婚し、しばらくは父母のCら夫婦及び兄Bら夫婦と現在の被告人ら（Cの順次相続人）の住居において生活を一つにしていたが、大正10年頃、兄Bや父Cとの感情的対立から、従前Aが家業の仕事場として本件宅地上に建築し使用していた本件建物に家族とともに移り、以後同所を住居として今日に至っているもので、本件宅地の上記使用貸借関係は、AとCとの親子の情誼から自ずと成立したものであるとした事例）

❷ 最判昭和41年1月20日民集20巻1号22頁［27001235］

同一所有者に属する土地及びその地上の建物のうち建物のみが任意譲渡された場合には、当該建物の敷地に対する使用権の設定を特に留保するとか、譲渡の借用物が建物収去のためであるなどの特段の事情がない限り、上記敷地の使用権を設定する合意があったものと解するのが相当であり、この場合の敷地使用権の性格、内容は当該具体的事案によって決定されるべきものであって、一概に地上権又は賃借権と解さなければならないものではないとしたうえ、AとBとがA所有地上に存する各所有建物について交換をし、その際、Bのために敷地使用権が設定されたと解される場合において、Bは交換前の建物をAの亡父から贈与を受けたものであり、Aは、亡父の愛人であったBを身内の者同様に扱い、Bに無償で土地を使用させる意思であった等の事情があるときは、前記敷地使用権は使用借権と解するのが相当であるとしたもの

❸ 東京地判平成23年6月28日判時2130号17頁［28175983］

土地の所有者がその息子に対し、同土地上に建物を建てることを承諾し、同土地に抵当権を設定して建築資金の調達に協力した上で、息子が同土地上に建物を建築し、両者が同建物に居住を始めた場合には、遅くとも同建物が完成した時点までに、両者の間で、同土地につき建物所有を目的とする使用

貸借契約が成立したと認められたもの

(2) **地上権の設定と使用貸借の区別**

地上権の設定との区別が問題となったもののうち、使用貸借であると認めた裁判例として、次のものがある。

❹ 最判昭和47年7月18日裁判集民106号475頁［27403909］

夫婦間における土地の無償使用の関係は、特段の事情のない限り、使用貸借と解すべきであるとしたもの

❺ 東京高判昭和61年5月28日判時1194号79頁［27800400］

親族の扶養と家産の維持管理に尽くした貢献を実質的な対価であると評価して「生涯借地権」という名称で設定された土地利用権が終身の土地使用借権であると認定されたもの

❻ 東京高判平成12年7月19日判タ1104号205頁［28073007］

親の所有する土地上に子が建物を建築したことにつき、親は子及びその妻に対し土地を敷地として無償で使用することを承諾したと認められるとして、建物所有を目的とする使用貸借契約の成立は認められるが、その承諾はあくまで親密な親子関係を基礎としたものであるから、地上権を設定したとまで解することはできないとされたもの

一方、使用貸借ではなく、地上権が設定されたと認めた裁判例として、次のものがある。

❼ 福岡高判昭和38年7月18日判時350号23頁［27430697］

父が障害のある次男Aを憂え、地上に建物を建設して料理業を営ませることとしたが、父・長男ともに死亡し、協議の末上記建物のみをAに分与することとし、土地については長男の子Bが相続し、BはこれをCに譲渡した場合、AとBとの間には黙示の地上権設定契約（地代及び存続期間の定めのないもの）が締結されたものと解されるとしたもの

また、借用物の所有者が生存中においては、家族による当該借用物の使用収益が使用貸借であると観念することができないような事案において、同所有者の相続開始時を始期とする使用貸借の成立を認めた裁判例として、次の

ものがある。

❽　最判平成8年12月17日民集50巻10号2778頁〔28020118〕

共同相続人の1人が相続開始前から被相続人の許諾を得て遺産である建物において被相続人と同居してきたときは、特段の事情のない限り、被相続人と前記相続人との間において、前記建物について、相続開始を始期とし、遺産分割時を終期とする使用貸借契約が成立していたものと推認されるとしたもの

❾　最判平成10年2月26日民集52巻1号255頁〔28030544〕

内縁の夫婦がその共有する不動産を居住又は共同事業のために共同で使用してきたときは、特段の事情のない限り、両者の間において、その一方が死亡した後は他方が上記不動産を単独で使用する旨の合意が成立していたものと推認するのが相当であるとしたもの

❿　名古屋地判平成23年2月25日判時2118号66頁〔28173993〕

内縁の夫婦がその共有する不動産を居住又は共同事業のために共同で使用してきたときは、特段の事情のない限り、両者の間において、その一方が死亡した後は他方が同不動産を単独で使用する旨の合意が成立していたものと推認するのが相当であり、重婚的内縁の関係にあったとしても、女性には法律婚による妻の権利を侵害しない範囲で内縁の妻と同等の保護が与えられるべきであるとして、不動産の使用貸借の黙示による合意の成立が認められたもの

　解説

判決❶～❸は、当事者間の親族関係や借用物の使用が許された経緯等に照らし、使用貸借の成立を認めたものである。なお、判決❶において、最高裁判所は、このような契約にあっては、特段の反対事情の認められない限り、少なくとも黙示的に使用の目的を当該建物所有のためと定めたものと認定するのが経験法則に合するものといわねばならないとして、使用の期間及び目的の定めがない使用貸借と認定した原判決には理由不備の違法があると判示していることも参考になるところである。

判決❹は、「建物所有を目的とする地上権は、その設定登記または地上建物の登記を経ることによつて第三者に対する対抗力を取得し、土地所有者の

承諾を要せず譲渡することができ、かつ、相続の対象となるものであり、ことに無償の地上権は土地所有者にとつて著しい負担となるものであるから、このような強力な権利が黙示に設定されたとするためには、当事者がそのような意思を具体的に有するものと推認するにつき、首肯するに足りる理由が示されなければならない。ことに、夫婦その他の親族の間において無償で不動産の使用を許す関係は、主として情義に基づくもので、明確な権利の設定もしくは契約関係の創設として意識されないか、またはせいぜい使用貸借契約を締結する意思によるものにすぎず、無償の地上権のような強力な権利を設定する趣旨でないのが通常であるから、夫婦間で土地の無償使用を許す関係を地上権の設定と認めるためには、当事者がなんらかの理由でとくに強固な権利を設定することを意図したと認めるべき特段の事情が存在することを必要とするものと解すべきである」と判示し、特段の事情を判示することなく地上権であると認定した原判決には審理不尽・理由不備の違法があるなどとして、原審に差し戻したものである。このような考え方に立って、地上権設定契約であるとまでは認められないとしたものが判決❻であり、反対に、地上権設定契約であると認めたものが判決❼である。

　判決❺は、親族を扶養し、一族の財産の維持管理に尽くした貢献があったAに対し、その扶養を受けた親族の1人が、Aの息子に同情して、Aの死亡後もその息子が土地を終生利用することができるようにとの特別の配慮から「生涯借地権」という名称の土地利用権を設定したことが推認され、同利用権に対する反対給付はAの前記貢献であるが、いわゆる生涯の借地権の対価と相応するものとは認めることができないから、地上権ないし借地権を設定したと解することはできないとしたものであり、対価性が否定された事例である。

　ある不動産の所有者（被相続人）がその生存中に一部の共同相続人と当該不動産において同居している関係は、使用貸借とは言い難い場合が多いが、被相続人が死亡して相続が開始すると、遺産分割が成立するまでは、当該借用物は、共同相続人間で遺産共有の状態にあることになる。この場合、被相続人と同居をしていた共同相続人が、相続開始後も、不動産の使用を続ける

ことは、共有者の1人として、持分（法定相続分）に応じた利用である限り許容されるが（249条、最判昭和41年5月19日民集20巻5号947頁［27001190］〈共有物の持分の価格が過半数を超える者は、共有物を単独で占有する他の共有者に対し、当然にはその占有する共有物の明渡しを請求することができないとしたもの〉参照）、これを超えて使用する（他の共同相続人を排して独占的に使用する）と、その超えた使用の部分に関しては、他の共同相続人に対して不当利得返還義務を負うことになるのではないか（最判平成12年4月7日裁判集民198号1頁［28050770］参照）という点が問題とされたのが判決❽である。最高裁判所は、「共同相続人の一人が相続開始前から被相続人の許諾を得て遺産である建物において被相続人と同居してきたときは、特段の事情のない限り、被相続人と右同居の相続人との間において、被相続人が死亡し相続が開始した後も、遺産分割により右建物の所有関係が最終的に確定するまでの間は、引き続き右同居の相続人にこれを無償で使用させる旨の合意があったものと推認されるのであって、被相続人が死亡した場合は、この時から少なくとも遺産分割終了までの間は、被相続人の地位を承継した他の相続人等が貸主となり、右同居の相続人を借主とする右建物の使用貸借契約関係が存続することになるものというべきである。けだし、建物が右同居の相続人の居住の場であり、同人の居住が被相続人の許諾に基づくものであったことからすると、遺産分割までは同居の相続人に建物全部の使用権原を与えて相続開始前と同一の態様における無償による使用を認めることが、被相続人及び同居の相続人の通常の意思に合致するといえるからである」と判示しており、相続開始前に、被相続人と生前に遺産建物で同居していた共同相続人の一人との間で、始期を相続開始時、終期を遺産分割終了時とする使用貸借が成立していたと推認すべきであるとしたものである。

さらに、この考え方を、共有不動産を共同で使用する内縁の夫婦に応用したものが判決❾である。内縁の夫婦の場合、一方が死亡しても、他方は相続権を有するわけではないので、もともと不動産を共有していることにより、相続人との間で共有状態が生じることになり、この事案も、相続人が、被相続人と内縁関係にあった者に対し、不当利得返還請求権に基づき、自らが相

続した持分の賃料相当額の支払を求めたものである。最高裁判所は、「共有者は、共有物につき持分に応じた使用をすることができるにとどまり、他の共有者との協議を経ずに当然に共有物を単独で使用する権原を有するものではない。しかし、共有者間の合意により共有者の一人が共有物を単独で使用する旨を定めた場合には、右合意により単独使用を認められた共有者は、右合意が変更され、又は共有関係が解消されるまでの間は、共有物を単独で使用することができ」る、とした上、「内縁の夫婦がその共有する不動産を居住又は共同事業のために共同で使用してきたときは、特段の事情のない限り、両者の間において、その一方が死亡した後は他方が右不動産を単独で使用する旨の合意が成立していたものと推認するのが相当である」と判断したものである。

判決❿は、判決❾を前提とするものであり、内縁が重婚的内縁であった場合についても、これを肯定した事例である。

3　事実認定に関するその他の参考裁判例

[裁判例]

使用借権の財産的価値をどのようにみるかに関する裁判例として、次のものがある。

❶　最判平成6年10月11日裁判集民173号133頁［27827163］

建物の賃借人の失火により同建物が全焼してその敷地の使用借権を喪失した賃貸人は、賃借人に対し、同建物の焼失による損害として、焼失時の建物の本体の価格と土地使用に係る経済的利益に相当する額との合計額を請求することができるとしたもの

地役権も無償のものがあり得るため、その区別が問題となった裁判例として、次のものがある。

❷　大阪地判昭和40年4月24日判タ175号176頁［27402696］

山村において、井戸水を確保できない場所であるため飲料水を谷川の水や地下からの湧水に求め、遠くから引水するなどして飲料水の確保に努め、そのため他人の土地を無償で使用する契約をしている場合には、地役権ではな

く期限の定めのない使用貸借であると解されるとしたもの

郵便局長が労働組合に対してした庁舎内における掲示物の掲示の一括許可の性質が問題となった裁判例として、次のものがある。

❸　最判昭和57年10月7日民集36巻10号2091頁〔27000069〕

郵政省庁舎管理規程（昭和40年11月20日公達76号）6条に定める庁舎管理者による庁舎等における広告物等の掲示の許可は、掲示等の方法によってする意見等の伝達、表明等の一般的禁止を特定の場合について解除する処分であって、許可を受けた者に対し前記のような伝達、表明等の行為のため指定された場所を使用する何らかの公法上又は私法上の権利を設定、付与するものではないとしたもの

[解説]

判決❶は、その敷地の使用借権を有する建物の賃貸人が、建物の賃借人の失火により建物が全焼し、建物及びその敷地の使用借権を失ったとして、同賃借人に対し、損害賠償を請求した事案につき、「地上の建物が朽廃、滅失するまでこれを所有するという目的でされた土地の使用貸借の借主が契約の途中で右土地を使用することができなくなった場合には、特別の事情のない限り、右土地使用に係る経済的利益の喪失による損害が発生するものというべきであり、また、右経済的利益が通常は建物の本体のみの価格（建物の再構築価格から経年による減価分を控除した価格）に含まれるということはできない。そうすると、上告人は、少なくとも、焼失時の本件建物の本体の価格と本件土地使用に係る経済的利益に相当する額との合計額を本件建物の焼失による損害として被上告人に請求することができるものというべきである」として、土地の使用借権には独自の財産的価値がないなどとして前者のみが損害であるとし、後者について審理判断しなかった原判決には法令の解釈適用を誤った違法があると判断したものである。

判決❷は、隧道の使用権が飲料水の取水を目的とする無償かつ永久の地役権であるとの主張に対し、井戸水を確保できない場所にある村の住人に対し、引水して飲料水を確保する目的で、土地の風習に従って好意的に無償で隧道の掘削及び土管の敷設を許したことからすれば、前記住人一家の飲料水の必

要が解消されるまではいつまでもその使用を続けることができる代わりに、他に飲料水が確保されるに至った場合はもとより、その必要性が存続する場合においても土地所有者の土地利用の妨げになった場合には契約を解除されてもやむを得ない性質のものであると認定し、期間の定めのない使用貸借であると判断したものである。

判決❸は、「庁舎管理規程は、郵政省に属する行政機関の遂行する事業及び行政事務の用に供される土地、庁舎等における秩序の維持等を図るため、庁舎管理権に基づく右土地、庁舎等の取締りに関し必要な事項を定めたものであつて（1条）、同規程4条以下の庁舎等における諸行為の規制に関する規定も専らその趣旨で設けられたものであること、他方、右土地及び庁舎についての国有財産法18条3項の規定によるいわゆる行政財産の目的外使用の許可については、別に、郵政事業特別会計規程（昭和46年3月17日公達第10号）第11編4条において、許可権者、許可の要件、その手続等に関する規定が設けられていること等に照らすと、庁舎管理規程6条に定める庁舎管理者による庁舎等における広告物等の掲示の許可は、専ら庁舎等における広告物等の掲示等の方法によつてする情報、意見等の伝達、表明等の一般的禁止を特定の場合について解除するという意味及び効果を有する処分であつて、右許可の結果許可を受けた者において右のような伝達、表明等の行為のために指定された場所を使用することができることとなるとしても、それは、その者が許可によつて禁止を解除され、当該行為をする自由を回復した結果にすぎず、右許可自体は、許可を受けた者に対し、右行為のために当該場所を使用するなんらかの公法上又は私法上の権利を設定、付与する意味ないし効果を帯有するものではなく（したがつて、使用の対価を徴することなどは、全く予定されていない。）、もとより国有財産法18条3項にいう行政財産の目的外使用の許可にも当たらないと解するのが相当である」とした上、郵便局長が庁舎管理規程6条の規定に基づいてした本件許可によって、許可を受けた者が本件掲示板ないし庁舎壁面についての使用権ないし利用権を取得するものではないと判断したものである。

（武部知子）

| (借用物受取り前の貸主による使用貸借の解除) | 【改正法】 |

<u>第593条の2　貸主は、借主が借用物を受け取るまで、契約の解除をすることができる。ただし、書面による使用貸借については、この限りでない。</u>

| (新設) | 【現行法】 |

■■ 改正の趣旨

　使用貸借が諾成契約とされたことに伴う新設条文である。すなわち、借用物の引渡し前でも合意の拘束力を認める必要がある一方、無償の合意は軽率に行われることも少なくないため、贈与の場合（550条）と同様に、一定の場合には、その拘束力を緩和して貸主の保護を図る必要があるとの考えから、書面によらない使用貸借につき、借主の借用物受領前における貸主の契約解除権を定めるものである（部会資料70A・60頁、61頁）。

《条文・判例の位置付け》　要件・効果の変容

事実認定の対象等

■■ 意義

　本条は、借主が借用物を受領する前における、貸主の契約解除権を定める（本文）。もっとも、使用貸借が書面により行われた場合は、前記解除権を行使することはできない（ただし書）。なお、借主は、書面による使用貸借であっても、自らが借用物を受領した後であっても、いつでも契約を解除することができる（598条3項）。

■■ 法律要件及び法律効果等

1　法律要件

　貸主が、本条により使用貸借契約を解除する場合の法律要件は、

① 　借主が借用物を受領していないこと

② 　貸主が借主に対して契約解除の意思表示をしたこと（540条1項）

である。

　解除の根拠は541条とは異なり、催告は不要である。

　訴訟においては、典型的には、借主が、使用貸借契約に基づく借用物引渡請求権を訴訟物とした上で、請求原因として、使用貸借の成立を主張するのに対し、貸主が、抗弁として、本条本文に基づく解除を主張するという場面が想定されよう。そして、これに対し、借主は、「書面による使用貸借であること」を再抗弁として主張することで（本条ただし書）、契約解除の効果、すなわち使用貸借の終了を争うことができる。

2　法律効果

　契約の解除により、使用貸借は終了し、貸主の借用物引渡義務と借主の借用物引渡請求権は消滅する。なお、借用物が借主に引き渡されている場合には、使用貸借が終了すると、貸主は、借主に対して、借用物の返還を請求することができ、一方、借主は、貸主に対して、借用物返還義務を負う（593条）。

事実認定についての裁判例と解説

　本条に関する事実認定が問題となった裁判例は見当たらない。

（武部知子）

(借主による使用及び収益)

第594条　借主は、契約又はその目的物の性質によって定まった用法に従い、その物の使用及び収益をしなければならない。

2　借主は、貸主の承諾を得なければ、第三者に借用物の使用又は収益をさせることができない。

3　借主が前2項の規定に違反して使用又は収益をしたときは、貸主は、契約の解除をすることができる。

事実認定の対象等

意義

本条は、借主の使用収益に関する義務（用法遵守義務（1項）、無断譲渡・転貸の禁止（2項））と、その義務違反があったときの貸主の契約解除権（3項。使用貸借の終了原因）を定める。

法律要件及び法律効果等

1　法律要件

(1)　借主において本条1項の義務違反があり（契約に用法の定めがある場合とする）、貸主が本条3項により契約の解除をする場合の法律要件は、

①　使用収益に関する契約の定めがあること

②　借主が①の定めに従わなかったこと

③　貸主が借主に対して契約解除の意思表示をしたこと（540条1項）

である。

②については、「契約に定められたことを行わなかったこと（不作為）」が問題となる場合と、「契約の定めと異なる使用収益をしたこと（作為）」が問題となる場合があり得るところ、いずれの問題であるのかを区別して主張する必要がある。

解除の根拠は541条とは異なり、催告は不要である。

なお、条文にはないが、借主は、「(契約締結後、解除前に)用法について貸主の承諾を得たこと」を主張して、契約解除の効果、すなわち使用貸借の終了を争うことができると解されている。

(2) 契約に用法の定めがなかった場合には、前記①、②に代えて、「借主において、目的物の性質によって定まった用法に従って使用収益すべき義務に違反する行為があったこと」が法律要件となる。

(3) 本条2項の義務違反による契約解除の場合には、前記①、②に代えて、「借主が第三者に借用物を使用収益させたこと」が法律要件となる。これに対し、借主は、「貸主の承諾を得たこと」を主張して、契約解除の効果、すなわち使用貸借の終了を争うことができる。

2 法律効果

契約の解除により、使用貸借は終了する。使用貸借が終了すると、貸主は、借主に対して、借用物の返還を請求することができ、一方、借主は、貸主に対して、借用物返還義務を負う(593条)。

また、借主の本条義務違反により損害を被った貸主は、借主に対し、債務不履行に基づく損害賠償を請求することもできる(415条)。なお、貸主は、使用貸借が終了して借用物の返還を受けた時から1年を経過すると、損害賠償を請求することができなくなるが(600条1項〔新設〕)、この損害賠償請求権の消滅時効は、借用物の返還を受けた時から1年を経過するまでの間は、完成しない(同条2項〔新設〕)。

事実認定における問題点

これまでの裁判例では、本条に関する事実認定として、「用法遵守義務違反があったか」どうかが問題となったものがある。

事実認定についての裁判例と解説

用法遵守義務違反があったか

[裁判例]

用法遵守義務違反があったと認めた裁判例としては、次のものがある。

❶ 東京高判昭和56年10月13日判タ464号102頁［27405622］

土地の使用貸借において、借地人が地上建物に居住して使用することが契約の内容となっている場合に、借地人がその約定に反し、貸主に無断で地上建物を第三者に賃貸し、第三者に占有使用させたときは、借地の用法違反として解除事由になるとしたもの

❷ 東京高判昭和58年10月31日判時1097号43頁［27406046］

2世帯の家族が、それぞれ独立して生活するに適するような構造を備えていない1棟の建物の各一部を使用している場合においては、互いに円満な利用関係を害することのないような行動をとるべき契約上の義務があり、借主においてこれに反するような行為があったときには、貸主は借主の債務不履行を原因として使用貸借契約を解除することができるとしたもの

用法遵守義務違反があったとしても、貸主の解除が権利濫用に該当すると評価されれば、解除は認められないことになるが（1条3項）、この点が問題となった裁判例として、次のものがある。

❸ 大阪高判平成9年8月29日判タ985号200頁［28040042］

塔頭寺院が本山の許可を得ずに本堂の改築を行ったことは、本山との信頼関係を著しく破壊するものであって、本山の同寺院に対する使用貸借契約の解除に基づく境内地の明渡請求は、権利の濫用であるということはできないとしたもの

[解説]

判決❷は、契約において用法の定めがあったとはいえない場合に、「目的物の性質によって定まった用法に従って使用収益すべき義務」が何なのかが問題となった事案である。

判決❷の事案を詳しく紹介すると、① 貸主は、借主ら（貸主の妻の母A

と姉B）に対し、貸主が建築した本件建物2階の6畳、8畳の2部屋（本件部屋）を使用貸借した、② ABは、当初、貸主の家族らと食事をともにし、ABにおいて、光熱費を一部負担し、さらには、共同生活上の諸費用を分担する趣旨で毎月一定額ずつを貸主に交付するなど円満な関係にあった、③ その後、Bと貸主の妻が不仲となって、Bは、貸主の家族とともに食事をしないようになった、④ 本件建物及びその敷地については、貸主が第三者から強制執行を受けるおそれが生じたため、ABの名義を借りて所有権移転登記をしてあったところ、Bは、ABが所有権（共有持分）を有する旨主張するようになり、その後、貸主が第三者から強制執行を受けるおそれが消滅したので、登記名義を貸主に戻すよう求めたのに対し、Bは、これを拒否したばかりでなく、近隣の者に対して、ABが所有権を有している旨を言い触らした、⑤ 前記事実が貸主の妻の耳に入るなどしたため、同人とBとの仲は極めて険悪となり、貸主は、ABに対し、ガス、水道の使用を禁じ、顔を合わせても言葉を交わすこともなく、言葉を交わせば争いになるといった状態になったというものである。

判決❷は、このような事実関係を前提に、借主は「互いに円満な利用関係を害することのないような行動をとるべき契約上の義務」を負うと判断したものである。なお、Bに対しては、明渡請求が認められたが、Aについては、（そのような主張はしているものの）本件建物及びその敷地について、ABが所有権を有すると考えているわけではなく、Bに同調しているにすぎないから、Aの行為は、貸主に対する不信行為であることを否定できないが、これをもって、本件使用貸借契約の継続を困難ならしめるほどのものということはできないなどとして、解除を認めず、明渡請求が排斥されている。

判決❸は、使用借主Aが、木造瓦葺平家建の本堂、庫裡、土蔵等の旧建物から木造2階建の建物に建て替えることを計画し、使用貸主Bに建替えの許可を申請し、いまだBからその許可を受けていなかったにもかかわらず無断で建築工事を開始し、Bからの工事中止に関する抗議によっていったんは工事を中断したものの、その後のAB間の話合いが不調に終わったため、再び建築工事を開始したという事例であり、解除が権利濫用であるとのAの主張

が排斥されている。

　ところで、賃借地上にある建物の売買契約が締結された場合においては、特別の事情のない限り、売主は、買主に対しその建物の敷地の賃借権をも譲渡したものであって、それに伴い、その賃借権譲渡につき賃貸人の承諾を得る義務を負うものと解すべきである（最判昭和47年3月9日民集26巻2号213頁［27000580］）とされている一方、賃借地上の建物を第三者に賃貸した場合であっても、賃借地を第三者に転貸したことにはならないと解されている（大判昭和8年12月11日裁判例7巻民277頁［27819090］は、土地の賃借人が、借地上に建設した建物を賃貸して、その建物の敷地として土地の使用を許容することは土地の転貸には当たらないという判断をした上、さらに、借地上の建物の賃借人が建増しをした場合でも、その目的が賃借建物の使用のためであり、建増部分が些少で付随的なものにすぎないと認められるときは、建増しが建物に接着してされたか否かを問わず、土地が建物賃借人に転貸されたものということはできないとした事例である）。

　判決❶は、賃借地上の建物を第三者に賃貸した場合であっても賃借地を第三者に転貸したことにはならないという理は、土地の利用関係が使用貸借である場合にも一般に妥当するものというべきであるとした上で、土地の貸主において借地人に対し、地上建物の利用方法について、例えば借地人が同建物に居住して使用するという限定を加え、このことが土地利用の契約の内容となっている場合に、借地人がその約定に反し貸主に無断で地上建物を第三者に賃貸し、第三者にその占有使用をさせたときは、それが土地の転貸借に当たるか否かを問うまでもなく、少なくとも借地の用法違反になるものと判断した事例である。

（武部知子）

（借用物の費用の負担）

第595条　借主は、借用物の通常の必要費を負担する。
2　第583条第2項の規定は、前項の通常の必要費以外の費用について準用する。

事実認定の対象等

意義

本条は、借用物に関する費用の負担について定める。

法律要件及び法律効果等

通常の必要費は借主が負担すべきこととなるが（1項）、それ以外の必要費及び有益費を借主が負担した場合は、196条に従い、使用貸借が終了して、借用物を返還する際に、貸主に対してその償還を請求することができる（2項による583条2項〔買戻特約付売買の買主又は転得者の費用償還請求権の規定〕の準用）。すなわち、通常の必要費以外の費用を借主が負担した場合には、貸主に対する償還請求権が発生する。なお、貸主は、使用貸借が終了して借用物の返還を受けたときから1年を経過すると、費用の償還を請求することができなくなる（600条1項〔新設〕）。

参考裁判例

(1)　不動産の使用貸借においては、その公租公課は、特段の事情のない限り、595条1項所定の通常の必要費に当たる（最判昭和36年1月27日裁判集民48号179頁〔28198051〕）。

(2)　借主が無断増築をした場合の費用につき、償還請求権が発生するかどうか（当該増築費用が通常の必要費以外の費用であると認められるか）が問題となった下級審の裁判例がある。これを認めたものとして、建物の使用借

主の支出した増築費を有益費と認め、たとえ無断増築であっても、その償還請求権に基づく留置権を主張することができるとされたもの（千葉地判昭和38年6月17日下級民集14巻6号1148頁［27402260］）があるが、その後、これを否定したものとして、建物使用貸借の借主が、貸主に無断で、あるいは貸主の制止を無視して、専ら借主の便宜のためにのみ借家に増築をした場合には、貸主に対しその費用の償還請求権がないとしたもの（東京高判昭和56年5月28日判タ450号101頁［27405538］）がある。

前掲千葉地判昭和38年6月17日は、たとえ無断増築であっても、建物の改良行為であり、所有者のために利益な行為であるから償還請求権の発生を妨げる理由とはならないとする。一方、前掲東京高判昭和56年5月28日は、使用貸借の借主は、買受目的物の所有者として目的物に改良行為を加えることができる買戻特約付売買の買主又は転得者とは異なり、善良な管理者の注意をもって使用目的物を管理すべき義務があって、貸主の意に反して保存行為以外の改良行為をすることはできないことを理由とする。

事実認定についての裁判例と解説

本条に関する事実認定が問題となった裁判例は見当たらない。

（武部知子）

（貸主の引渡義務等）　　　　　　　　　　　　　　　　【改正法】

第596条　第551条の規定は、使用貸借について準用する。

（貸主の担保責任）　　　　　　　　　　　　　　　　　【現行法】

第596条　（同上）

■■ 改正の趣旨

　従前、本条は、贈与者の担保責任を定めた551条を準用する旨の規定であったが、同条が贈与者の引渡義務等を定める内容に改正されたことに伴い、条文内容は同一のまま、条見出しが「貸主の担保責任」から「貸主の引渡義務等」に改められた。
《条文・判例の位置付け》　要件・効果の変更なし

■■ 意義等

　本条は貸主の引渡義務等について定めた規定であるところ、使用貸借が無償契約であることから、貸主の引渡義務等については、典型的な無償契約である贈与契約における贈与者の引渡義務等の規定（551条）が準用される。

事実認定についての裁判例と解説

　本条に関する事実認定が問題となった裁判例は見当たらない。

（武部知子）

| (期間満了等による使用貸借の終了) 　　　　　　　　　【改正法】

<u>第597条</u>　当事者が使用貸借の期間を定めたときは、使用貸借は、その期間が満了することによって終了する。
2　当事者が使用貸借の期間を定めなかった場合において、使用及び収益の目的を定めたときは、使用貸借は、借主がその目的に従い使用及び収益を終えることによって終了する。
3　使用貸借は、借主の死亡によって終了する。

| (借用物の返還の時期) 　　　　　　　　　　　　　　　【現行法】

<u>第597条</u>　借主は、契約に定めた時期に、借用物の返還をしなければならない。
2　当事者が返還の時期を定めなかったときは、借主は、契約に定めた目的に従い使用及び収益を終わった時に、返還をしなければならない。ただし、その使用及び収益を終わる前であっても、使用及び収益をするのに足りる期間を経過したときは、貸主は、直ちに返還を請求することができる。
3　当事者が返還の時期並びに使用及び収益の目的を定めなかったときは、貸主は、いつでも返還を請求することができる。

■■ 改正の趣旨

　平成29年改正前の597条は、借用物の返還の時期として、① 契約で定めた返還時期（1項）、② 目的に従った使用収益が終わった時（2項本文）、③ 目的に従った使用収益が終わる前であっても、それに足りる期間を経過し、貸主が返還請求をした時（同項ただし書）、④ 返還時期及び使用収益の目的を定めなかったときは、貸主が返還請求をした時（同条3項）と定め、また、改正前の599条が、⑤ 借主の死亡によって使用貸借が終了すると定

ていた。平成29年改正法は、これらの規定を、使用貸借の終了原因という観点から規定することとし、一定の事由が生じたことによる終了（前記①、②、⑤）を定める本条と、契約解除による終了（前記③、④（これらに借主の契約解除権も加えられた））を定める598条に整理したものである（部会資料70A・62頁）。

《条文・判例の位置付け》　要件・効果の変更なし

事実認定の対象等

意義

本条は、期間満了による終了（1項、平成29年改正前の597条1項と同趣旨）、目的に従った使用収益を終えたことによる終了（2項、改正前の597条2項本文と同趣旨）、借主の死亡による終了（3項、改正前の599条と同趣旨）について定めるものである。

法律要件及び法律効果等

1 法律要件

(1) 返還時期の定めがある場合（1項）において、使用貸借が終了する法律要件は、
① 返還時期について契約に定めがあること
② 同時期が到来した（貸借期間が経過した）こと
である。

(2) 返還時期の定めがなく、使用収益の目的の定めがある場合（2項）であれば、
① 使用収益の目的の定めがあること
② 同目的に従った使用収益が終わったこと
である。

(3) 3項により使用貸借が終了する法律要件は、
① 借主が死亡したこと

である。

　なお、いわゆる貸借型理論（貸借型の契約については、返還時期の合意が契約の成立要件であるとする考え方）をとらないのであれば、使用貸借の終了に基づき、借用物の返還を求める場合において、貸主が請求原因で主張すべき内容は、① 使用貸借の成立として、借用物を引き渡すこと・借用物を使用収益させること・契約終了時に借用物を返還すること・借用物の使用収益を無償とすることの各合意のほか、② 使用貸借の終了原因で足りるが、貸借型理論をとるのであれば、①として、前記に加え、返還時期の合意も主張しなければならないことになる。もちろん、返還時期の定めが明確である場合であれば、その内容を主張すればよいが、そのような合意がされたのかが不明確である場合においては、契約当事者の合理的意思として、返還時期を解除の意思表示がされた時とする合意があった（598条2項・3項参照）と事実上推定することになると解される。したがって、その場合は、①としては、「原告は、〇年〇月〇日、被告に対し、別紙物件目録記載の建物を、返還時期を定めないこととして（又は、返還時期を解約の意思表示がされた時とする約定で）、無償で貸すとの合意をした」などと主張されることになる。

2　法律効果

　返還時期の経過等により、使用貸借は終了する。使用貸借が終了すると、貸主は、借主に対して、借用物の返還を請求することができ、一方、借主は、貸主に対して、借用物返還義務を負うが（593条）、借主の死亡が終了原因となる場合は、借用物返還義務を負うのは、借主の相続人となる（882条、896条）。

　もっとも、借主の死亡が使用貸借の終了原因とされている趣旨が、使用貸借が借主その人を考慮し、「その人」に対して貸したとみるべき場合が多い点にあることからすれば、そのような事情によらない使用貸借であると認められる事案においては、本条3項の適用がなく、単に借主が死亡したというだけでは使用貸借は終了しないと解されている。どのような事情があれば借

主が死亡しても使用貸借が終了しないと認められるかについては、「事実認定についての裁判例と解説」3を参照されたい。

■ 参考裁判例

(1) 建物所有の目的で使用貸借により土地を借り受けた者は、建物の所有権及び土地の占有を失った後も貸主に対して明渡義務を負担する（大判大正13年5月9日新聞2274号18頁［27539386］）。

(2) 契約に定めた目的とは、単なる「居住の目的」のように、借用物の用法に従ってその物を使用収益するような一般的抽象的な目的を指すのではなく、契約締結時において貸主が借主に対して特段に無償使用を許した動機ないしは当事者の意思から推測される個別的具体的な目的を指すものである（東京地判昭和43年6月3日判タ226号165頁［27403188］）。例えば、居宅の使用貸借は、特段の事情がない限り、居住を目的とするものと解される（東京高判昭和56年6月30日判タ451号90頁［27405560］）。また、公道に通ずる通路に関する通行目的の使用貸借について、目的は通行であるから、契約の終了に至るまでは返還を求めることはできない（東京地判昭和61年7月29日判タ658号120頁［27801299］）。その他、どのような場合に、使用収益の目的の定めがあったと認められるかについては、「事実認定についての裁判例と解説」1を参照されたい。

事実認定における問題点

これまでの裁判例では、平成29年改正前の597条、599条に関する事実認定として、1 使用収益の目的が定められているかどうか（本条2項）、2 目的に従った使用収益が終わったかどうか（本条2項）、3 借主の死亡によって使用貸借が終了するかどうか（どのような事情があれば借主が死亡しても使用貸借が終了しないと認められるか）（本条3項）が問題となったものがあった。これらは、改正後の本条についても同様に問題となるものである。

事実認定についての裁判例と解説

1 使用収益の目的が定められているか（平成29年改正前の597条2項、本条2項）

[裁判例]

(1) 使用収益の目的の定めがあると認めたもの

❶ 東京地判昭和31年10月22日下級民集7巻10号2947頁［27400976］

父が子のために、子がその財産として建物を朽廃するまで保存しこれを貸家にして賃料を収得することにより生活の一助とするなどの目的で、建物を贈与し、その建物の存する土地の無償使用を認めたときは、その土地の使用貸借契約には、建物を朽廃するまで保存し所有するという、使用及び収益についての定めがあったものと認められるとしたもの

❷ 最判昭和34年8月18日裁判集民37号643頁［27401530］

借主が他に適当な家屋に移るまでしばらくの間住居として使用するため無償で建物を借り受けた場合は、返還の時期の定めはないけれども、使用収益の目的が定められているものと解すべきであるとしたもの

(2) 使用収益の目的の定めがあると認めなかったもの

❸ 最判昭和32年8月30日裁判集民27号651頁［27401165］

AがBの窮状を哀れみその所有の建物を無償で使用させることとし、以後B一家がその建物に居住してきた場合に、Bが死亡した後のその妻の使用貸借は、返還の時期及び使用収益の目的の定めのない使用貸借であるとしたもの

❹ 名古屋高判昭和56年12月17日判タ460号109頁［27405671］

土地の使用貸借が借地に孟宗藪を耕作して筍を採取することを目的としていても、それは使用、収益の方法、態様を定めたことを意味するにすぎず、本条2項にいう「使用及び収益の目的」を定めたとはいえないとしたもの

[解説]

「参考裁判例」で掲げたとおり、契約に定めた目的とは、単なる「居住の目的」のように、借用物の用法に従ってその物を使用収益するような一般的

抽象的な目的を指すのではなく、契約締結時において貸主が借主に対して特段に無償使用を許した動機ないしは当事者の意思から推測される個別的具体的な目的を指すものである（東京地判昭和43年6月3日判タ226号165頁[27403188]）。

このような観点から、目的の定めがあったことを肯定したものが判決❶、❷であり（なお、判決❷では、さらに、使用収益の目的は、当事者の意思解釈上、適当な家屋を見つけるまでの一時的住居として使用収益するということであると認められるから、適当な家屋を見つけるに必要と思われる期間を経過した場合には、たとえ現実に見つかる以前でも改正前の597条2項ただし書（改正後の598条1項）により、貸主において解約申入れをすることができるとした上、約7年の経過をもって、前記期間を経過したと判断されている）、目的の定めがあったことを否定したものが判決❸、❹である。本条でいう「目的」は、あくまでも使用貸借の終了時期が到来したかどうかという観点から問題となるべきであるから、当事者間の合意を解釈するに当たっても、単に字面等からみるのではなく、目的として合意した内容が達成できたら使用貸借を終了させる（達成できるまでは終了させない）という趣旨であったのかどうかを探求すべきことになろう。

2 目的に従った使用収益が終わったか（平成29年改正前の597条2項、本条2項）

裁判例

(1) 目的に従った使用収益が終わったと認めたもの

❶ 長野地飯田支判昭和33年9月4日下級民集9巻9号1755頁[27401353]
　旅館に従として付随する建物の敷地の使用権原は、旅館敷地及びその周辺の土地の賃貸借からは独立の別個の使用貸借にあるが、旅館敷地の賃貸借契約が終了したときは、建物敷地の使用貸借契約も終了するとしたもの

❷ 最判昭和35年11月10日民集14巻13号2813頁[27002380]
　内縁関係にある当事者の一方が同棲継続中に建物を建築し、他方がその所有する敷地の使用を認めていた場合、一方の土地の占有権原は特段の事情の

ない限り、内縁関係の存続する間だけに限られ、その関係の解消とともに消滅するとしたもの

❸ 東京高判昭和51年4月21日判時815号53頁 [27404555]

親族の共同生活とそのための生活費の補填を目的として締結された土地使用貸借が、その共同生活及び収入確保の必要性の消滅によって終了したとされたもの

（夫を交通事故で失い、未成熟子とともに生活の方法を立てていかなければならなくなったAが、亡夫の両親との間で、Aが再婚をせずに亡父の両親方に同居して生計を一にし、亡夫の両親に協力する家族生活をすることとし、これと同時に、亡夫の父は居宅の敷地続きである本件土地を提供し、A親子が支払を受ける保険金をもって貸家を新築し、その賃料収入をA親子によって増加する生活費に充てることを目的に本件土地の使用貸借契約を締結したところ、その後、Aは亡夫の両親と仲違いをして別居し、また、看護師として就職もし、再婚するに至った事例）

❹ 東京高判昭和56年2月24日判タ446号112頁 [27405468]

洋弓場としての使用を目的としてされた土地の使用貸借契約において、借主が洋弓場の営業を休止して長期間経過し、営業再開の見通しが全くつかず、客観的には事実上営業を廃止した状態となっている場合は、契約の目的に従った使用収益を終わったものと認めるのが相当であるとしたもの

(2) **目的に従った使用収益が終わったと認めなかったもの**

❺ 仙台高判昭和51年12月8日判タ349号228頁 [27404644]

有名な詩人Aが、Bから居宅を建築して居住させてもらい、自己死亡後は、同建物が、自己の生前の住居としてその業績顕彰のために保存されることを知りながら、同建物の敷地の一部として土地を無償で貸与することを約した使用貸借契約は、同建物が存続し、かつ故人の業績顕彰のために使用されている限りは、使用貸借の目的が消滅したものとはいえないとされたもの

　解説

契約に目的の定めがあった場合、その目的に従った使用収益が終わったといえるかどうかが問題となるが、ここでも「契約締結時において、貸主が借

主に対し、特段に無償の使用を許すに至った動機ないしは当事者の意思から推測されるより個別的具体的な目的」（東京地判昭和43年6月3日判タ226号165頁［27403188］）に照らし、当該個別的具体的な目的に従った使用収益が終わったかどうかにつき、具体的な検討がされることになるところ、これを肯定したものが判決❶～❹であり、否定したものが判決❺である。

3 借主の死亡によって使用貸借が終了するか（平成29年改正前の599条、本条3項）

裁判例

借主の死亡によっても使用貸借が終了しないと認められた裁判例としては、次のものがある。

❶ 東京地判昭和39年5月25日下級民集15巻5号1144頁［27402461］

孫娘の通学の利便のための建物を建築する目的で祖父が学校より提供を受けた土地の使用貸借契約は、祖父の死亡によっては終了せず、孫娘がその学校を卒業した時に消滅するとしたもの

❷ 仙台高判昭和39年11月16日下級民集15巻11号2725頁［27402569］

墓所として使用するための土地の使用貸借契約については、墳墓の永久性に鑑み本条3項の適用を排除する旨の特約があると解するのが相当であるとしたもの

❸ 大阪高判昭和55年1月30日判タ414号95頁［27405208］

建物所有のための宅地の使用貸借においては、建物の使用が終わらない間に借主が死亡しても、特段の事情のない限り、敷地の使用貸借が当然に終了するものではないとしたもの

❹ 東京地判平成元年6月26日判時1340号106頁［27806156］

建物の使用貸借の借主が貸主の妹の夫であり、その家族の居住を確保する目的である場合において、借主の死亡は直ちに契約の終了事由とはならないとしたもの

（もっとも、使用期間が40年を経過し、借主の長男も妻帯しているような事情があるから、使用収益をするのに足りる期間が経過しているとしてその

終了が認められた事例)

❺　東京地判平成5年9月14日判夕870号208頁［27826728］

建物所有を目的とする土地の使用貸借契約においては、当事者間の個人的要素以上に建物所有の目的が重視されるべきであるから、特段の事情のない限り、建物所有の用途に従ってその使用を終えた時に返還の時期が到来するものと解すべきであり、借主が死亡したとしても、土地に関する使用貸借契約が当然に終了するということにはならないとしたもの

❻　東京地判平成7年10月27日判夕910号167頁［28010903］

土地の利用が建物所有を目的とする使用貸借である場合において、借主が死亡したとしても、その使用貸借の目的が借主のみならずその家族の居住にあり、借主の妻が貸主の妹であるという特別の関係にあるときは、改正前の599条（本条3項）は適用されないとしたもの

（もっとも、貸主に当該土地使用の必要性があり、使用期間が約15年を経過しており、貸主が代償金の支払や転居先の提供を申し出るなどしているといった事情があるから、既に使用収益をするのに足りる期間が経過しており、貸主の解約申入れにより使用貸借契約は終了するとした事例）

❼　東京高判平成13年4月18日判夕1088号211頁［28061988］

建物の使用貸借において、借主が死亡したとしても、貸主と借主の家族との間に貸主と借主本人との間と同様の特別な人的関係がある場合には、改正前の599条（本条3項）の適用はなく、使用借権の相続が認められるとしたもの

（貸主と借主との間に実親子同然の関係があり、貸主が借主の家族と長年同居してきたような場合、貸主と借主の家族との間には、貸主と借主本人との間と同様の特別な人的関係があるというべきであるとした事例）

解説

平成29年改正前の599条（本条3項）の趣旨に照らせば、ある使用貸借において、借主その人を考慮し、「その人」に対して貸したというわけではないと認められるような事情があれば、改正前の599条（本条3項）によって直ちに当該使用貸借が終了するものではないと解されていることは前記「法

律要件及び法律効果等」で述べたとおりである。

　裁判例をみると、借主が死亡しても、直ちに使用貸借が終了しないケースは、大きく2つに分けることができる。すなわち、1つは、借主その人は死亡しても、貸主との間で、借主その人と同視できるような関係を有する相続人がいるような場合であり、判決❼がこれに該当する。この場合は、形式的には借主は死亡したが、実質的には死亡したとはいえないため、本条の要件を充足しないと説明することが可能であろう。

　もう1つは、使用貸借の目的が定められている場合であり、判決❶〜❻がこれに該当する。本条が任意規定であることから、契約当事者間において改正前の599条（本条3項）の適用を排除する旨合意（契約に定めた目的に従った使用収益が終わるまで、又は、目的に従った使用収益をするのに足りる期間が経過するまでは、借主が死亡しても使用貸借は終了しない旨の合意）があったと考えることになろう（なお、目的の定めがあるからといって、必ず改正前の599条（本条3項）の適用を排除する旨の合意があったと認定できるわけではないことはもちろんである）。

　なお、改正前の599条（本条3項）によっては使用貸借が終了しないものの、使用収益するのに足りる期間の経過はあったとして（改正前の597条（改正後の598条1項））、使用貸借の終了が認められる場合がある（判決❹、❻）。

（武部知子）

(使用貸借の解除)　　　　　　　　　　　　　　　　　　【改正法】

第598条　貸主は、前条第2項に規定する場合において、同項の目的に従い借主が使用及び収益をするのに足りる期間を経過したときは、契約の解除をすることができる。

2　当事者が使用貸借の期間並びに使用及び収益の目的を定めなかったときは、貸主は、いつでも契約の解除をすることができる。

3　借主は、いつでも契約の解除をすることができる。

(借主による収去)　　　　　　　　　　　　　　　　　　【現行法】

第598条　借主は、借用物を原状に復して、これに附属させた物を収去することができる。

■■ 改正の趣旨

　597条において説明したとおり、本条は、使用貸借の終了原因のうち、契約の解除による終了の規定として整理されたものである。貸主からの解除については、従前から同趣旨の規定が存在していた一方（平成29年改正前の597条2項ただし書及び同条3項）、借主からの解除については、明文規定はなかったところ、平成29年改正法により、いつでも解除することができるとの解釈が明文化された（部会資料70A・62頁、63頁）。
《条文・判例の位置付け》　1項・2項につき要件・効果の変更なし、3項につき原理原則等（従来の通説を含む）の条文化・明確化

事実認定の対象等

■■ 意義

　本条は、貸主の契約解除権（1項及び2項、改正前の597条1項及び同条

2項ただし書と同趣旨）及び借主の契約解除権（3項、新設）について定めるものである。

法律要件及び法律効果等
1 法律要件
(1) 使用収益の目的の定めがあり、同目的に従った使用収益が終わらなかった場合であっても、使用収益に足りる期間が経過すれば、貸主は契約の解除をすることができる（1項）。その場合の法律要件は、
① 使用収益の目的の定めがあること
② 使用収益をするのに足りる期間が経過したこと
③ 貸主が借主に対して契約解除の意思表示をしたこと（540条1項）
である。

(2) 返還時期の定めも使用収益の目的の定めもない場合（2項）であれば、
① 貸主が借主に対して契約解除の意思表示をしたこと（540条1項）
である（大判昭和18年5月26日法学12巻992頁［27547999］）。これに対し、借主は、「返還時期の定め又は使用収益の目的に定めがあること」を主張して、解除の効果、すなわち使用貸借の終了を争うことができる。

(3) 借主からはいつでも契約を解除できるため（3項）、その場合の法律要件は、
① 借主が貸主に対して契約解除の意思表示をしたこと（540条1項）
である。

(4) いずれについても、解除の根拠は541条とは異なり、催告は不要である。

2 法律効果
契約の解除により、使用貸借は終了する。使用貸借が終了すると、貸主は、借主に対して、借用物の返還を請求することができ、一方、借主は、貸主に対して、借用物返還義務を負う（593条）。

■■ 参考裁判例

(1) 土地の使用貸借において、平成29年改正前の597条2項ただし書（本条1項）所定の使用収益をするのに足りるべき期間が経過したかどうかは、単に経過した年月のみにとらわれて判断することなく、これと併せて、本件土地が無償で貸借されるに至った特殊な事情、その後の当事者間の人的つながり、本件土地使用の目的、方法、程度、貸主の本件土地の使用を必要とする緊要度など双方の諸事情をも比較衡量して判断すべきものといわなければならない（最判昭和45年10月16日裁判集民101号77頁［28200658］）。どのような場合に、改正前の597条2項ただし書（本条1項）所定の使用収益をするのに足りるべき期間が経過したと認められるかについては、「事実認定についての裁判例と解説」1を参照されたい。

(2) 従前、当事者間の信頼関係が破壊された場合、改正前の597条2項ただし書の類推適用により、使用貸借は終了するとされていたところ（最判昭和42年11月24日民集21巻9号2460頁［27001016］）、改正後においては、これを引き継いだ本条1項が類推適用されることになろう。どのような場合に使用貸借が終了すると認められるかについては、「事実認定についての裁判例と解説」2を参照されたい。

事実認定における問題点

これまでの裁判例では、平成29年改正前の597条2項、3項に関する事実認定として、1 使用収益をするのに足りる期間が経過したかどうか（本条1項）、2 使用貸借が終了するような信頼関係破壊があったかどうか（本条1項類推適用）が問題となったものがあった。これらは、改正後の本条においても同様に問題となるものである。

事実認定についての裁判例と解説

1　使用収益をするのに足りる期間が経過したか（平成29年改正前の597条2項、本条1項）

[裁判例]

(1)　使用収益をするのに足りる期間が経過したと認めたもの

❶　函館地判昭和31年6月29日下級民集7巻6号1717頁［27400912］

住宅に困窮していた知人AにＡに同情したＢがAとの間で締結した建物の使用貸借の目的は、A及びその家族がその建物に使用することにあるものと認めるのが相当であるため、その使用貸借はAにおいて建物に居住することをやめない限り「目的に従い使用及び収益を終わりたる時」は到来しないが、Aにおいて相当期間建物を使用した後は貸主であるBは一方的意思表示により使用貸借契約を解約し、Aに対し建物の明渡しを求めることができるとしたうえ、約3年の経過をもって明渡請求を認めたもの

❷　最判昭和39年4月23日裁判集民73巻383頁［28199140］

酒類醤油等の販売営業を目的として無償貸与された建物の使用貸借につき、約11年の経過をもって使用収益の目的を達する十分の期間の経過があったとしたもの

❸　東京高判昭和39年7月2日東高民時報15巻7＝8号141頁［27402483］

存続期間の定めのない居住を目的とする建物の使用貸借において、7年半の期間は改正前の597条2項の使用収益をするのに足りる相当な期間といえるとしたもの

❹　東京高判昭和55年3月4日判時963号42頁［27405234］

建物の使用貸借において、借主が既に約21年間同建物に居住し使用収益してきた場合には、改正前の597条2項ただし書にいう「使用及ヒ収益ヲ為スニ足ルヘキ期間ヲ経過シタルトキ」に当たるとしたもの

（本件使用貸借契約は、兄弟同士が、親族相互扶助の精神に基づき、各人の必要に応じて一族の不動産を利用しあうという趣旨において、かつ、借主の援助に報いるとの趣旨を兼ねて、本件二階家を借主の必要とする限りの居

住を目的として、締結したものであって、単なる一時しのぎのための居住でないことはもちろんであるが、さりとて本件二階家から出て行くか行かないかが全く借主の恣意に委ねられている状態での居住でもなく、借主にとって十分安定した他の住居を獲得するまでの居住の趣旨と解するのが相当であると判断された事例）

❺　大阪地判昭和57年6月8日判タ478号97頁［27405772］

返還の時期を定めない建物所有を目的とした土地の使用貸借契約において、既に契約締結後十数年を経ている場合には、格別の事情がない限り、使用及び収益をするのに足りる期間を経過したものというべきであるとしたもの

❻　大阪地判昭和59年1月27日判タ524号259頁［27490715］

返還時期の定めのない土地使用貸借において契約の目的に従った使用収益をするのに足りる期間が経過したものとして改正前の597条2項ただし書（本条1項）による解約が認められたもの

（Aが昭和38年に本件土地上に廃材を置いて本件土地の使用を開始してから約20年間の長期間が経過し、Aはこの間Bから本件土地の無償使用を許され、建築業を営む上で十分に恩恵に浴してきたこと、BとAが共同で計画し実施した建売住宅の分譲が昭和44年5月に終了してからも10年以上が経過したこと、Aの建築業の仕事は年々少なくなり受注額も減少していること、Aが本件土地上に建設した本件各建物はいずれも仮設のものであり、解体取壊しの比較的容易な構造であること、本件土地の周辺は、現在小規模住宅及びアパートが建ち並ぶ住宅地域となっており、本件土地を建築資材、廃材置場として使用するのでは、使用方法として効率が悪いこと、Bが昭和38年以降納付してきた本件土地の公租公課は毎年相当の額に達していること、Bは、昭和55年又は昭和56年にAに対し口頭で本件土地の明渡しを求めたが、その後1年ないし2年が経過したこと、以上の事実に本件土地の使用貸借契約は無償契約であって、Aが建築業を続ける間無期限、無制約に本件土地の使用を認める趣旨のものではないことをも併せて考えると、昭和57年6月末頃までにはAにおいて本件土地を使用貸借契約の目的に従った使用収益をするに足りる期間が経過したものと認めるのが相当であるとした事例）

❼　東京高判昭和59年11月20日判タ548号151頁［27490200］

建物所有のため相当期間使用させることを目的とする建物敷地の使用貸借が30年以上の期間を経過したことにより終了したとされたもの

❽　最判昭和59年11月22日裁判集民143号177頁［28202091］

本件使用貸借の目的は借主及びその家族の長期間の居住ということにあるが、借主が本件使用貸借に基づき本件建物の占有使用を始めてから本件解約当時まで約32年4か月の長年月を経過していることが明らかであるから、他に特段の事情のない限り、本件解約当時においては、前示の本件使用貸借の目的に従い使用収益をするのに足りる期間は、既に経過していたものと解するのが相当であるとしたもの

❾　神戸地判昭和62年3月27日判タ646号146頁［27800368］

兄弟間の宅地の使用貸借について、使用収益をするのに足りる期間が経過したとしたもの

（ABともにさして長期間の居住は予定していなかったとうかがえるのに、現在まで約40年もの長期間が経過している（途中で半分を返還しているが、その返還時からでも17年余が経過している）こと、Aが、現在なお借家住まいで、本件土地上に自分の居宅を建てたいと切望しているところ、Bは、他に住居を求めるべきそれなりの資金手当ても可能であることが認定された事例）

❿　東京地判平成9年1月30日判時1612号92頁［28021968］

不動産の使用収益により生活費を得ることを目的とする黙示の使用貸借契約につき、その目的に従って借主が使用収益をするのに足りる期間が既に経過したとしたもの

（亡父との間で不動産の使用貸借契約を締結してから、借主は約21年もの長期間にわたり、無償で使用収益を継続していること、その間、借主は、土地に係る公租公課を全く支払っておらず、また、建物の建築について格別の費用を負担していないこと、現在では亡父の遺産分割も終わり、使用貸借の目的不動産の所有権は借主以外の他の共同相続人に帰属することが確定したこと、借主は、宅地建物取引業を営むための免許を申請するに際し、不動産

以外の資産のみでも合計11億4000万円の資産を有する旨の申告をしていることが認定された事例）

⓫ 東京高判平成10年11月30日判タ1020号191頁［28050631］

新たな建物が完成するまでの間、仮の住居として使用するためにされた建物の使用貸借契約において、新たな建物が完成していなくとも、契約締結時から5年近くが経過している場合には、当該建物の返還時期は既に到来しているものと解すべきであるとしたもの

⓬ 最判平成11年2月25日判タ998号113頁［28040416］

木造建物の所有を目的とする土地の使用貸借につき、使用収益をするのに足りる期間の経過を否定することができないとされたもの

（本件使用貸借の目的は本件建物の所有にあるが、Aが本件使用貸借に基づいて本件土地の使用を始めてから約38年8か月の長年月を経過し、この間に、本件建物でAと同居していたBの元代表者（B代表者及びAの父）は死亡し、その後、Bの経営をめぐってB代表者とAとの間で利害が対立し、Aは、Bの取締役の地位を失い、本件使用貸借成立時と比べて貸主であるBと借主であるAの間の人的つながりの状況は著しく変化しており、これらは、使用収益をするのに足りるべき期間の経過を肯定するのに役立つ事情というべきであるが、他方で、本件建物がいまだ朽廃していないことは考慮すべき事情であるとはいえ、前記長年月の経過等の事情が認められる本件においては、Aには本件建物以外に居住するところがなく、また、Bには本件土地を使用する必要等特別の事情が生じていないというだけでは使用収益をするのに足りるべき期間の経過を否定する事情としては不十分であると言わざるを得ないとした事例）

(2) **使用収益をするのに足りる期間が経過したと認めなかったもの**

⓭ 神戸地尼崎支判昭和49年10月30日判時788号86頁［27404269］

使用開始後20年を経過した期間の定めのない土地の使用貸借につき、契約成立の経緯、双方の土地必要性等を考慮して、使用するのに足りる期間が経過していないとされたもの

（本件土地建物所有権取得の経過及び本件敷地部分貸借契約成立の経緯に

照らし、特に本件土地全体の面積のほぼ6分の1にすぎない面積上にある粗末な木造家屋のみを取得するために本件土地建物全体の価額の7分の3の代金を負担し、しかも資金不足のため隣地買取りが困難であったAの窮状を救ったともいえるBの立場を考えると、本件使用貸借は実質的な意味では無償とは言い難いものがあり、大金を払って生活の本拠地としたBに対してAが任意の時期にその明渡しを求め得るような合意がされる道理がなく、本件敷地部分の使用目的はBの生活維持のため本件建物を所有することであると解すべきであり、合目的的に解釈する限り契約当事者間では借地法上の借地期間に準ずる程度の期間はBの生活を保障する意思があったと認められるのであって、Bが本件敷地部分を使用するのに足りる期間を経過したものと断ずることはできないとした事例）

⓮　東京高判昭和54年2月26日下級民集30巻1＝4号46頁［27405021］

土地の一部については改正前の597条2項本文にいう「使用及ヒ収益」が終わったものと認めたが、一部についてはこれを認めず、同項ただし書にいう「使用及ヒ収益ヲ為スニ足ルヘキ期間」が経過したものともいえないとされたもの

（本件土地等の使用貸借契約は、もともとその使用貸借の期間について定めはなく、その使用収益の目的は主としてA一家の生計を維持させることにあったところ、Aは、本件土地等を長期間使用し、その生計を維持する目的を十分に果たしたものと認められるから、貸主であるBは現時点においてAに対し、使用貸借契約を解約して本件土地等の返還を請求することができる一方、現宅地の使用貸借契約は、その使用貸借期間について定めはなく、その使用収益の目的は、昭和42年4月同地上に建築された建物を保有するための敷地とするところにあったところ、同建物は建築後10年位を経過したにすぎないもので、現にAが居住の用に供しているから、現宅地については契約に定めた目的に従って使用、収益を終わったものとはいえず、また使用、収益をするのに足りる期間が経過したものともいえないとした事例）

⓯　東京高判昭和55年10月15日判時984号71頁［27405392］

病院勤務医の居住用建物の建築所有を目的とする使用貸借において、貸渡

し後2年余りの時点における貸主のマンション建設のための解約申入れにつき、目的に従った使用収益をするのに足りる期間が経過していないとして、同解約申入れが無効とされたもの

❻　名古屋地判平成2年10月31日判タ759号233頁［27808972］

建物所有を目的とする土地の使用貸借について、38年を経過してもなお使用収益をするのに足りる期間は経過していないとされたもの

（借主の居住用建物の所有を目的とする使用貸借契約において、契約に基づき建築された建物が存続し、それに借主が居住している場合には、使用貸借契約が一時の利用目的で締結されたとか、借主が他に居住可能な建物あるいは土地を所有するに至ったなどの特別の事情がない限り、契約に定めた目的に従った使用をするのに足りる期間を経過したものとは認められないとした事例）

　解説

平成29年改正前の597条2項ただし書（本条1項）所定の使用収益をするのに足りる期間が経過したかどうかは、単に経過した年月のみにとらわれて判断することなく、これと併せて、借用物が無償で貸借されるに至った特殊な事情、その後の当事者間の人的つながり、使用の目的、方法、程度、貸主が借用物の使用を必要とする緊要度など双方の諸事情をも比較衡量して判断されるものである（最判昭和45年10月16日裁判集民101号77頁［28200658］参照）が、使用収益の目的及び経過年月が大きな比重を占めることは、最高裁判所の裁判例にも表れているといえよう（判決❽、❷）。

そこで、前記で取り上げた裁判例について、使用貸借の借用物が土地（及び建物）か、建物のみかで分類し、各経過年月をみてみる。

土地（及び建物）の事例のうち、使用収益をするのに足りる期間が経過したと認められたものは、長いものから順に、判決❾（約40年）、判決❷（約38年8か月）、判決❼（30年以上）、判決❿（約21年）、判決❻（約20年）、判決❺（十数年）であり、一方、認められなかったものは、短いものから順に、判決❺（2年余り）、判決❹（約10年）、判決❸（約20年）、判決❻（約38年）、である。このうち、土地の使用貸借の目的が、建物所有（当該建物における

使用者人の居住）であると認定されているものが、判決❺、❼、❾、⓬～⓰であり（判決❾もこれに類するといってよいだろう）、また、事業の目的であると認定されているものが、判決❻である。

　建物の事例は、いずれも使用収益をするのに足りる期間が経過したと認められたものであり、長いものから順に、判決❽（約32年4か月）、判決❹（約21年）、判決❷（約11年）、判決❸（約7年半）、判決⓫（約5年）、判決❶（約3年）である。建物の使用貸借の目的が、長期間の居住ではなく、次の住居を見つけるまでの仮居住であると認定されているものが、判決⓫である（判決❺もこれに類するといってよいだろう）また、営業の目的であると認定されているものが、判決❷である。

　前記のとおり、使用収益の目的や経過期間以外の事情も判断に影響することはもちろんであるが、一般的にみて、居住建物の所有目的でされた土地の使用貸借にあっては、相当長期間の経過が必要と判断される傾向にあるし、建物の使用貸借においても、もともと長期間の居住が予定されていたのかどうかによって、必要とされる経過期間は大きく変わっているようである。事業（営業）の目的でされた使用貸借にあっては、居住建物の所有目的ないし居住目的の使用貸借よりは短い期間で使用収益をするのに足りる期間が経過したと認められる傾向にあり、また、事業（営業）の現状等、使用収益の目的や経過期間以外の事情が大きく影響するようである。

2　使用貸借が終了するような信頼関係破壊があったか（平成29年改正前の597条2項ただし書類推適用、本条1項類推適用）

裁判例

(1) 使用貸借が終了するような信頼関係破壊があったと認めたもの

❶　最判昭和42年11月24日民集21巻9号2460頁［27001016］

　父母を貸主とし子を借主として成立した返還時期の定めがない土地の使用貸借であって、使用の目的は建物を所有して会社の経営をし、併せてその経営から生ずる収益により老父母を扶養する等の内容のものである場合において、借主はさしたる理由もなく老父母に対する扶養をやめ兄弟とも往来を断

ち使用貸借当事者間における信頼関係は地を払うに至った等の事実関係があるときは、改正前の597条2項ただし書を類推適用して貸主は借主に対し使用貸借を解約できるものと解すべきであるとしたもの

❷　東京高判昭和46年10月26日判時652号40頁［27403755］

父を貸主、子を借主とする家屋の使用貸借において、父の子夫婦に対する怒り、子夫婦の父に対する憎しみが極限に達し、子は親に対する扶養を廃し、互いに共同生活を断念して双方の信頼関係は全く地を払うに至り、その対立、反目は将来解消する余地の全くない状態になっており、かつその原因が子夫婦の父に対する非難攻撃にあると認められるときは、貸主は、前記使用貸借を解約できると解すべきであるとしたもの

❸　大阪高判平成2年9月25日判夕744号121頁［27807708］

貸主が姉、借主が弟の建物の使用貸借において、明示の目的は借主がその建物に居住することであった場合でも、黙示的にその前提とした事情があり、その後前提事情の全部又は重要部分が欠缺するに至り、もはや貸主に使用貸借の存続を強いることが酷と認められるときは、貸主は改正前の597条2項ただし書の類推適用により使用貸借を解約することができるものと解すべきであるとしたもの

❹　東京高判平成3年1月22日判夕766号196頁［27809404］

父親所有の家屋に娘夫婦が同居し生活をともにしていたが、両者の間の関係が悪化したことを理由に改正前の597条2項ただし書の類推適用により使用貸借の解除が認められたもの

（本件使用貸借契約は、主としてA家族の住居を確保するためのほか、併せて年老いていくBとその妻の老後の身辺の世話等をすることを使用収益の目的とした期限の定めのない契約であるとした上、B夫婦間の喧嘩口論が絶えず、時には興奮のあまりBが妻に手を挙げるようなこともあったこと、Aらはその都度仲裁に入っていたが、Bは、Aらが妻の肩のみを持って自分を責めていると不信の念を抱くようになり、対立関係に発展したこと、Bはことあるごとに Aらに対し本件建物からの退去を再三要求するようになり、互いに喧嘩口論の末、暴力沙汰を繰り返すようになり、A_1の暴力によりBが

入れ歯を折るとか、頭部や腰部打撲等の怪我をするという事件まで起きるに至ったこと、Aらは、日増しに険悪となってきたBとの同居生活に困り果て、警察や役所等に相談に行くなどその対応に苦慮していたこと、BとA₂（A₁の妻でありBの娘）との間で些細なことから言い争いが始まり、隣人の連絡で警察官が駆けつけるという事態になり、Bは従来精神的疾患で治療を受けたことはないのに、Aらは、Bの妻とも相談した上、Bを精神病院に入院させたこと、AらがBの退院手続に応じなかったため、Bは親族に身元引受人になってもらって退院し、独り暮らしを始めたことが認定された事例）

❺ 大阪高判平成9年5月29日判時1618号77頁［28030090］

親子間の土地の使用貸借契約の目的が、その土地の収益から貸主である親を扶養、監護することにある場合において、両当事者の信頼関係が、借主の扶養及び監護の放棄によって完全に破壊されたときは、貸主は借主に対し、改正前の597条2項ただし書を類推適用して、前記使用貸借契約の解約申入れをすることができるとしたもの

(2) **使用貸借が終了するような信頼関係破壊があったと認めなかったもの**

❻ 東京高判昭和56年7月16日判タ453号90頁［27405567］

A土地の使用貸借の当事者が隣接のB土地について転貸借関係（使用貸主が転貸人、使用借主が転借人）にあった場合、使用借主がB土地について使用貸主を差し置いて直接賃貸人と賃貸借契約を締結し、これによりB土地の転貸借関係を事実上解消させたとしても、それだけではまだ信頼関係が破壊されたとはいえないとしたもの

解説

使用貸借が無償契約であることから、これが締結されるに至ったことに事情（無償で使用収益させるに至った事情）が存在することがほとんどであって、その典型例が、当事者間に親族関係があり、借主側が貸主側を扶養する趣旨（目的）で使用貸借契約が結ばれたというものである。そのような場合にあっては、専ら借主側の事情によって扶養を放棄したことが信頼関係破壊の判断に直結することが多いであろう（判決❶、❷、❹、❺）。

判決❸は、兄弟間の誼を基礎とし弟及びその家族がこれらの母の老後の扶

養及び世話をすることが前提となっていた姉・弟間の建物の使用貸借の事例であって、その後弟らが母の世話に快く協力しない、兄弟としての誼も消失し、姉の健康は優れずその住居は借家であるなどを考えると、使用貸借が黙示的に前提としていた事情が欠缺するに至り、もはや貸主に使用貸借の存続を強いることが酷と認められるから、貸主たる姉は本条2項の類推適用によって使用貸借を解約することができるというべきであると判断したものである。もっとも、その判断に続けて、まだ母の死亡後5年を経過しているにすぎないこと、弟は母の生前相当程度は世話をしてきていること、その生活はそれほど裕福なものではないことなどの事情を考慮すると、姉の弟に対する無条件の本件建物明渡請求が権利濫用であるとの非難は免れないが、姉にとり有利な事情に併せ825万円又は相当額の金員の支払の意向に沿って考えると、姉が850万円を支払うことにより前記明渡請求が権利濫用であるとの非難を免れると判断している。この点、借地借家法における「正当の事由」（6条、28条）の判断においては、立退料の支払申出が考慮要素の1つとされており、正当の事由があってはじめて解約申入れ等をすることができる、すなわち、解約申入れ等によって契約が終了し、明渡請求が可能となるが（立退料が支払われてはじめて正当の事由があると判断した場合には、引換給付判決をすることになる）、本件における立退料の支払申出は、明渡請求が権利の濫用かどうかを判断するための一事情であるから、位置付けは異なる。なお、使用貸借の終了に当たっては、たとえ明渡請求権が発生しているとしても、その行使は権利の濫用に当たり許されないといった主張がされることが多い（後記3参照）。

判決❻は、使用借主が賃貸人からB土地を直接賃借したからといって、使用貸主が従前有していたB土地の賃借権及びその賃借権に基づく転貸権が法律上当然に消滅する理はないから、使用借主がB土地を賃貸人から直接賃借したことがA土地の使用貸借における信頼関係を破壊するに足る背信的行為であるというためには、単に使用借主がB土地につき使用貸主に無断で直接賃借の措置に出たというだけでは足らず、さらに、それが使用貸主の賃借権を奪取する意図をもってされ、かつ、それにより使用貸主がB土地の賃借権

の放棄を余儀なくされ、不当に利益を毀損された等使用借主の前記措置を非難するに足る特段の事情が認められなければならないと判断したものである。

3　事実認定に関するその他の参考裁判例

裁判例

❶　大阪高判昭和30年11月14日判時68号15頁［27400788］

　兄が家督相続により取得した家屋を弟が無償で使用してきた場合に、たとえ兄は弟及び母をその家に置いたまま家出し、母の葬儀にも参列せず、母の扶養看護等は専ら弟のみがやってきたというような事情があったとしても、使用貸借契約の解約を権利濫用であるとすることはできないとしたもの

❷　東京高判昭和49年9月27日金融商事433号5頁［27404250］

　期間の定めのない建物の使用貸借において、貸主が借主の実姉であり、借主において、特段の事情のない限り、当該建物に永く居住できることを期待し、貸主としてもそのことを容認していた場合には、貸主が借主に対し使用貸借の終了に基づいて建物の明渡しを求めるについては、その請求を相当とする特段の事由が存することを要し、貸主が住居の緊急の必要性に迫られているとは認められないのに反し、借主にとっては当該建物が一家4人の生活の本拠であるような事情があるときは、明渡請求は権利の濫用に該当し許されないとしたもの

❸　宮崎地都城支判昭和60年2月15日判時1169号131頁［27407009］

　土地の使用貸借権を有する建物所有者に対して土地の譲受人からされた建物収去土地明渡しの請求が権利の濫用に当たるとして棄却されたもの

　（被告はA所有の本件土地を無償で借り受け、建物を新築し、そこで商売を営みながら、Aとその妻B・子Cらを同居させ、かつ生活費の一部を負担し、Aが亡くなってからはBと内縁関係になりその子Cらの面倒をみていたが、その後Cと結婚した原告が、売買を原因として本件土地の所有権移転登記を了するや直ちに被告に対し建物収去土地明渡しを求めたという場合について、原告は、Cらが被告に対して明渡しを求めることはかつての経緯に照らし困難であるとの見込みから、明渡しを受けるために本件土地を譲り受け

てCらに代わって被告に対し明渡しを求めている事情が推認でき、これにCらと被告との前記関係、土地を明け渡した場合に被告の受ける損害の大きさ等をも勘案すると、これらの事情の下で原告が被告に明渡しを求めるのは権利の濫用であって許されないというべきであるとした事例）

❹　東京地判昭和61年6月27日判時1227号69頁［27802163］

養親から養子に対する建物の使用貸借契約の解約の申入れが権利濫用に当たるとされたもの

（養親子関係の悪化は主として養親の側にありいまのところ離縁も認められておらず、養子としては現在においても養親の扶養・看護に当たる意思を有しており、転居するとすれば不利益が大きいことが認められ、他方養親にとってもその年齢や病歴からして離縁の認められない限り扶養義務を負っている養子の転居がその利益となるとは考え難いということなどからすると、離縁が認められていない現時点においては、養親の解約申入れは、養子の使用貸借継続の信頼を裏切り、その利益を不当に害する結果となる反面、養親にとって特段の利益はないものとして、権利の濫用になるものというべきであるとした事例）

❺　東京地判平成9年10月23日判夕995号238頁［28040888］

夫婦間の離婚訴訟に並行して、夫の実母が、息子夫婦の共同生活のために提供していた家屋から息子の妻及び長女が立ち退くことを求めた事案で、夫婦の婚姻は既に破綻し夫は本件建物から出て別居していることから、本件使用貸借契約は終了しており、これまでの夫による婚姻費用の分担や財産分与の提案などを総合すると、本訴請求が権利の濫用に当たるとは認められないとされたもの

❻　千葉地佐倉支判平成10年9月8日判夕1020号176頁［28050629］

跡を継ぐ男子のいない寺院において、先代住職の妻と養子縁組をし、その娘と婚姻して跡を継ぐことになった現住職が、離婚及び離縁をした後に、寺院を代表して先代住職の妻らに対して、その居住する本堂庫裏等の使用貸借契約を解約して明渡請求をすることは、権利の濫用に当たり許されないとしたもの

>解説

　使用貸借の終了原因がある場合には、貸主は、借主に対し、借用物の返還を請求することができるが、それが権利の濫用に当たる場合であれば、借用物返還請求権を行使することはできなくなる（1条3項）。使用貸借の事案においては、明渡請求が権利の濫用に当たるとの主張がされることも多く、その判断に当たっては、使用貸借契約に至った経緯（事情）、使用の目的、使用の状況、貸主が借用物を必要とする事情、返還を求められる借主の不利益の程度等が総合的に考慮されることになろう。貸主からの明渡請求が権利の濫用となることを肯定したものが、判決❷～❹、❻であり、否定したものが、判決❶、❺である。

（武部知子）

（借主による収去等）　　　　　　　　　　　　　　　　　　　　【改正法】

第599条　借主は、借用物を受け取った後にこれに附属させた物がある場合において、使用貸借が終了したときは、その附属させた物を収去する義務を負う。ただし、借用物から分離することができない物又は分離するのに過分の費用を要する物については、この限りでない。

2　借主は、借用物を受け取った後にこれに附属させた物を収去することができる。

3　借主は、借用物を受け取った後にこれに生じた損傷がある場合において、使用貸借が終了したときは、その損傷を原状に復する義務を負う。ただし、その損傷が借主の責めに帰することができない事由によるものであるときは、この限りでない。

（借主の死亡による使用貸借の終了）　　　　　　　　　　　　　【現行法】

第599条　使用貸借は、借主の死亡によって、その効力を失う。

■■ 改正の趣旨

　従前は、使用貸借終了に際しての借主の附属物収去権のみが明示的に規定されていたが（平成29年改正前の598条）、同規定を根拠に、借主は附属物収去義務を負うと解されていたし、また、その収去義務の範囲についても、① 誰の所有物が附属されたかにかかわりなく、借主が借用物を受け取った後にこれに附属された物については、借主が収去義務を負い、② 附属物を分離することができない場合や、その分離に過分な費用を要する場合には、借主は収去義務を負わないと解されてきた。これを明文化したのが本条1項及び2項である。また、改正前の598条により、借主は原状回復義務を負うと解されており、また、その範囲については、① 借主が借用物を受領した後にこれに生じた損傷については、原則として、借主が原状回復義務を負う

(損害賠償及び費用の償還の請求権についての期間の制限)　　【改正法】

第600条　契約の本旨に反する使用又は収益によって生じた損害の賠償及び借主が支出した費用の償還は、貸主が返還を受けた時から1年以内に請求しなければならない。

<u>2　前項の損害賠償の請求権については、貸主が返還を受けた時から1年を経過するまでの間は、時効は、完成しない。</u>

(損害賠償及び費用の償還の請求権についての期間の制限)　　【現行法】

第600条　(同上)
(新設)

■■ 改正の趣旨

平成29年改正前の600条の規定に、貸主の借主に対する損害賠償請求権の消滅時効につき、貸主が借用物の返還を受けた時から1年を経過するまでは、その時効完成が猶予される旨の規定が追加された。使用貸借は相当長期間にわたることも少なくないところ、借主の用法違反による損害発生時から10年以上経過してもなお使用貸借が存続している場合、貸主において同事実の把握が困難な貸借期間中に消滅時効が完成してしまう(167条1項参照)ことにもなりかねない。そこで、このような不都合な事態を回避するため、時効の完成猶予の規定が新設されたものである(部会資料70A・65頁、66頁)。

《条文・判例の位置付け》　2項につき要件・効果の変容

■■ 意義等

本条は、損害賠償及び費用の償還の請求権についての権利行使期間の制限(1項)及び損害賠償請求権についての時効の完成猶予(2項)について定めた規定である。

契約の本旨に反する使用収益によって損害が生じた場合には、貸主は借主に対して損害賠償を請求することができ（594条参照）、また、借主が費用を支出した場合には、貸主に対してその費用の償還を請求することができる（595条参照）が、これらの請求は、いずれも貸主が借用物の返還を受けた時から1年以内に請求しなければならない。そして、このうち損害賠償請求権に係る消滅時効については、貸主が借用物の返還を受けた時から1年を経過するまでは、時効は完成しない（時効の完成猶予）。

事実認定についての裁判例と解説

　本条に関する事実認定が問題となった裁判例は見当たらない。

（武部知子）

事項索引

この索引では、裁判例の概要部分に含まれる事項は採録対象としていない。

あ行

- 遺言の方式……………………………28
- 遺贈……………………………………27
- 一方の予約………………………67, 71
- 違約手付………………………………79
- 違約罰…………………………………80
- 内金………………………………43, 79

か行

- 解釈規定………………………………80
- 解除……………………4, 148, 152, 202
- ――の意思表示………………………80
- 解除権………………………………196
- ――留保………………………………80
- 買付証明書……………………………58
- 買主
  - ――の受領義務………………………37
- 買戻し…………………………68, 71, 72
- ――の特約……………………………71
- 買戻権………………………………193
- 買戻権者………………………………71
- 解約手付………………………………79
- 確定期限…………………………21, 185
- 隠れた瑕疵………………110, 113, 151
- 瑕疵担保責任………………………145
- 果実………………………190, 192, 193
- 貸主の契約解除権…………………294
- 割賦販売……………………………253
- 仮登記担保契約………………………68
- 借主の契約解除権…………………315
- 簡易の引渡し…………………………6
- 環境瑕疵………………………144, 145
- 換地処分………………………………65
- 期間制限……………………………159
- 期限………………………71, 73, 185, 186, 190, 192
- 危険負担………………………………23
- 帰責事由…………………………73, 110
- 規範的要件…………………………111
- 客観的瑕疵概念………135, 136, 144
- 旧債務……………………260, 261, 262
- 求償権………………………………261
- 強行法規…………………………73, 261
- 共同事業……………………………250
- 拒絶……………………185, 195, 202, 203, 206-208, 232
- 組合…………………………………233
- 経済的利益……………………231, 232, 239
- 形成権……………………67, 70, 147, 153
- 契約
  - ――後の事情………………41, 48, 64
  - ――時の事情……………………41, 48
  - ――前の事情……………………41, 47
  - ――の解釈……………………………48
  - ――の解除…………………………296
  - ――の内容に適合しない先取特権又は質権の登記……………………204
  - ――の内容に適合しない抵当権の登記…………………………204, 205
- 仮登記担保――………………………68
- 混合――………………………………63
- 製造物供給――（製作物供給契約）…………………………………63
- 担保権設定――………………………64
- 手付――………………………………79
- 典型――………………………………35
- 売買――……………………………253

335

片務―― ………………………… 231
無償―― ………………… 99, 249, 269
有償―― ………………………… 99
要式―― ………………………… 265
要物―― ……… 79, 231, 254, 255, 265
契約解釈 ……………………… 44, 47
契約責任説 ……………… 16, 109, 151
契約不適合 ……………………18, 158
減額請求 …………………………… 19
原資 ………………………… 242, 243
現実
　――の提供 ……………………… 79
　――の引渡し …………………… 6
原状回復義務 ………………………330
権利行使 ……………………………202
権利消滅規定 ……………………… 20
権利の全部若しくは一部 …………195
交換 ………………………… 99, 227
交換差金 ……………………………227
公序良俗 ……………………………261
公正証書 ………………………64, 231
公知の事実 ………………………… 58
抗弁 ……… 68, 69, 97, 98, 111, 260
抗弁権 ………………………………196
小切手 ……………………… 232, 233
告知 …………………………… 65, 202
国庫債券 ……………………………232
583条の準用 ……………………… 301
雇用 ………………………………… 99
混合契約 …………………………… 63

さ行

再抗弁 ………………………………111
催告 ……………67, 68, 69, 70, 147, 152
財産権 ………………………36, 57, 70

財産権移転義務 ……………… 36, 100
財産権移転請求権 ………………… 36
再売買の予約 …………………… 68, 71
債務承認弁済契約書 ………………238
債務不履行 ……………… 79, 109, 151
詐害行為 …………………… 203, 262
錯誤 ………………………………… 52
指図による引渡し ………………… 6
残代金 ……………………… 43, 194
　――の支払 ……………… 194, 251
死因贈与 …………………………… 27
時価 ………… 47, 48, 51, 52, 64, 68, 70, 71, 207
敷金 ………………………………… 64
敷地利用権 ………………… 206, 207
時効 ………………………… 73, 261, 262
　――の完成猶予 …………………333
仕事の完成 …………………… 63, 64
事情変更 ……………………… 70, 74
質権 …………………………………262
実印 …………………………………239
支払拒絶権 …………………………202
社会通念 ……………………………111
借用書 ………………………………238
借用証書 ……………… 238, 243, 252, 261
終身定期金 ………………………… 20
修補 …………………………………109
主観的瑕疵概念 ……… 114, 134, 135, 136
主要事実説 …………………………111
種類債権の特定 …………………… 18
種類物 ……………………………… 18
準委任 ……………………………… 65
準消費貸借 ………………… 260, 261, 262
準用 ………………… 99, 202, 203, 301
商行為 ………………………………262
消滅時効 …………………………73, 261
証約手付 …………………………… 79
書面によらない贈与 ……………… 4

所有権移転請求権保全仮登記………68
所有権移転登記手続…………64, 186
信義則………………………… 37, 111
信頼利益………………………… 153
数量指示売買…………………… 112
請求権競合説…………………… 191
製造物供給契約（製作物供給契約）
　…………………………………63
占有改定……………………………6
相殺…………………………………98
相当の担保……………195, 196, 197
双方の予約…………………………69
双務契約……………………………22
贈与………………………… 1, 249, 250
贈与者の担保責任…………………15
贈与の目的として特定した時……15
測量に要する費用…………………97
損害賠償……………………………80
損害賠償額の予定…………………80
損害賠償請求…………………… 152
損害賠償請求権………… 186, 196, 202

た行

対価関係……………………………22
代金
　——の供託…………………… 208
　——の支払………57, 70, 185, 186,
　　　　　　188, 190, 192, 194,
　　　　　　195, 203, 206, 207,
　　　　　　208, 262
　——の支払期限………………… 185
　——の提供…………………………69
代金減額………………………52, 152
代金減額請求権………… 109, 147, 196
代金支払義務………………………36
代金支払拒絶権………195, 204, 208, 209
代金支払請求権……………………36
対抗要件………………………… 100

諾成…………………………………2
諾成契約化……………………… 254
諾成的消費貸借………… 255-258, 265
建物買取請求権……… 194, 203, 206
他人物贈与…………………………1
他人物売買……………………… 103
担保権設定契約……………………64
担保責任………………………16, 151
遅延損害金説…………………… 191
遅延利息………………………… 191
調停…………………………………52
賃借権譲渡…………………………37
賃借権の無断譲渡……………… 202
賃貸借契約の解除権…………… 202
賃貸人の承諾……………… 37, 203
賃料支払の拒絶………………… 202
追完……………………… 109, 152
追完請求権……………… 108, 196
　——の優位性………………… 153
通帳……………………………… 232
定期贈与……………………………20
定期預金証書…………………… 232
停止条件………………… 27, 65, 70
抵当権……………192, 194, 203, 206,
　　　　　　207, 231, 243, 262
抵当権等の登記がある場合の買主によ
　る代金の支払の拒絶………… 204
手形………………………… 233, 238
手形金…………………………… 233
手形割引………………………… 232
滌除………………………… 206, 207
撤回…………………………………4
手付…………………………………79
　——の放棄…………………………80
手付解除……………………………78
手付契約……………………………79
手付返還請求権……………………80
典型契約……………………………35

事項索引

転売……………………………250
転売利益………………………253
登記……………………………100
登記請求権……………………36
当事者の意思解釈……………44
同時履行………186, 188, 192, 207
　　――の抗弁権…………208, 262
特段の合意………………186, 187
特段の事情……………………29
特定
　贈与の目的として――した時……15
特定物…………………………18
特定物ドグマ…………………109
特定物売買……………………109
取締役…………………………238
取引上の社会通念……………152

な行

任意規定………………………83
根抵当権…………………203, 243
練り上げ型……………………37

は行

売買……………………………101
　――の一方の予約……67, 70, 71, 73, 74, 77
　――の当事者…………38, 40, 47
　――の目的物……38, 41, 44, 59, 73, 144, 186, 190, 194
　――の目的物の引渡し……185, 188, 192
　――の予約……………64, 68, 72
売買契約………………………253
　――の契約不適合……………158
売買契約書…………40, 57, 58, 64
売買目的物の契約不適合……108
引渡し…………………………100
　――の場所……………………188

必要費…………………………301
評価根拠事実…………………111
評価障害事実…………………111
不確定期限……………21, 185, 233
附款…………………………18, 27
附属物収去義務………………330
負担付死因贈与契約…………29
負担付贈与……………………16
不適合の通知…………………160
不特定物売買…………………109
扶養……………………………23
不要式…………………………2
平成29年改正前576条の準用
　…………………………202, 203
別段預金………………………232
返還合意………230, 231, 233, 244, 251
弁護士…………………………251
弁済期…………64, 233, 239, 244, 253
片務契約………………………231
包括受遺者……………………28
法条競合説……………………191
法人格否認の法理……………41
法定利息………………………191
法定利息説……………………191
冒頭規定………………………35
冒頭規定説……………………35
法律行為………………38, 59, 65
本来の予約……………………69

ま行

無償……………………………2
無償契約……………99, 249, 269
無利息……………250, 269, 270
滅失……………………………73
申込み・承諾型………………37
目的物

事項索引

――の交付……………………230, 231
――の特定性…………………38, 44
――の引渡し……185, 186, 188, 191, 192, 194
――の引渡しの拒絶……………185
――の引渡しの場所……………188
――の評価………………………97

や行

約束手形……………232, 233, 238, 239
有償委任…………………………99
有償寄託…………………………99
有償契約…………………………99
　　――への準用…………………99
融通手形……………………232, 233
要式契約…………………………265
要物契約…………79, 231, 254, 255, 265
要物性……………………………231
要物・片務・不要式の契約………230
預金通帳…………………………232
予約完結権………67, 68, 69, 70, 72, 73
　　――の行使期間……………68, 69
　　――の行使方法………………69

――の時効期間………………70, 73
予約完結の意思表示……70, 72, 73, 77
予約義務者………………67, 69, 72, 73
予約権利者………67, 69, 70, 72, 73, 77
予約の要素………………………68

ら行

リース……………………………253
履行期……………185, 186, 187, 190
履行遅滞…………………………191
履行の着手…………………………78
履行不能……………………………23, 73
履行利益…………………………153
利息………………64, 71, 190, 191, 192, 250, 253, 261, 264, 265, 270
利息制限法………………………261
利息付き消費貸借………………99
立木………………………………37
領収書（証）……40, 43, 64, 187, 238, 243, 253
類推適用…………………………203
ローン特約条項…………………84

判例索引

(年月日順)

明 治

大判明治31年11月30日民録 4 輯10巻55頁［27818986］………………………… 71
大判明治33年 2 月21日民録 6 輯 2 巻70頁［27520082］………………………… 71
大判明治34年11月28日民録 7 輯10巻118頁［27520276］……………………… 84
大判明治37年 4 月 8 日民録10輯453頁［27520611］…………………………… 71, 72
大判明治37年 4 月23日民録10輯525頁［27520621］…………………………… 198
大判明治38年 2 月15日民録11輯124頁［27520749］…………………………… 72
大判明治38年 4 月22日民録11輯554頁［27520786］…………………………… 82
大判明治38年 4 月24日新聞284号12頁［27532031］…………………………… 71
大判明治38年 6 月 9 日民録11輯913頁［27520824］…………………………… 73
大判明治38年12月 6 日民録11輯1653頁［27520886］………………………… 231
大判明治40年 5 月17日民録13輯560頁［27521101］…………………………… 231
大判明治41年 5 月 4 日民録14輯519頁［27521217］…………………………… 259
大判明治44年11月 9 日民録17輯648頁［27521521］…………………………… 232
大判明治44年11月14日民録17輯708頁［27521525］…………………………… 36, 101

大 正

大判大正元年12月11日民録18輯1025頁［27521637］………………………… 186
大判大正 2 年 1 月24日民録19輯11頁［27521648］…………………………… 259
大判大正 2 年 2 月19日民録19輯87頁［27521653］…………………………… 272
大判大正 2 年 5 月 8 日民録19輯312頁［27521676］…………………………… 231
大判大正 2 年10月 3 日民録19輯741頁［27521718］…………………………… 71
大判大正 3 年 1 月20日民録20輯21頁［27521743］…………………………… 188
大判大正 3 年 2 月21日新聞930号21頁［27534879］…………………………… 261
大判大正 3 年 3 月18日民録20輯191頁［27521755］…………………………… 272
東京控判大正 3 年 6 月16日新聞960号25頁［28224928］……………………… 261
大判大正 3 年12月 8 日民録20輯1058頁［27521838］………………………… 83
大判大正 4 年 2 月27日民録21輯191頁［27521882］…………………………… 261
大判大正 4 年 4 月 5 日民録21輯426頁［27521908］…………………………… 72
大判大正 4 年 5 月29日民録21輯858頁［27521953］…………………………… 37
大判大正 4 年 7 月13日民録21輯1384頁［27521998］………………………… 70, 73
大判大正 4 年12月21日民録21輯2135頁［27819023］………………………… 192

判例索引（年月日順）

大判大正 6 年 2 月 9 日新聞1251号25頁［27536524］……………………………… 70, 73
大判大正 6 年 3 月 7 日民録23輯421頁［27522382］…………………………………88
大判大正 6 年 4 月16日民録23輯644頁［27522403］……………………………… 261
大判大正 6 年 6 月16日民録23輯1147頁［275222458］…………………………… 228
大判大正 6 年11月 5 日民録23輯1737頁［27522520］……………………………… 21
東京控判大正 7 年 1 月25日新聞1378号21頁［28224930］……………………… 261
大判大正 7 年 2 月 6 日民録24輯341頁［27522593］…………………………………72
大判大正 7 年 2 月28日民録24輯300頁［27522588］……………………………… 261
大判大正 7 年 2 月28日民録24輯307頁［27522589］…………………………………73
大決大正 7 年 4 月30日民録24輯570頁［27522616］……………………………… 220
大判大正 7 年 5 月 6 日民録24輯890頁［27522646］……………………………… 231
大判大正 7 年 8 月 9 日民録24輯1576頁［27522702］…………………………………84
大判大正 7 年 9 月11日民録24輯1675頁［27522708］…………………………………73
大判大正 7 年 9 月16日民録24輯1699頁［27522710］……………………………… 72, 73
大判大正 7 年11月 1 日民録24輯2103頁［27522739］…………………………………97
大判大正 7 年11月11日民録24輯2164頁［27522746］……………………………… 223
大判大正 7 年11月27日民録24輯2265頁［27522759］…………………………………72
大判大正 8 年 6 月10日民録25輯1007頁［27522862］…………………………………70
大判大正 8 年 7 月 5 日民録25輯1258頁［27522884］……………………………… 105
大判大正 9 年 3 月12日民録26輯308頁［27523015］…………………………………72
大判大正 9 年 5 月18日民録26輯823頁［27523068］……………………………… 260
大判大正 9 年 8 月21日民録26輯1217頁［27523107］…………………………………72
大判大正 9 年 9 月24日民録26輯1343頁［27523120］…………………………………71
大判大正 9 年11月22日民録26輯1856頁［27523161］……………………………… 36, 101
大判大正 9 年12月27日民録26輯2096頁［27523182］……………………………… 261
大判大正10年 2 月19日民録27輯340頁［27523208］…………………………………83
大判大正10年 3 月 5 日民録27輯493頁［27523221］……………………………… 70, 73
大判大正10年 3 月11日民録27輯514頁［27819050］……………………………… 36, 51, 71
大判大正10年 6 月21日民録27輯1173頁［27819053］…………………………………85
大判大正10年 9 月21日民録27輯1539頁［27523309］……………………………… 223, 225
大判大正11年 2 月27日民集 1 巻73頁［27511083］………………………………… 71, 74
大判大正11年 4 月 1 日民集 1 巻155頁［27511094］……………………………… 162
大判大正11年 6 月23日新聞2030号18頁［27538845］…………………………………72
大判大正11年 9 月 4 日新聞2043号10頁［27538888］…………………………………82
大判大正11年10月25日民集 1 巻621頁［27511152］……………………………… 232
大判大正12年 3 月 6 日新聞2120号21頁［27539032］……………………………… 228
大判大正12年 4 月 9 日民集 2 巻221頁［27511022］…………………………………70
大判大正12年 5 月 7 日新聞2147号19頁［27539087］……………………………… 36, 51

342

判例索引（年月日順）

大判大正12年 7 月27日民集 2 巻572頁［27511061］………………………………… 70, 72
大判大正13年 2 月29日民集 3 巻80頁［27510931］…………………………………………72
大判大正13年 5 月 9 日新聞2274号18頁［27539386］…………………………………… 307
大判大正13年 9 月24日民集 3 巻440頁［27510980］……………………………………… 192
大判大正13年10月 7 日民集 3 巻476頁［27510982］…………………………………………47
大判大正14年 4 月25日新聞2465号12頁［27539741］…………………………………… 188
大判大正14年 7 月 4 日民集 4 巻403頁［27510882］…………………………………………73
大判大正14年 9 月11日新聞2477号10頁［27539876］………………………………………73
大判大正14年 9 月24日民集 4 巻470頁［27510892］……………………………………… 233
大判大正15年 1 月28日民集 5 巻30頁［27510750］……………………………………… 224
大判大正15年 3 月 5 日判例拾遺(1)民44頁［27550018］………………………………… 231
大判大正15年 4 月21日民集 5 巻271頁［27510777］……………………………………… 261
大判大正15年12月 9 日民集 5 巻829頁［27510824］………………………………… 28, 29

昭和元年〜

大判昭和 2 年 6 月14日新聞2731号 9 頁［27550560］…………………………………………21
大判昭和 2 年12月27日民集 6 巻743頁［27510744］……………………………………… 188
大判昭和 3 年 5 月26日新聞2891号 9 頁［27551011］…………………………………… 259
大判昭和 3 年11月30日民集 7 巻1036頁［27819074］…………………………………… 217
大判昭和 3 年12月 5 日評論18巻民法287頁［27551221］……………………………36, 101
大判昭和 5 年 1 月29日民集 9 巻97頁［27510480］………………………………………… 273
大判昭和 5 年 4 月16日民集 9 巻376頁［27510493］……………………………………… 110
大判昭和 5 年 5 月19日評論19巻民法863頁［27551821］………………………………… 261
大判昭和 5 年 6 月 4 日民集 9 巻595頁［27510505］……………………………………… 272
大判昭和 5 年 7 月30日新聞3167号 9 頁［27540115］…………………………………… 112
大判昭和 5 年 9 月27日評論19巻民法146頁［27540191］………………………………… 261
大判昭和 5 年12月24日民集 9 巻1197頁［27820359］…………………………………… 231
大判昭和 5 年12月27日評論20巻民法127頁［27540408］……………………………… 262
大判昭和 6 年 5 月13日民集10巻252頁［27510412］……………………………………… 191
大判昭和 6 年 5 月16日新聞3279号10頁［27540731］…………………………………… 231
大判昭和 7 年 3 月 3 日民集11巻274頁［27510279］……………………………………… 192
大判昭和 7 年 6 月 4 日新聞3447号14頁［27541542］…………………………………… 186
大判昭和 7 年 7 月19日民集11巻1552頁［27510343］……………………… 82, 83, 85, 87
大判昭和 8 年 1 月14日民集12巻71頁［27510122］……………………………………… 113
大判昭和 8 年 1 月14日裁判例 7 巻民 4 頁［27542020］……………………………………95
大判昭和 8 年 2 月24日民集12巻265頁［27510136］……………………………………… 262
大決昭和 8 年 3 月 6 日民集12巻325頁［27510140］……………………………………… 231
大判昭和 8 年 4 月24日法学 2 巻1475頁［27542217］………………………………………84

343

大判昭和 8 年 6 月13日民集12巻1484頁［27510194］……………………………… 262
大判昭和 8 年 7 月 5 日裁判例 7 巻民166頁［27542406］………………………… 94
大判昭和 8 年 9 月15日民集12巻2347頁［27510226］……………………………… 232
大判昭和 8 年11月11日法律新報347号 9 頁［27547952］………………………… 279
大判昭和 8 年12月 9 日新聞3666号 9 頁［27542654］……………………………… 73
大判昭和 8 年12月11日裁判例 7 巻民277頁［27819090］………………………… 300
大判昭和 9 年 3 月 9 日新聞3675号13頁［27542833］……………………………… 71
大判昭和 9 年 9 月15日法学 4 巻74頁［27819103］………………………………… 232
大判昭和 9 年11月 2 日法学 4 巻488頁［27819105］……………………………… 82
大判昭和 9 年11月 8 日法学 4 巻490頁［27819106］……………………………… 198
大判昭和10年 2 月15日裁判例 9 巻民22頁［27543503］…………………………… 97
大判昭和10年 2 月23日法学 4 巻1181頁［27543525］……………………………… 261
大判昭和10年 3 月28日裁判例 9 巻民84頁［27543616］…………………………… 279
大判昭和10年 6 月28日新聞3869号 9 頁［27543815］……………………………… 186
大判昭和10年 7 月13日法学 5 巻344頁［27543853］……………………………… 36
大判昭和10年 7 月27日新聞3876号16頁［27543869］……………………………… 73
大判昭和10年10月11日新聞3904号 7 頁［27543972］……………………………… 231
大判昭和10年11月 4 日法学 5 巻634頁［27544023］……………………………… 85

昭和11年～

大判昭和11年 5 月 2 日法学 5 巻1360頁［27544600］……………………………… 262
大判昭和11年 6 月 2 日民集15巻1315頁［27500617］……………………………… 193
大判昭和11年 6 月16日民集15巻1125頁［27500623］……………………………… 231
大判昭和11年 8 月10日民集15巻1673頁［27500647］……………………………… 84
大判昭和11年 9 月 7 日法学 6 巻82頁［27548298］………………………………… 232
大判昭和11年12月11日法学 6 巻380頁［27544835］……………………………… 193
大判昭和12年 2 月13日民集16巻100頁［27500474］……………………………… 262
大判昭和12年 2 月26日民集16巻176頁［27500480］……………………………… 192
大判昭和12年 6 月22日法学 6 巻1325頁［27545237］……………………………… 72
大判昭和12年 7 月21日法学 6 巻1433頁［27545301］……………………………… 232
大決昭和12年 9 月11日裁判例11巻民240頁［27545347］………………………… 261
大判昭和12年11月26日新聞4221号15頁［27545480］……………………………… 261
大判昭和12年11月29日判決全集 5 輯 3 号11頁［27545486］……………………… 261
大判昭和13年 4 月22日民集17巻770頁［27500384］…………………………… 72, 73
大判昭和14年 3 月23日評論28巻民法729頁［27546160］………………………… 262
大判昭和14年 4 月15日民集18巻429頁［27500296］……………………………… 208
大判昭和14年 5 月 6 日新聞4444号 7 頁［27546230］……………………………… 231
大判昭和14年 5 月26日評論28巻民法734頁［27546255］………………………… 83

判例索引（年月日順）

最判昭和48年3月16日金融法務683号25頁［27404026］……………………………255
奈良地葛城支判昭和48年4月16日判タ300号284頁［27404048］………………92
最判昭和48年10月26日民集27巻9号1240頁［27000471］………………………41
最大判昭和49年9月4日民集28巻6号1169頁［27000421］……………105, 106, 107
東京高判昭和49年9月27日金融商事433号5頁［27404250］……………………327
最判昭和49年10月14日金融法務739号37頁［27404256］…………………………232
神戸地尼崎支判昭和49年10月30日判時788号86頁［27404269］…………………320
東京高判昭和49年12月18日判時771号43頁［27404290］……………………88, 93
東京地判昭和50年2月18日判時796号67頁［27404313］……………………………40
東京高判昭和50年4月23日判タ328号260頁［27404342］…………………………116
最判昭和50年4月25日民集29巻4号556頁［27000374］……………198, 200-202
大阪高判昭和50年6月17日判タ328号265頁［27404371］…………………………106
東京高判昭和50年6月18日判タ330号271頁［27404373］……………………………8
秋田地判昭和50年6月20日判タ327号255頁［27404374］…………………………285
最判昭和50年6月27日裁判集民115号177頁［27441691］……………………83, 93
東京高判昭和50年6月30日判タ330号282頁［27404384］……………………………53
福岡高判昭和50年7月9日判タ332号234頁［27404391］……………………………94
最判昭和50年7月17日民集29巻6号1119頁［27000363］…………………………262
横浜地判昭和50年7月30日判タ332号296頁［27404409］…………………………117
東京高判昭和50年9月29日判時800号56頁［27404438］…………………………239
最判昭和50年12月25日裁判集民116号863頁［27404490］………………………105

昭和51年〜

東京高判昭和51年3月29日判タ339号275頁［27411689］…………………………235
東京高判昭和51年4月21日判時815号53頁［27404555］…………………………310
東京高判昭和51年4月27日判時816号53頁［27404559］…………………………233
東京地判昭和51年6月29日判時853号74頁［27404584］……………………………24
東京地判昭和51年7月27日判タ347号220頁［27404597］…………………………106
最判昭和51年11月26日裁判集民119号265頁［27411722］………………………235
仙台高判昭和51年12月8日判タ349号228頁［27404644］…………………………310
最判昭和51年12月20日裁判集民119号355頁［27404651］…………………………92
東京高判昭和51年12月20日金融商事523号27頁［27404652］……………………244
東京地判昭和52年2月24日訟務月報23巻3号443頁［27404665］…………………66
東京地判昭和52年4月4日判時872号96頁［28224955］……………………………45
東京高判昭和52年7月13日下級民集28巻5＝8号826頁［27404746］……………24
札幌高判昭和52年7月20日判タ360号179頁［27404754］…………………………117
最判昭和53年2月17日判タ360号143頁［27404842］…………………………23, 24
最判昭和53年3月30日集民123号401頁［27404866］………………………………12

349

判例索引（年月日順）

横浜地判昭和53年10月25日訟務月報24巻12号2568頁［27404956］……………………66
最判昭和53年11月30日民集32巻8号1601頁［27000221］………………………………9
東京高判昭和54年2月26日下級民集30巻1＝4号46頁［27405021］…………………321
東京高判昭和54年3月8日判時929号80頁［27405029］………………………………240
名古屋地判昭和54年3月19日判時941号79頁［27405034］……………………………12
東京地判昭和54年4月26日判時942号62頁［27405068］………………………………199
東京地判昭和54年7月3日下級民集30巻5＝8号333頁［27405101］…………………41
最判昭和54年9月6日裁判集民127号375頁［27405127］………………………………82
最判昭和54年9月6日裁判集民127号395頁［27650862］………………………………60
東京高判昭和54年11月7日下級民集30巻9＝12号621頁［27423378］………………53
最判昭和55年1月24日裁判集民129号81頁［27405204］………………………………262
大阪高判昭和55年1月30日判タ414号95頁［27405208］………………………………311
神戸地判昭和55年2月29日判タ424号157頁［27405233］………………………………10
東京高判昭和55年3月4日判時963号42頁［27405234］………………………………317
東京高判昭和55年7月30日高裁民集33巻2号114頁［27405338］……………………199
東京高判昭和55年10月15日判時984号71頁［27405392］………………………………321
東京高判昭和56年2月24日判タ446号112頁［27405468］………………………………310
東京高判昭和56年3月13日判タ444号89頁［27405485］………………………………117
大阪地判昭和56年4月13日判タ454号130頁［27405517］………………………………62
東京高判昭和56年5月28日判タ450号101頁［27405538］………………………………302
最判昭和56年6月16日裁判集民133号75頁［27405549］………………………………74
東京高判昭和56年6月30日判タ451号90頁［27405560］………………………………307
東京高判昭和56年7月16日判タ453号90頁［27405567］………………………………325
東京地判昭和56年8月3日家裁月報35巻4号104頁［27405575］……………………30
東京地判昭和56年8月25日判時1030号48頁［27405578］………………………………74
大阪高判昭和56年9月22日下級民集32巻9＝12号873頁［27405602］………………200
最判昭和56年10月8日裁判集民134号29頁［27405618］………………………………13
東京高判昭和56年10月13日判タ464号102頁［27405622］………………………………298
東京地判昭和56年10月27日下級民集32巻9＝12号1013頁［27405633］………………59
東京地判昭和56年10月28日判タ466号129頁［27405638］………………………………76
名古屋高判昭和56年12月17日判タ460号109頁［27405671］……………………………308
東京地判昭和57年2月17日判タ477号115頁［27405699］………………………………53
最判昭和57年4月30日民集36巻4号763頁［27000087］………………………………29
大阪地判昭和57年6月8日判タ478号97頁［27405772］………………………………318
最判昭和57年6月17日裁判集民136号99頁［27490406］………………………………92
最判昭和57年6月17日裁判集民136号111頁［27405775］………………………………44
東京地判昭和57年9月16日判タ486号95頁［27405816］………………………………13
最判昭和57年10月7日民集36巻10号2091頁［27000069］……………………………292

浦和地判昭和57年11月24日判タ491号79頁［27405858］……………………118
最判昭和58年1月24日民集37巻1号21頁［27000058］……………………29, 34
大阪高判昭和58年3月23日判タ504号106頁［27405937］…………………233
最判昭和58年3月25日裁判集民138号395頁［27490411］…………………199
東京地判昭和58年3月25日判タ500号183頁［27405941］…………………124
大阪高判昭和58年4月28日下級民集34巻1＝4号182頁［27405958］……200
東京高判昭和58年6月30日判時1083号88頁［27405986］……………………49
大阪地判昭和58年7月15日判タ509号183頁［27405992］…………………245
東京高判昭和58年8月31日判タ594号75頁［27800517］………………74, 90
東京高判昭和58年8月31日判時1091号85頁［27406014］……………………9
東京高判昭和58年10月31日判時1097号43頁［27406046］…………………298
千葉地佐倉支判昭和59年1月25日家裁月報38巻4号72頁［29011339］……31
大阪地判昭和59年1月27日判タ524号259頁［27490715］…………………318
最判昭和59年3月13日裁判集民141号295頁［27651301］…………………246
東京高判昭和59年3月22日金融商事708号37頁［27407002］……………235
東京地判昭和59年8月31日判タ542号237頁［27490188］……………………24
仙台高秋田支判昭和59年10月31日判タ541号159頁［27490198］…………241
東京高判昭和59年11月20日判タ548号151頁［27490200］…………………319
最判昭和59年11月22日裁判集民143号177頁［28202091］…………………319
東京地判昭和59年12月12日判タ548号159頁［27490204］……………………54
宮崎地都城支判昭和60年2月15日判時1169号131頁［27407009］…………327
東京高判昭和60年6月26日家裁月報38巻4号69頁［27407017］………9, 30
最判昭和60年11月29日民集39巻7号1719頁［27100022］……………………10

昭和61年〜

最判昭和61年2月27日裁判集民147号161頁［27800538］……………………45
東京高判昭和61年5月28日判時1194号79頁［27800400］…………………287
東京地判昭和61年6月27日判時1227号69頁［27802163］…………………328
東京地判昭和61年7月29日判タ658号120頁［27801299］…………………307
東京地判昭和61年12月23日判時1252号58頁［27800691］……………………46
神戸地判昭和62年3月27日判タ646号146頁［27800368］…………………319
横浜地判昭和62年3月30日判タ651号132頁［27800793］……………………76
神戸地判昭和62年6月24日判タ655号172頁［27801202］…………………282
仙台高判昭和62年11月16日判タ662号165頁［27801591］……………………56
東京地判昭和62年12月22日判時1287号92頁［27802407］…………………118
東京地判昭和63年2月29日判タ675号174頁［27802448］……………………54
横浜地判昭和63年4月14日判時1299号110頁［27803188］……………………93
大阪高判昭和63年11月30日判タ696号145頁［27804364］……………………63

名古屋高金沢支判昭和63年12月5日判時1319号110頁［27804773］……………………86

平成元年～

大阪高判平成元年2月22日判タ701号187頁［27806448］……………………………63
東京地判平成元年6月26日判時1340号106頁［27806156］…………………………311
東京地判平成元年6月27日金融商事840号33頁［27808593］…………………………13
東京高判平成元年7月25日判時1320号99頁［27804833］……………………………213
横浜地判平成元年9月7日判タ729号174頁［27806745］……………………………139
福岡高判平成元年10月30日判タ713号181頁［27805350］……………………………213
東京地判平成元年12月12日判タ731号196頁［27806890］……………………………74
東京地判平成元年12月25日判時1362号63頁［27807451］……………………………54
東京地判平成2年8月24日判時1385号70頁［27808854］……………………………213
浦和地川越支判平成2年9月6日判タ737号155頁［27807275］……………………214
大阪高判平成2年9月25日判タ744号121頁［27807708］……………………………324
大阪地判平成2年10月24日判タ743号176頁［27807645］……………………………46
名古屋地判平成2年10月31日判タ759号233頁［27808972］…………………………322
東京地判平成2年12月26日金融商事888号22頁［27814332］…………………………54
東京高判平成3年1月22日判タ766号196頁［27809404］……………………………324
福岡高那覇支判平成3年5月30日判時1396号63頁［27809583］……………………66
東京地判平成3年5月30日金融商事889号42頁［27818631］…………………………54
東京高判平成3年7月15日判時1402号49頁［27810341］……………………………94
神戸地判平成4年2月28日判タ799号194頁［27814117］……………………………93
最判平成4年3月19日民集46巻3号222頁［27811121］………………………………73
東京高判平成4年3月25日判タ805号203頁［27814419］……………………………39
仙台地判平成4年3月26日判時1445号165頁［27814491］……………………………31
東京高判平成4年4月27日判タ793号183頁［27812032］……………………………66
浦和地判平成4年5月20日判タ796号179頁［27813769］……………………………214
最判平成4年7月16日判時1450号10頁［28213671］…………………………………46
名古屋地判平成4年8月26日金融商事915号37頁［27826042］………………………32
最判平成4年10月20日民集46巻7号1129頁［27813262］……………………………162
東京地判平成4年10月28日判タ831号159頁［27816460］……………………………126
名古屋地判平成4年10月28日金融商事918号35頁［27828195］………………………54
大阪高判平成4年11月10日判タ812号217頁［27814926］……………………………281
東京地判平成4年11月18日判タ843号232頁［27819856］……………………………246
最判平成5年3月16日民集47巻4号3005頁［27814782］……………………………94
東京地判平成5年5月7日判時1490号97頁［27819884］………………………24, 33
東京地判平成5年6月1日判時1503号87頁［27825696］……………………………25
最判平成5年7月20日裁判集民169号291頁［27826712］………………………252, 255

判例索引（年月日順）

東京地判平成5年8月30日判時1505号84頁［27825804］………………………119
東京地判平成5年9月14日判タ870号208頁［27826728］………………………312
東京地判平成5年11月25日判例地方自治124号65頁［28019333］………………65
東京地判平成5年12月24日判タ855号217頁［27825682］………………………52
東京高判平成6年2月23日判時1492号92頁［27819992］…………………………56
最判平成6年3月22日民集48巻3号859頁［27818381］…………………………79, 83
京都地判平成6年6月29日判時1531号103頁［27827459］………………………65
東京地判平成6年9月16日金融法務1437号53頁［27828322］……………………194
最判平成6年10月11日裁判集民173号133頁［27827163］………………………291
東京高判平成6年11月21日判時1531号33頁［27827451］………………………241
東京地判平成6年12月2日判時1551号96頁［27829026］…………………………201
東京地判平成7年5月31日判タ910号170頁［28010171］…………………………140
熊本地判平成7年5月31日判例地方自治141号81頁［28011594］………………76
仙台高秋田支判平成7年7月11日訟務月報43巻1号83頁［27827909］…………74
高知地判平成7年7月14日判タ902号106頁［28010328］………………………214
東京地判平成7年8月29日判タ926号200頁［28010386］………………………140
東京地判平成7年10月25日判時1576号58頁［28011333］………………………33
東京地判平成7年10月27日判タ910号167頁［28010903］………………………312
東京地判平成7年12月8日判タ921号228頁［28011427］………………………126
東京地判平成8年4月26日判時1584号121頁［28020100］………………………201
東京高判平成8年7月31日判時1578号60頁［28011405］………………………201
浦和地判平成8年9月6日判タ946号190頁［28021631］…………………………76
最判平成8年12月17日民集50巻10号2778頁［28020118］………………………288
東京地判平成9年1月30日判時1612号92頁［28021968］………………………319
最判平成9年2月25日裁判集民181号351頁［28020459］…………………………96
大阪高判平成9年5月29日判時1618号77頁［28030090］………………………325
東京地判平成9年7月7日判タ946号282頁［28021325］………………………141
大阪高判平成9年8月29日判タ985号200頁［28040042］………………………298
東京地判平成9年10月23日判タ995号238頁［28040888］………………………328
最判平成10年2月26日民集52巻1号255頁［28030544］…………………………288
東京地判平成10年4月22日判タ995号190頁［28040881］………………………246
東京地判平成10年5月13日訟務月報47巻1号199頁［28040185］……………229
大阪高判平成10年6月3日判時1670号28頁［28041126］………………………233
東京高判平成10年7月29日判タ1042号156頁［28052705］……………………214
千葉地佐倉支判平成10年9月8日判タ1020号176頁［28050629］……………328
東京地判平成10年10月5日判タ1044号133頁［28060146］……………………127
東京地判平成10年11月26日判時1682号60頁［28042406］……………………127
東京高判平成10年11月30日判タ1020号191頁［28050631］……………………320

353

最判平成10年12月 8 日判時1680号 9 頁［28213684］……………………………56
東京高決平成10年12月10日判タ999号291頁［28040838］……………………281
東京地判平成10年12月11日労経速報1695号15頁［28041006］………………247

平成11年～

大阪地判平成11年 2 月18日判タ1003号218頁［28041710］……………………141
最判平成11年 2 月25日判タ998号113頁［28040416］……………………………320
大阪地判平成11年 3 月12日判タ1028号202頁［28051494］…………………39, 42
東京高判平成11年 6 月16日判時1692号68頁［28050127］………………………247
神戸地判平成11年 6 月21日判時1705号112頁［28051329］……………………207
浦和地判平成11年 9 月24日判時1724号91頁［28052513］…………………………60
最判平成12年 4 月 7 日裁判集民198号 1 頁［28050770］………………………290
東京高判平成12年 4 月11日金融商事1095号14頁［28051600］…………………236
最判平成12年 4 月21日民集54巻 4 号1562頁［28050782］…………………………74
東京高判平成12年 5 月24日金融商事1095号18頁［28051601］…………………236
東京高判平成12年 7 月19日判タ1104号205頁［28073007］……………………287
東京地判平成12年 9 月27日判タ1054号209頁［28060827］……………………187
東京高判平成13年 4 月18日判タ1088号211頁［28061988］……………………312
最判平成13年11月22日裁判集民203号743頁［28062422］………………………119
東京高判平成14年 1 月30日判時1797号27頁［28072849］…………………………38
東京高判平成14年 3 月20日訟務月報49巻 6 号1808頁［28080338］……………229
奈良地判平成15年 3 月19日判例地方自治260号64頁［28100383］……………248
東京地判平成15年 5 月16日判時1849号59頁［28091038］………………………128
東京高判平成15年 5 月28日家裁月報56巻 3 号60頁［28082614］…………………28
大阪高判平成15年 6 月20日判時1842号65頁［28090519］…………………237, 242
東京高判平成15年 6 月25日公刊物未登載……………………………………………236
最判平成15年 7 月18日民集57巻 7 号895頁［28081865］………………………266
東京地判平成16年 1 月26日労働判例872号46頁［28091697］…………………248
東京地判平成16年 6 月16日平成14年(ワ)6620号公刊物未登載［28264368］……128
大阪高判平成16年 9 月 3 日公刊物未登載……………………………………………248
東京地判平成16年10月28日判時1897号22頁［28101635］………………………128
大阪高判平成16年11月16日公刊物未登載……………………………………………242
最判平成16年11月18日民集58巻 8 号2225頁［28092898］…………………………37
大阪高判平成16年12月17日公刊物未登載………………………………………237, 248
東京地判平成17年 2 月23日判時1946号82頁［28112526］…………………………49
東京高判平成17年 4 月21日平成16年(ネ)4920号公刊物未登載［28264364］………40
大阪高判平成17年 4 月22日平成16年(ネ)2088号公刊物未登載［28264365］………50
札幌地判平成17年 4 月22日判タ1203号189頁［28110879］……………………129

東京地判平成17年12月5日判タ1219号266頁［28110351］……………………… 136
最判平成18年1月13日民集60巻1号1頁［28110244］……………………… 266
東京地判平成18年1月17日判時1954号75頁［28130495］……………………… 233
最判平成18年2月7日民集60巻2号480頁［28110352］……………………… 213
福岡高判平成18年9月5日判タ1239号256頁［28131460］……………………… 47
東京地判平成18年9月29日判タ1248号218頁［28132093］……………………… 55
大阪高判平成18年12月19日判タ1246号203頁［28131914］……………………… 142
最判平成19年6月7日民集61巻4号1537頁［28131418］……………………… 266
最判平成19年7月19日民集61巻5号2175頁［28131793］……………………… 267
東京地判平成19年7月23日判時1995号91頁［28140739］……………………… 130
最判平成20年1月18日民集62巻1号28頁［28140214］……………………… 267
さいたま地判平成20年3月19日判例地方自治321号85頁［28153396］……… 93
東京地判平成20年7月8日判タ1292号192頁［28141734］……………………… 130

平成21年～

東京地判平成21年2月6日判タ1312号274頁［28160296］……………………… 130
東京高決平成21年3月30日判タ1307号304頁［28153738］……………………… 59
東京地判平成21年6月15日平成20年(ワ)5229号公刊物未登載［28264366］…… 131
福岡地小倉支判平成21年7月14日判タ1322号188頁［28161720］……………… 132
東京地判平成21年10月16日判タ1350号199頁［28173895］……………………… 93
最判平成22年4月20日民集64巻3号921頁［28160979］……………………… 268
東京地判平成22年5月27日判タ1340号177頁［28170565］……………………… 137
最判平成22年6月1日民集64巻4号953頁［28161473］……………………… 113, 137
さいたま地判平成22年7月23日裁判所ウェブサイト［28171585］……………… 133
東京地判平成23年1月20日判タ1365号138頁［28173460］……………………… 138
東京地判平成23年1月27日判タ1365号124頁［28173335］……………………… 138
名古屋地判平成23年2月25日判時2118号66頁［28173993］……………………… 288
福岡高判平成23年3月8日判タ1365号119頁［28174924］……………………… 143
東京地判平成23年6月28日判時2130号17頁［28175983］……………………… 286
東京地判平成23年12月1日判時2146号69頁［28181268］……………………… 77
山口地下関支判平成24年1月31日判例地方自治360号74頁［28182324］……… 134
最判平成24年9月6日判時2188号12頁［28224954］……………………… 55
神戸地姫路支判平成25年5月29日判タ1396号102頁［28220815］……………… 57
東京高決平成26年2月28日判タ1402号123頁［28223111］……………………… 262
東京地判平成26年4月25日金融法務1999号194頁［28223299］……………… 31
東京地判平成27年1月28日判時2253号50頁［28231959］……………………… 85
水戸地判平成27年2月17日判時2269号84頁［28233815］……………………… 28
東京地判平成27年7月14日判時2294号78頁［28242593］……………………… 216

松山地判平成27年12月7日判時2298号76頁［28243063］……………………………47
東京地判平成28年11月22日金融法務2062号74頁［28250990］………………………84

判例索引

（審級別）

大審院

大判明治31年11月30日民録4輯10巻55頁［27818986］……………………71
大判明治33年2月21日民録6輯2巻70頁［27520082］…………………………71
大判明治34年11月28日民録7輯10巻118頁［27520276］………………………84
大判明治37年4月8日民録10輯453頁［27520611］………………………71, 72
大判明治37年4月23日民録10輯525頁［27520621］………………………………198
大判明治38年2月15日民録11輯124頁［27520749］…………………………………72
大判明治38年4月22日民録11輯554頁［27520786］…………………………………82
大判明治38年4月24日新聞284号12頁［27532031］…………………………………71
大判明治38年6月9日民録11輯913頁［27520824］……………………………………73
大判明治38年12月6日民録11輯1653頁［27520886］…………………………………231
大判明治40年5月17日民録13輯560頁［27521101］……………………………………231
大判明治41年5月4日民録14輯519頁［27521217］……………………………………259
大判明治44年11月9日民録17輯648頁［27521521］……………………………………232
大判明治44年11月14日民録17輯708頁［27521525］……………………………36, 101
大判大正元年12月11日民録18輯1025頁［27521637］…………………………………186
大判大正2年1月24日民録19輯11頁［27521648］………………………………………259
大判大正2年2月19日民録19輯87頁［27521653］………………………………………272
大判大正2年5月8日民録19輯312頁［27521676］………………………………………231
大判大正2年10月3日民録19輯741頁［27521718］………………………………………71
大判大正3年1月20日民録20輯21頁［27521743］………………………………………188
大判大正3年2月21日新聞930号21頁［27534879］………………………………………261
大判大正3年3月18日民録20輯191頁［27521755］………………………………………272
大判大正3年12月8日民録20輯1058頁［27521838］………………………………………83
大判大正4年2月27日民録21輯191頁［27521882］………………………………………261
大判大正4年4月5日民録21輯426頁［27521908］…………………………………………72
大判大正4年5月29日民録21輯858頁［27521953］…………………………………………37
大判大正4年7月13日民録21輯1384頁［27521998］……………………………70, 73
大判大正4年12月21日民録21輯2135頁［27819023］……………………………………192
大判大正6年2月9日新聞1251号25頁［27536524］……………………………70, 73
大判大正6年3月7日民録23輯421頁［27522382］……………………………………88
大判大正6年4月16日民録23輯644頁［27522403］……………………………………261

判例索引（審級別）

大判大正 6 年 6 月16日民録23輯1147頁［275222458］…………………………………228
大判大正 6 年11月 5 日民録23輯1737頁［27522520］……………………………………21
大判大正 7 年 2 月 6 日民録24輯341頁［27522593］………………………………………72
大判大正 7 年 2 月28日民録24輯300頁［27522588］……………………………………261
大判大正 7 年 2 月28日民録24輯307頁［27522589］………………………………………73
大決大正 7 年 4 月30日民録24輯570頁［27522616］……………………………………220
大判大正 7 年 5 月 6 日民録24輯890頁［27522646］……………………………………231
大判大正 7 年 8 月 9 日民録24輯1576頁［27522702］………………………………………84
大判大正 7 年 9 月11日民録24輯1675頁［27522708］………………………………………73
大判大正 7 年 9 月16日民録24輯1699頁［27522710］…………………………………72, 73
大判大正 7 年11月 1 日民録24輯2103頁［27522739］………………………………………97
大判大正 7 年11月11日民録24輯2164頁［27522746］……………………………………223
大判大正 7 年11月27日民録24輯2265頁［27522759］………………………………………72
大判大正 8 年 6 月10日民録25輯1007頁［27522862］………………………………………70
大判大正 8 年 7 月 5 日民録25輯1258頁［27522884］……………………………………105
大判大正 9 年 3 月12日民録26輯308頁［27523015］………………………………………72
大判大正 9 年 5 月18日民録26輯823頁［27523068］……………………………………260
大判大正 9 年 8 月21日民録26輯1217頁［27523107］………………………………………72
大判大正 9 年 9 月24日民録26輯1343頁［27523120］………………………………………71
大判大正 9 年11月22日民録26輯1856頁［27523161］…………………………………36, 101
大判大正 9 年12月27日民録26輯2096頁［27523182］……………………………………261
大判大正10年 2 月19日民録27輯340頁［27523208］………………………………………83
大判大正10年 3 月 5 日民録27輯493頁［27523221］……………………………………70, 73
大判大正10年 3 月11日民録27輯514頁［27819050］…………………………………36, 51, 71
大判大正10年 6 月21日民録27輯1173頁［27819053］………………………………………85
大判大正10年 9 月21日民録27輯1539頁［27523309］…………………………………223, 225
大判大正11年 2 月27日民集 1 巻73頁［27511083］……………………………………71, 74
大判大正11年 4 月 1 日民集 1 巻155頁［27511094］………………………………………162
大判大正11年 6 月23日新聞2030号18頁［27538845］………………………………………72
大判大正11年 9 月 4 日新聞2043号10頁［27538888］………………………………………82
大判大正11年10月25日民集 1 巻621頁［27511152］………………………………………232
大判大正12年 3 月 6 日新聞2120号21頁［27539032］……………………………………228
大判大正12年 4 月 9 日民集 2 巻221頁［27511022］………………………………………70
大判大正12年 5 月 7 日新聞2147号19頁［27539087］……………………………………36, 51
大判大正12年 7 月27日民集 2 巻572頁［27511061］……………………………………70, 72
大判大正13年 2 月29日民集 3 巻80頁［27510931］…………………………………………72
大判大正13年 5 月 9 日新聞2274号18頁［27539386］……………………………………307
大判大正13年 9 月24日民集 3 巻440頁［27510980］………………………………………192

判例索引（審級別）

大判大正13年10月7日民集3巻476頁〔27510982〕……………………47
大判大正14年4月25日新聞2465号12頁〔27539741〕………………188
大判大正14年7月4日民集4巻403頁〔27510882〕……………………73
大判大正14年9月11日新聞2477号10頁〔27539876〕…………………73
大判大正14年9月24日民集4巻470頁〔27510892〕…………………233
大判大正15年1月28日民集5巻30頁〔27510750〕……………………224
大判大正15年3月5日判例拾遺(1)民44頁〔27550018〕………………231
大判大正15年4月21日民集5巻271頁〔27510777〕…………………261
大判大正15年12月9日民集5巻829頁〔27510824〕…………… 28, 29
大判昭和2年6月14日新聞2731号9頁〔27550560〕……………………21
大判昭和2年12月27日民集6巻743頁〔27510744〕…………………188
大判昭和3年5月26日新聞2891号9頁〔27551011〕…………………259
大判昭和3年11月30日民集7巻1036頁〔27819074〕………………217
大判昭和3年12月5日評論18巻民法287頁〔27551221〕………36, 101
大判昭和5年1月29日民集9巻97頁〔27510480〕……………………273
大判昭和5年4月16日民集9巻376頁〔27510493〕…………………110
大判昭和5年5月19日評論19巻民法863頁〔27551821〕……………261
大判昭和5年6月4日民集9巻595頁〔27510505〕……………………272
大判昭和5年7月30日新聞3167号9頁〔27540115〕…………………112
大判昭和5年9月27日評論19巻民法146頁〔27540191〕……………261
大判昭和5年12月24日民集9巻1197頁〔27820359〕………………231
大判昭和5年12月27日評論20巻民法127頁〔27540408〕…………262
大判昭和6年5月13日民集10巻252頁〔27510412〕…………………191
大判昭和6年5月16日新聞3279号10頁〔27540731〕………………231
大判昭和7年3月3日民集11巻274頁〔27510279〕…………………192
大判昭和7年6月4日新聞3447号14頁〔27541542〕…………………186
大判昭和7年7月19日民集11巻1552頁〔27510343〕……82, 83, 85, 87
大判昭和8年1月14日民集12巻71頁〔27510122〕……………………113
大判昭和8年1月14日裁判例7巻民4頁〔27542020〕…………………95
大判昭和8年2月24日民集12巻265頁〔27510136〕…………………262
大決昭和8年3月6日民集12巻325頁〔27510140〕…………………231
大判昭和8年4月24日法学2巻1475頁〔27542217〕……………………84
大判昭和8年6月13日民集12巻1484頁〔27510194〕………………262
大判昭和8年7月5日裁判例7巻民166頁〔27542406〕…………………94
大判昭和8年9月15日民集12巻2347頁〔27510226〕………………232
大判昭和8年11月11日法律新報347号9頁〔27547952〕……………279
大判昭和8年12月9日新聞3666号9頁〔27542654〕……………………73
大判昭和8年12月11日裁判例7巻民277頁〔27819090〕……………300

359

判例索引（審級別）

大判昭和9年3月9日新聞3675号13頁［27542833］……………………………71
大判昭和9年9月15日法学4巻74頁［27819103］…………………………232
大判昭和9年11月2日法学4巻488頁［27819105］…………………………82
大判昭和9年11月8日法学4巻490頁［27819106］…………………………198
大判昭和10年2月15日裁判例9巻民22頁［27543503］……………………97
大判昭和10年2月23日法学4巻1181頁［27543525］………………………261
大判昭和10年3月28日裁判例9巻民84頁［27543616］……………………279
大判昭和10年6月28日新聞3869号9頁［27543815］………………………186
大判昭和10年7月13日法学5巻344頁［27543853］…………………………36
大判昭和10年7月27日新聞3876号16頁［27543869］………………………73
大判昭和10年10月11日新聞3904号7頁［27543972］………………………231
大判昭和10年11月4日法学5巻634頁［27544023］…………………………85
大判昭和11年5月2日法学5巻1360頁［27544600］…………………………262
大判昭和11年6月2日民集15巻1315頁［27500617］…………………………193
大判昭和11年6月16日民集15巻1125頁［27500623］………………………231
大判昭和11年8月10日民集15巻1673頁［27500647］…………………………84
大判昭和11年9月7日法学6巻82頁［27548298］……………………………232
大判昭和11年12月11日法学6巻380頁［27544835］…………………………193
大判昭和12年2月13日民集16巻100頁［27500474］…………………………262
大判昭和12年2月26日民集16巻176頁［27500480］…………………………192
大判昭和12年6月22日法学6巻1325頁［27545237］…………………………72
大判昭和12年7月21日法学6巻1433頁［27545301］…………………………232
大決昭和12年9月11日裁判例11巻民240頁［27545347］……………………261
大判昭和12年11月26日新聞4221号15頁［27545480］………………………261
大判昭和12年11月29日判決全集5輯3号11頁［27545486］………………261
大判昭和13年4月22日民集17巻770頁［27500384］……………………72, 73
大判昭和14年3月23日評論28巻民法729頁［27546160］……………………262
大判昭和14年4月15日民集18巻429頁［27500296］…………………………208
大判昭和14年5月6日新聞4444号7頁［27546230］…………………………231
大判昭和14年5月26日評論28巻民法734頁［27546255］……………………83
大判昭和14年9月22日評論28巻民法877頁［27546373］……………………232
大判昭和14年11月6日民集18巻1224頁［27500328］………………………261
大判昭和15年3月8日判決全集7輯12号6頁［27546560］…………………232
大判昭和15年3月12日民集19巻571頁［27500202］…………………………180
大判昭和15年7月23日新聞4613号9頁［27546763］………………………82, 87
大判昭和15年7月29日評論30巻民法3頁［27819153］………………………83
大判昭和15年9月11日民集19巻1578頁［27500249］………………………198
大判昭和15年11月27日新聞4650号9頁［27546953］…………………………83

大判昭和16年5月5日新聞4704号24頁［23000042］……………………………… 175
大判昭和16年8月6日評論30巻民法690頁［27547236］……………………………88
大判昭和16年11月29日法学11巻711頁［27547384］…………………………… 232
大判昭和17年1月15日民集21巻1頁［27500077］……………………………… 198
大判昭和17年7月7日法学12巻247頁［27548415］…………………………… 262
大判昭和17年10月22日新聞4808号8頁［27547708］……………………………74
大判昭和18年5月26日法学12巻992頁［27547999］…………………………… 315
大判昭和20年11月12日民集24巻115頁［27500035］…………………………… 261

控訴院

東京控判大正3年6月16日新聞960号25頁［28224928］………………………… 261
東京控判大正7年1月25日新聞1378号21頁［28224930］……………………… 261

最高裁判所

最判昭和23年2月10日裁判集民1号73頁［27400001］……………………………57
最判昭和24年10月4日民集3巻10号437頁［27003553］………………… 82, 83, 87
最判昭和25年10月26日民集4巻10号497頁［27003510］……………………… 105
最判昭和25年11月16日民集4巻11号567頁［27003504］………………………… 6
最判昭和26年11月15日民集5巻12号735頁［27003446］…………………………91
最判昭和26年12月21日裁判集民5号1099頁［27400244］…………………………89
最判昭和29年1月21日民集8巻1号64頁［27003230］………………………… 82, 87
最判昭和29年4月13日民集8巻4号840頁［27003178］………………………… 265
最判昭和30年10月4日民集9巻11号1521頁［27002989］…………………………44
最判昭和30年12月1日裁判集民20号653頁［27400796］……………………… 82, 87
最判昭和30年12月26日民集9巻14号2140頁［27002954］…………………………91
最判昭和31年1月27日民集10巻1号1頁［27002953］………………………………6
最判昭和31年11月16日民集10巻11号1453頁［27002866］…………………… 282
最判昭和32年2月28日裁判集民25号671頁［27401052］……………………………49
最判昭和32年5月21日民集11巻5号732頁［27002812］…………………… 28, 29
最判昭和32年8月30日裁判集民27号651頁［27401165］……………………… 308
最判昭和33年5月1日訟務月報4巻5号703頁［27401289］………………………75
最判昭和33年6月5日民集12巻9号1359頁［27002666］…………………………91
最判昭和33年6月6日民集12巻9号1373頁［27002665］……………………… 265
最判昭和33年11月6日民集12巻15号3284頁［27002608］…………………………73
最判昭和34年6月25日裁判集民36号815頁［27401504］……………………… 186
最判昭和34年8月18日裁判集民37号643頁［27401530］……………………… 308
最判昭和34年9月17日民集13巻11号1412頁［27002527］…………………… 101
最判昭和35年4月12日民集14巻5号817頁［27002473］……………………… 281

361

最判昭和35年11月10日民集14巻13号2813頁［27002380］……………………309
最判昭和35年11月24日民集14巻13号2853頁［27002377］………………………72
最判昭和36年1月27日裁判集民48号179頁［28198051］………………………301
最判昭和36年8月8日民集15巻7号2005頁［27002263］…………………………50
最判昭和37年4月26日民集16巻4号1002頁［27002156］…………………………8
最判昭和38年6月4日裁判集民66号355頁［28198725］………………………234
最判昭和38年9月5日民集17巻8号932頁［27002009］…………………………82
最判昭和38年9月17日裁判集民67号567頁［28198997］………………………286
最判昭和38年12月27日民集17巻12号1854頁［27001955］……………………106
最判昭和39年1月23日裁判集民71号237頁［28199273］………………………284
最判昭和39年2月4日民集18巻2号233頁［27001942］………………………206
最判昭和39年4月23日裁判集民73巻383頁［28199140］………………………317
最判昭和39年5月26日民集18巻4号667頁［27001914］…………………………6
最判昭和39年7月7日民集18巻6号1049頁［27001392］………………………232
最判昭和39年10月8日裁判集民75号589頁［28199345］…………………………45
最判昭和39年11月18日民集18巻9号1868頁［27001351］……………………266
最判昭和40年2月5日裁判集民77号305頁［28199594］…………………………43
最判昭和40年3月26日民集19巻2号526頁［27001316］…………………………7
最判昭和40年6月17日裁判集民79号401頁［27402723］………………………233
最判昭和40年11月19日民集19巻8号2003頁［27001252］……………………105
最大判昭和40年11月24日民集19巻8号2019頁［27001251］……………78, 83, 91
最判昭和40年12月3日民集19巻9号2090頁［27001247］………………………37
最判昭和41年1月20日民集20巻1号22頁［27001235］………………………286
最判昭和41年1月21日民集20巻1号65頁［27001233］…………………………83
最判昭和41年5月19日民集20巻5号947頁［27001190］………………………290
最判昭和41年10月7日民集20巻8号1597頁［27001159］………………………7
最判昭和41年10月27日民集20巻8号1649頁［27001155］……………………281
最判昭和42年11月24日民集21巻9号2460頁［27001016］…………………316, 323
最判昭和43年2月16日民集22巻2号217頁［27000996］………………………260
最判昭和43年6月21日民集22巻6号1311頁［27000946］………………………92
最判昭和43年8月20日民集22巻8号1692頁［27000931］……………112, 113, 115
最判昭和43年11月5日裁判集民93号71頁［27403254］………………………115
最判昭和43年11月13日民集22巻12号2526頁［27000898］……………………266
最判昭和43年12月20日裁判集民93号775頁［27403267］……………………123
最判昭和44年1月31日裁判集民94号167頁［27403286］………………………1, 3
最判昭和44年2月27日民集23巻2号511頁［27000839］………………………41
最判昭和44年9月11日裁判集民96号497頁［27411252］…………………………38
最判昭和45年10月16日裁判集民101号77頁［28200658］…………………316, 322

判例索引（審級別）

最判昭和45年10月30日裁判集民101号313頁［27650052］……………………… 244
最判昭和45年11月26日裁判集民101号565頁［28170176］……………………… 61
最判昭和46年5月25日裁判集民103号55頁［27403667］………………………… 72
最判昭和46年11月19日裁判集民104号401頁［28200775］……………………… 39
最判昭和46年12月16日民集25巻9号1472頁［27000593］……………………… 37
最判昭和47年3月9日民集26巻2号213頁［27000580］……………………… 37, 300
最判昭和47年5月25日民集26巻4号805頁［27000564］…………………………… 29
最判昭和47年5月30日民集26巻4号919頁［27000560］…………………………… 37
最判昭和47年7月18日裁判集民106号475頁［27403909］……………………… 287
最判昭和48年2月27日裁判集民108号233頁［27404015］……………………… 232
最判昭和48年3月16日金融法務683号25頁［27404026］……………………… 255
最判昭和48年10月26日民集27巻9号1240頁［27000471］……………………… 41
最大判昭和49年9月4日民集28巻6号1169頁［27000421］…………… 105, 106, 107
最判昭和49年10月14日金融法務739号37頁［27404256］……………………… 232
最判昭和50年4月25日民集29巻4号556頁［27000374］………………… 198, 200-202
最判昭和50年6月27日裁判集民115号177頁［27441691］…………………… 83, 93
最判昭和50年7月17日民集29巻6号1119頁［27000363］……………………… 262
最判昭和50年12月25日裁判集民116号863頁［27404490］…………………… 105
最判昭和51年11月26日裁判集民119号265頁［27411722］…………………… 235
最判昭和51年12月20日裁判集民119号355頁［27404651］……………………… 92
最判昭和53年2月17日判タ360号143頁［27404842］………………………… 23, 24
最判昭和53年3月30日集民123号401頁［27404866］………………………………… 12
最判昭和53年11月30日民集32巻8号1601頁［27000221］………………………… 9
最判昭和54年9月6日裁判集民127号375頁［27405127］………………………… 82
最判昭和54年9月6日裁判集民127号395頁［27650862］………………………… 60
最判昭和55年1月24日裁判集民129号81頁［27405204］……………………… 262
最判昭和56年6月16日裁判集民133号75頁［27405549］………………………… 74
最判昭和56年10月8日裁判集民134号29頁［27405618］………………………… 13
最判昭和57年4月30日民集36巻4号763頁［27000087］………………………… 29
最判昭和57年6月17日裁判集民136号99頁［27490406］………………………… 92
最判昭和57年6月17日裁判集民136号111頁［27405775］……………………… 44
最判昭和57年10月7日民集36巻10号2091頁［27000069］……………………… 292
最判昭和58年1月24日民集37巻1号21頁［27000058］………………………… 29, 34
最判昭和58年3月25日裁判集民138号395頁［27490411］……………………… 199
最判昭和59年3月13日裁判集民141号295頁［27651301］……………………… 246
最判昭和59年11月22日裁判集民143号177頁［28202091］…………………… 319
最判昭和60年11月29日民集39巻7号1719頁［27100022］……………………… 10
最判昭和61年2月27日裁判集民147号161頁［27800538］……………………… 45

363

最判平成 4 年 3 月19日民集46巻 3 号222頁［27811121］…………………………73
最判平成 4 年 7 月16日判時1450号10頁［28213671］……………………………46
最判平成 4 年10月20日民集46巻 7 号1129頁［27813262］……………………162
最判平成 5 年 3 月16日民集47巻 4 号3005頁［27814782］………………………94
最判平成 5 年 7 月20日裁判集民169号291頁［27826712］…………………252, 255
最判平成 6 年 3 月22日民集48巻 3 号859頁［27818381］………………………79, 83
最判平成 6 年10月11日裁判集民173号133頁［27827163］……………………291
最判平成 8 年12月17日民集50巻10号2778頁［28020118］……………………288
最判平成 9 年 2 月25日裁判集民181号351頁［28020459］………………………96
最判平成10年 2 月26日民集52巻 1 号255頁［28030544］………………………288
最判平成10年12月 8 日判時1680号 9 頁［28213684］……………………………56
最判平成11年 2 月25日判タ998号113頁［28040416］…………………………320
最判平成12年 4 月 7 日裁判集民198号 1 頁［28050770］………………………290
最判平成12年 4 月21日民集54巻 4 号1562頁［28050782］………………………74
最判平成13年11月22日裁判集民203号743頁［28062422］……………………119
最判平成15年 7 月18日民集57巻 7 号895頁［28081865］………………………266
最判平成16年11月18日民集58巻 8 号2225頁［28092898］………………………37
最判平成18年 1 月13日民集60巻 1 号 1 頁［28110244］………………………266
最判平成18年 2 月 7 日民集60巻 2 号480頁［28110352］………………………213
最判平成19年 6 月 7 日民集61巻 4 号1537頁［28131418］……………………266
最判平成19年 7 月19日民集61巻 5 号2175頁［28131793］……………………267
最判平成20年 1 月18日民集62巻 1 号28頁［28140214］………………………267
最判平成22年 4 月20日民集64巻 3 号921頁［28160979］……………………268
最判平成22年 6 月 1 日民集64巻 4 号953頁［28161473］…………………113, 137
最判平成24年 9 月 6 日判時2188号12頁［28224954］……………………………55

高等裁判所

東京高判昭和25年 2 月18日高裁民集 3 巻 1 号 5 頁［27400052］………………227
東京高判昭和26年 9 月 3 日高裁民集 4 巻11号354頁［27400221］………………91
東京高判昭和28年 6 月 8 日東高民時報 4 巻 2 号47頁［27400408］……………229
東京高判昭和28年10月 6 日東高民時報 4 巻 5 号147頁［27400444］……………50
東京高判昭和28年11月 5 日下級民集 4 巻11号1589頁［27400459］……………282
東京高判昭和29年 5 月29日下級民集 5 巻 5 号762頁［27400538］………………89
東京高判昭和30年 8 月26日下級民集 6 巻 8 号1698頁［27400755］………………74
大阪高判昭和30年11月14日判時68号15頁［27400788］…………………………327
福岡高判昭和31年 5 月 9 日高裁民集 9 巻 4 号259頁［27400868］………………46
大阪高判昭和32年 7 月 3 日下級民集 8 巻 7 号1238頁［27401126］……………122
東京高判昭和32年 9 月17日訟務月報 3 巻10号69頁［27401175］………………75

仙台高判昭和33年4月14日下級民集9巻4号666頁［27401279］……………………74
東京高判昭和33年5月27日東高民時報9巻5号83頁［27401299］………………193
仙台高判昭和33年6月30日下級民集9巻6号1225頁［27401325］………………206
仙台高判昭和34年3月24日下級民集10巻3号553頁［27401444］…………………75
東京高判昭和34年12月22日高裁民集12巻10号526頁［27401600］………………206
東京高判昭和34年12月22日東高民時報10巻12号310頁［27401601］………………49
仙台高判昭和36年8月23日下級民集12巻8号1953頁［27401895］……………………8
東京高判昭和37年1月31日高裁民集15巻1号44頁［27401981］…………………206
仙台高判昭和37年6月11日下級民集13巻6号1179頁［27402061］…………………91
福岡高判昭和38年4月30日判時369号26頁［27402243］………………………193, 206
福岡高判昭和38年7月18日判時350号23頁［27430697］……………………………287
札幌高判昭和38年10月26日高裁民集16巻7号577頁［27402346］………………206
東京高判昭和39年7月2日東高民時報15巻7＝8号141頁［27402483］…………317
仙台高判昭和39年11月16日下級民集15巻11号2725頁［27402569］………………311
東京高判昭和40年1月18日判タ173号200頁［27402610］……………………………85
名古屋高金沢支判昭和40年1月20日下級民集16巻1号31頁［27402611］………89
東京高判昭和43年7月31日判時536号56頁［27403213］……………………………233
東京高判昭和46年10月26日判時652号40頁［27403755］……………………………324
福岡高判昭和48年2月20日判タ294号349頁［27404009］……………………………233
東京高判昭和49年9月27日金融商事433号5頁［27404250］………………………327
東京高判昭和49年12月18日判時771号43頁［27404290］……………………………88, 93
東京高判昭和50年4月23日判タ328号260頁［27404342］……………………………116
大阪高判昭和50年6月17日判タ328号265頁［27404371］……………………………106
東京高判昭和50年6月18日判タ330号271頁［27404373］………………………………8
東京高判昭和50年6月30日判タ330号282頁［27404384］……………………………53
福岡高判昭和50年7月9日判タ332号234頁［27404391］……………………………94
東京高判昭和50年9月29日判時800号56頁［27404438］……………………………239
東京高判昭和51年3月29日判タ339号275頁［27411689］……………………………235
東京高判昭和51年4月21日判時815号53頁［27404555］……………………………310
東京高判昭和51年4月27日判時816号53頁［27404559］……………………………233
仙台高判昭和51年12月8日判タ349号228頁［27404644］……………………………310
東京高判昭和51年12月20日金融商事523号27頁［27404652］………………………244
東京高判昭和52年7月13日下級民集28巻5＝8号826頁［27404746］………………24
札幌高判昭和52年7月20日判タ360号179頁［27404754］……………………………117
東京高判昭和54年2月26日下級民集30巻1＝4号46頁［27405021］………………321
東京高判昭和54年3月8日判時929号80頁［27405029］……………………………240
東京高判昭和54年11月7日下級民集30巻9＝12号621頁［27423378］……………53
大阪高判昭和55年1月30日判タ414号95頁［27405208］……………………………311

| 判例索引（審級別） |

東京高判昭和55年3月4日判時963号42頁［27405234］………………………317
東京高判昭和55年7月30日高裁民集33巻2号114頁［27405338］……………199
東京高判昭和55年10月15日判時984号71頁［27405392］……………………321
東京高判昭和56年2月24日判タ446号112頁［27405468］……………………310
東京高判昭和56年3月13日判タ444号89頁［27405485］………………………117
東京高判昭和56年5月28日判タ450号101頁［27405538］……………………302
東京高判昭和56年6月30日判タ451号90頁［27405560］………………………307
東京高判昭和56年7月16日判タ453号90頁［27405567］………………………325
大阪高判昭和56年9月22日下級民集32巻9＝12号873頁［27405602］………200
東京高判昭和56年10月13日判タ464号102頁［27405622］……………………298
名古屋高判昭和56年12月17日判タ460号109頁［27405671］…………………308
大阪高判昭和58年3月23日判タ504号106頁［27405937］……………………233
大阪高判昭和58年4月28日下級民集34巻1＝4号182頁［27405958］………200
東京高判昭和58年6月30日判時1083号88頁［27405986］………………………49
東京高判昭和58年8月31日判タ594号75頁［27800517］……………………74, 90
東京高判昭和58年8月31日判時1091号85頁［27406014］…………………………9
東京高判昭和58年10月31日判時1097号43頁［27406046］……………………298
東京高判昭和59年3月22日金融商事708号37頁［27407002］…………………235
仙台高秋田支判昭和59年10月31日判タ541号159頁［27490198］……………241
東京高判昭和59年11月20日判タ548号151頁［27490200］……………………319
東京高判昭和60年6月26日家裁月報38巻4号69頁［27407017］…………9, 30
東京高判昭和61年5月28日判時1194号79頁［27800400］……………………287
仙台高判昭和62年11月16日判タ662号165頁［27801591］………………………56
大阪高判昭和63年11月30日判タ696号145頁［27804364］………………………63
名古屋高金沢支判昭和63年12月5日判時1319号110頁［27804773］…………86
大阪高判平成元年2月22日判タ701号187頁［27806448］………………………63
東京高判平成元年7月25日判時1320号99頁［27804833］……………………213
福岡高判平成元年10月30日判タ713号181頁［27805350］……………………213
大阪高判平成2年9月25日判タ744号121頁［27807708］……………………324
東京高判平成3年1月22日判タ766号196頁［27809404］……………………324
福岡高那覇支判平成3年5月30日判時1396号63頁［27809583］………………66
東京高判平成3年7月15日判時1402号49頁［27810341］………………………94
東京高判平成4年3月25日判タ805号203頁［27814419］………………………39
東京高判平成4年4月27日判タ793号183頁［27812032］………………………66
大阪高判平成4年11月10日判タ812号217頁［27814926］……………………281
東京高判平成6年2月23日判時1492号92頁［27819992］………………………56
東京高判平成6年11月21日判時1531号33頁［27827451］……………………241
仙台高秋田支判平成7年7月11日訟務月報43巻1号83頁［27827909］………74

東京高判平成8年7月31日判時1578号60頁［28011405］	201
大阪高判平成9年5月29日判時1618号77頁［28030090］	325
大阪高判平成9年8月29日判タ985号200頁［28040042］	298
大阪高判平成10年6月3日判時1670号28頁［28041126］	233
東京高判平成10年7月29日判タ1042号156頁［28052705］	214
東京高判平成10年11月30日判タ1020号191頁［28050631］	320
東京高決平成10年12月10日判タ999号291頁［28040838］	281
東京高判平成11年6月16日判時1692号68頁［28050127］	247
東京高判平成12年4月11日金融商事1095号14頁［28051600］	236
東京高判平成12年5月24日金融商事1095号18頁［28051601］	236
東京高判平成12年7月19日判タ1104号205頁［28073007］	287
東京高判平成13年4月18日判タ1088号211頁［28061988］	312
東京高判平成14年1月30日判時1797号27頁［28072849］	38
東京高判平成14年3月20日訟務月報49巻6号1808頁［28080338］	229
東京高判平成15年5月28日家裁月報56巻3号60頁［28082614］	28
大阪高判平成15年6月20日判時1842号65頁［28090519］	237, 242
東京高判平成15年6月25日公刊物未登載	236
大阪高判平成16年9月3日公刊物未登載	248
大阪高判平成16年11月16日公刊物未登載	242
大阪高判平成16年12月17日公刊物未登載	237, 248
東京高判平成17年4月21日平成16年(ネ)4920号公刊物未登載［28264364］	40
大阪高判平成17年4月22日平成16年(ネ)2088号公刊物未登載［28264365］	50
福岡高判平成18年9月5日判タ1239号256頁［28131460］	47
大阪高判平成18年12月19日判タ1246号203頁［28131914］	142
東京高決平成21年3月30日判タ1307号304頁［28153738］	59
福岡高判平成23年3月8日判タ1365号119頁［28174924］	143
東京高決平成26年2月28日判タ1402号123頁［28223111］	262

地方裁判所

東京地判昭和27年4月23日下級民集3巻4号541頁［27400276］	280
長崎地判昭和27年6月9日下級民集3巻6号791頁［27400289］	74
大阪地判昭和30年7月14日判時58号21頁［27400739］	280
函館地判昭和31年6月29日下級民集7巻6号1717頁［27400912］	317
東京地判昭和31年10月2日判タ71号73頁［27400968］	7
東京地判昭和31年10月22日下級民集7巻10号2947頁［27400976］	308
東京地判昭和31年11月14日判タ74号57頁［27400992］	280
東京地判昭和32年11月20日下級民集8巻11号2144頁［27401205］	279
東京地判昭和33年6月27日判時158号12頁［27401323］	234

青森地判昭和33年7月29日下級民集9巻7号1490頁［27401339］	123
東京地判昭和33年8月14日新聞113号13頁［27401344］	59
長野地飯田支判昭和33年9月4日下級民集9巻9号1755頁［27401353］	309
東京地判昭和37年5月22日金融法務311号8頁［27402050］	234
千葉地判昭和38年6月17日下級民集14巻6号1148頁［27402260］	302
東京地判昭和39年5月25日下級民集15巻5号1144頁［27402461］	311
大阪地判昭和40年4月24日判タ175号176頁［27402696］	291
東京地判昭和41年4月19日判時453号48頁［27402874］	283
鹿児島地判昭和42年7月17日判時503号62頁［27403043］	123
新潟地判昭和42年12月26日判時524号64頁［27403123］	223
東京地判昭和43年6月3日判タ226号165頁［27403188］	307, 309, 311
神戸地伊丹支判昭和43年12月26日判タ230号279頁［27403278］	283
京都地判昭和44年3月27日判タ236号151頁［27403316］	56
大阪地判昭和46年7月14日判タ269号278頁［27403707］	233
新潟地判昭和46年11月12日下級民集22巻11＝12号1121頁［27403762］	25
東京地判昭和46年11月29日判時662号56頁［27403774］	115
東京地判昭和47年5月22日判時682号32頁［27403875］	116
東京地判昭和47年6月29日判時687号69頁［27403898］	92
大阪地判昭和47年8月4日判タ286号343頁［27403920］	124
奈良地葛城支判昭和48年4月16日判タ300号284頁［27404048］	92
神戸地尼崎支判昭和49年10月30日判時788号86頁［27404269］	320
東京地判昭和50年2月18日判時796号67頁［27404313］	40
秋田地判昭和50年6月20日判タ327号255頁［27404374］	285
横浜地判昭和50年7月30日判タ332号296頁［27404409］	117
東京地判昭和51年6月29日判時853号74頁［27404584］	24
東京地判昭和51年7月27日判タ347号220頁［27404597］	106
東京地判昭和52年2月24日訟務月報23巻3号443頁［27404665］	66
東京地判昭和52年4月4日判時872号96頁［28224955］	45
横浜地判昭和53年10月25日訟務月報24巻12号2568頁［27404956］	66
名古屋地判昭和54年3月19日判時941号79頁［27405034］	12
東京地判昭和54年4月26日判時942号62頁［27405068］	199
東京地判昭和54年7月3日下級民集30巻5＝8号333頁［27405101］	41
神戸地判昭和55年2月29日判タ424号157頁［27405233］	10
大阪地判昭和56年4月13日判タ454号130頁［27405517］	62
東京地判昭和56年8月3日家裁月報35巻4号104頁［27405575］	30
東京地判昭和56年8月25日判時1030号48頁［27405578］	74
東京地判昭和56年10月27日下級民集32巻9＝12号1013頁［27405633］	59
東京地判昭和56年10月28日判タ466号129頁［27405638］	76

東京地判昭和57年2月17日判タ477号115頁〔27405699〕	53
大阪地判昭和57年6月8日判タ478号97頁〔27405772〕	318
東京地判昭和57年9月16日判タ486号95頁〔27405816〕	13
浦和地判昭和57年11月24日判タ491号79頁〔27405858〕	118
東京地判昭和58年3月25日判タ500号183頁〔27405941〕	124
大阪地判昭和58年7月15日判タ509号183頁〔27405992〕	245
千葉地佐倉支判昭和59年1月25日家裁月報38巻4号72頁〔29011339〕	31
大阪地判昭和59年1月27日判タ524号259頁〔27490715〕	318
東京地判昭和59年8月31日判タ542号237頁〔27490188〕	24
東京地判昭和59年12月12日判タ548号159頁〔27490204〕	54
宮崎地都城支判昭和60年2月15日判時1169号131頁〔27407009〕	327
東京地判昭和61年6月27日判時1227号69頁〔27802163〕	328
東京地判昭和61年7月29日判タ658号120頁〔27801299〕	307
東京地判昭和61年12月23日判時1252号58頁〔27800691〕	46
神戸地判昭和62年3月27日判タ646号146頁〔27800368〕	319
横浜地判昭和62年3月30日判タ651号132頁〔27800793〕	76
神戸地判昭和62年6月24日判タ655号172頁〔27801202〕	282
東京地判昭和62年12月22日判時1287号92頁〔27802407〕	118
東京地判昭和63年2月29日判タ675号174頁〔27802448〕	54
横浜地判昭和63年4月14日判時1299号110頁〔27803188〕	93
東京地判平成元年6月26日判時1340号106頁〔27806156〕	311
東京地判平成元年6月27日金融商事840号33頁〔27808593〕	13
横浜地判平成元年9月7日判タ729号174頁〔27806745〕	139
東京地判平成元年12月12日判タ731号196頁〔27806890〕	74
東京地判平成元年12月25日判時1362号63頁〔27807451〕	54
東京地判平成2年8月24日判時1385号70頁〔27808854〕	213
浦和地川越支判平成2年9月6日判タ737号155頁〔27807275〕	214
大阪地判平成2年10月24日判タ743号176頁〔27807645〕	46
名古屋地判平成2年10月31日判タ759号233頁〔27808972〕	322
東京地判平成2年12月26日金融商事888号22頁〔27814332〕	54
東京地判平成3年5月30日金融商事889号42頁〔27818631〕	54
神戸地判平成4年2月28日判タ799号194頁〔27814117〕	93
仙台地判平成4年3月26日判時1445号165頁〔27814491〕	31
浦和地判平成4年5月20日判タ796号179頁〔27813769〕	214
名古屋地判平成4年8月26日金融商事915号37頁〔27826042〕	32
東京地判平成4年10月28日判タ831号159頁〔27816460〕	126
名古屋地判平成4年10月28日金融商事918号35頁〔27828195〕	54
東京地判平成4年11月18日判タ843号232頁〔27819856〕	246

サービス・インフォメーション
───── 通話無料 ─────
①商品に関するご照会・お申込みのご依頼
　　TEL 0120(203)694／FAX 0120(302)640
②ご住所・ご名義等各種変更のご連絡
　　TEL 0120(203)696／FAX 0120(202)974
③請求・お支払いに関するご照会・ご要望
　　TEL 0120(203)695／FAX 0120(202)973

●フリーダイヤル(TEL)の受付時間は、土・日・祝日を除く
　9：00～17：30です。
●FAXは24時間受け付けておりますので、あわせてご利用ください。

事実認定体系〈新訂　契約各論編〉1

2019年1月10日　初版発行
2024年3月30日　第2刷発行

編　著　村　田　　　渉
発行者　田　中　英　弥
発行所　第一法規株式会社
　　　　〒107-8560　東京都港区南青山2-11-17
　　　　ホームページ　https://www.daiichihoki.co.jp/

装　丁　篠　　　隆　二

事実認定契新1価　ISBN978-4-474-05751-7　C3332　(3)